“十四五”普通高等教育本科部委级规划教材

展示照明设计

吴文治　郭林娜　宋凯璇　著

中国纺织出版社有限公司

U0742571

内 容 提 要

本书列举了最新的研究动态和最新的展览、展示案例，并从照明设计的角度予以分析和呈现。全书分为四章，逻辑框架清晰简明，分别从基本知识、原理、方法和实践四个层面展开，让读者更方便地掌握展示照明设计的理论知识、原理方法和实践要领。

本书可作为高等院校环境设计、陈列设计专业师生教材使用，亦可作为相关行业从业者的参考书使用。

图书在版编目（CIP）数据

展示照明设计 / 吴文治，郭林娜，宋凯璇著 . -- 北京：中国纺织出版社有限公司，2022.10

"十四五"普通高等教育本科部委级规划教材

ISBN 978-7-5180-9696-1

Ⅰ.①展…　Ⅱ.①吴…②郭…③宋…　Ⅲ.①陈列设计-照明设计-高等学校-教材　Ⅳ.①G265

中国版本图书馆 CIP 数据核字（2022）第 125312 号

责任编辑：苗　苗　　责任校对：王蕙莹　　责任印制：王艳丽

中国纺织出版社有限公司出版发行
地址：北京市朝阳区百子湾东里 A407 号楼　邮政编码：100124
销售电话：010—67004422　传真：010—87155801
http://www.c-textilep.com
中国纺织出版社天猫旗舰店
官方微博 http://weibo.com/2119887771
北京华联印刷有限公司印刷　各地新华书店经销
2022 年 10 月第 1 版第 1 次印刷
开本：889×1194　1/16　印张：14.75
字数：328 千字　定价：69.80 元

前言
PREFACE

　　2018年，笔者编写出版了"十三五"普通高等教育本科部委级规划教材《照明设计》，使本书有了良好的前期基础。如果说《照明设计》是从照明环境和类别上做了独创性的划分与综合，那么《展示照明设计》则是展览、展示这个专题领域的内容呈现。

　　本书具有两个特点：首先，特别强调了研究性和前沿性。笔者将国内外最新的研究动态和最新的展览展示案例，从照明设计的角度予以分析和呈现。其次，从内容安排来看，全书分为四章，分别从基本知识、原理、方法和实践四个层面展开。目的是希望借助比较清晰简明的逻辑框架，让读者更方便地掌握展示照明设计的理论知识、原理方法和实践要领。

　　第一章由赵斌、吴文治撰写，扼要地阐述了展示照明相关概念和专业术语，旨在让读者具备与展示、照明设计相关的基本知识，了解展示照明设计的发展趋势，熟悉照明设计的相关术语。第二章由吴文治、赵斌撰写，论述了展示照明设计的特点、要素、设备和方式，详细分析了展示设计原理涉及的四个主要方面的内容。第三章由宋凯璇、吴文治撰写，分别从光的艺术塑造、光的色彩运用、光与物的结合及新技术应用四个方面展开。第四章由吴文治、郭林娜、胡小雨撰写，列举了会展与展览陈列照明设计、博物馆展示照明设计、商业空间展示设计艺术设计展览照明设计四种展示类型，进行设计实践层面的分析研究。全书由吴文治统稿、核对。

本书作为上海工程技术大学"艺术与科技"专业（上海市一流本科专业）的建设成果，得到了艺术设计学院党委书记袁蓉教授、院长高瞩教授的大力支持，并获得2022年度上海工程技术大学著作出版专项项目支持（项目编号：2022222X09），笔者对此致以最诚挚的感谢。希望本书的出版，能够对相关课程与专业建设具有参考借鉴价值。由于笔者水平有限，加上撰写时间紧迫，书中若存在谬误，恳请专家学者批评指正。

著者

2021年12月16日

课程设置指导

教学内容及课时安排			
章（课时）	课程性质（课时）	节	课程内容
第一章（4课时）	基础与理论（8课时）		·展示照明设计的基本知识
		一	展示与展示设计
		二	光、色彩与视知觉的基本知识
		三	其他概念
第二章（4课时）			·展示照明设计的原理
		一	展示照明设计概述
		二	展示照明设计的要素
		三	展示照明的设备
		四	展示照明设计的方式
第三章（8课时）	方法与实践（32课时）		·展示照明设计的方法
		一	光的艺术塑造
		二	光的色彩运用
		三	光与物的结合
第四章（24课时）			·展示照明设计实践
		一	会展与展陈照明设计
		二	博物馆照明设计
		三	商业空间照明设计
		四	艺术设计展照明设计

注 本教材适用的专业方向包括：陈列设计、展示设计等。总课时为40课时。各院校可根据自身教学特色和教学计划对课程时数进行调整。

目录 CONTENTS

第一章

展示照明设计的基本知识

第二章
展示照明设计的原理

第三章

展示照明设计的方法

第四章
展示照明设计实践

01
第一章

展示照明设计的基本知识

课程名称：展示照明设计的基本知识

教学内容：基于概念溯源的整体全局视角来认识和研究
"展示"，侧重讲解展示的基本概念，光、色彩、
视知觉三者的基本知识，照明设计及其专用术
语，以及与展示相关的概念（会展与展陈概
述、商业空间的定义与内涵等）等方面内容。

课程时数：4课时。

教学目的：使学生初步了解展示与相关板块的基础认识、
相关概念与术语，以及服务设计实践的理论
知识。

教学方法：理论教授。

教学要求：掌握相关概念和基础专业术语。

教学重点：

1. 了解展示照明设计的基本专业术语。

2. 充分理解展示照明的基本概念。

3. 认识展示空间中的光源类型和灯具种类。

第一节　展示与展示设计

一、展示

（一）展示的基本概念

《新华字典》中，"展"字表示着出示、陈列的含义。《左传·襄公三十一年》中有"百官之属，各展其物"，《左传·哀公二十年》中有"敢展谢其不恭"，以及注释："展，陈也。"另外《后汉书·边让列传》也有"贡之机密，展之力用"。《高级现代汉语大词典》对"展"的解释还有打开让人看、展现、陈述等。《华严经音义》对"示"的释义为"示，现也"，即显现、表现。而《玉篇》中则解释为"示，语也，以事告人曰示也"，即指示、让人看、把事情摆出来或指出来让人知道。此外在《汉典》中，"展"的意思为舒展、展开；也指阐明、叙述，大规模地进行等。"示"把事物拿出来或指出来使别人知道，是"示"作偏旁的变形。"展示"的字面意思是展现、显示，可以直接解释为将某物显示于人，摆出来让人看。

在英文中，"展示"一词按照类型和规模的不同，有show（展现、展览、展出），display（陈列、展出、展示），exhibition（展览、展览会、博览会）等。单纯从词义来看，三个单词都对展示的含义做了不同的解释，同时，也包含了对不同特性、形态的展示的表述。"show"是指一般性的展示活动，规模范围都比较小，但展示内容形式很丰富。"exhibition"是指大型的展览会、博览会，其范围、主题的包容度也相对广泛，并且展览和展示的空间场地面积也较大，如国际性的博览会、全球性的专题展览会。而"display"有将折叠好的东西打开之意，泛指展示、展览，表示展现之类的行为状态，它更明确地表述了展示的领域和属性。

（二）展示的内涵与外延

"展"是表示陈列、展开、呈现，"示"是以目示意、示范、演示、观看、传达等。展示不仅是一个概念，更是一种行为，是环境空间中人与物进行交流传播的模式。展示是把物品、事物通过某一种手段和方式展现给人们观看和欣赏，让人们去阅读了解并获取有益的信息资料。"展"和"示"是相互作用和协调一致的，它们都在空间形态里围绕着物品、事物，用各种展示的方式手段，呈现出物体的各种信息，体现出内在所特有的主题意义和价值内容。展示是空间的行为，是一种动态地接受信息的过程。展物的信息是通过某一主题的有序设计进行信息传播，使"展"与"示"在空间中有机地结合。

展示作为一种包含目的、意图的行为具有深刻意义，它必须通过特定的环境和特别的方式来获取展示效果。特别是商业展示，具有强烈的传达、告知和诱导的意图，必须调动一切可能性，千方百计地通过有力的展示图式来吸引、诱导顾客，以取得所需的诉求效果。展示又是一种在三维空间环境中主要诉诸视觉感官的"广告形式"。就空间创造而言，展示设计近乎建筑和室内设计艺术；就诉求的特定功能而言，展示设计又似商业美术；而就表现形式而言，又与舞台美术设计相像。在现代社会中，展示带有较强的商业意味，它是由设计人员搭建的、展示方和公众交流沟通的桥梁。

此外，展示空间是一种有主题意义的空间形态，是人与物品、事物交互的场所，是物品、事物的"归宿"。由于物品、事物的特征各异，也就形成了不同主题内容的空间概念。空间是展示容器和媒介，展示空间不同于一般的环境空间，它要把各种物品形态、媒介进行空间的重构组合，并用某一主题进行连接，用展示的形式语言来表现物品、事物的信息，让人们在特定的展示环境中对物品、事物进行空间的阅读。物是空间设计的第一切入点，也是空间的核心。展示空间里的物品、事物是以一种静态的形式存在的，要使这些物体变成一种传播信息的载体，就要采用展示设计的手段来建立人与物之间的交互，使人们在展示空间中通过视觉、触觉、感觉等体验空间、感受主题，从物品的展示中获取有意义和价值的信息。

（三）展示的特征

展示一词，对应的英文词语有"display""exhibition"等。"展示"在汉语中主要是展出、摆设、呈现的意思，但从社会实践来看"展示"从来都不是以文字语义单独存在的，其在国际上普遍使用的概念是"display design"，即展示设计。它是有目的、有规划地采取多种艺术或设计手段，把信息和对象呈现在人们眼前，使来访者介入其中并对其身心发挥一定的作用，完成交流的创作型活动。从现实表象来看，展示设计具有三个主要特征：综合性、延展性、前沿性。

1. 综合性

展示设计是集现代设计艺术与科学技术于一体的综合性的学科，多学科的发展使展示设计向纵深方向发展，从中吸收、融汇，在整个发展进程中，走向多学科共生共融的发展道路。建筑环境空间为展示空间的设计提供了空间媒介，以主题性和物品为主角的空间设计形成了多元性，把建筑环境空间、视觉传达、信息传播、商业文化、人文历史融为一体，把环境学、材料学、信息学、建筑学等学科统筹在展示设计学科中。

展示设计依赖于科学技术，各学科的技术也渗透到展示空间里。展示设计融汇了许多学科及产业，各种技术在展示空间中共存共融，如文案策划、商业广告、传播媒介、商业物流、材料技术等，它们组合在一个建筑环境空间里，围绕着不同的物品主题，用展示设计的技术手段，构成了一个空间信息传播和行为体验的结构体系。展示设计和各种技术交融在一起，使各学科之间相互渗透，所形成的一切都是对主题空间的优化，并表达出一种空间环境中人对物品、事件的体验与交流。

2. 延展性

在整个艺术设计学科中，展示设计是一个边缘性的学科，建立在环境空间、信息技术、视觉传播、造型艺术、营销物流等知识的基础上，运用不同学科的各种专业技术手段来服务于展示设计，从而构成了一种特有的专业特质和特性。多学科、边缘性的发展就是其中的一个特点。展示主题的多样性和建筑空间的包容性使展示设计边缘性的特点更为明显。例如，多媒体技术在展示空间中的应用，图像、光影、声音在空间媒介中围绕着主题的不断变化，使各学科之间的技术手段和方法日益向多元化发展。同时，也越发具有边缘性，使展示的主题形式和空间意义发生了深刻的变化。现代展示设计的理念也与现代艺术、公共艺术、流行文化并存交错，产生多极的变化，扩展了学科范畴，并丰富了展示设计的内涵，促使展示设计从内容到形式都走向多元综合。

3. 前沿性

在当今的消费时代，展示设计是促进产品销售的一种方式。品牌展示不仅是主题性文化展示，同时也是终端销售。大型的会展，大多是以产品的销售为目的的展示设计。展示设计既是销售手段，也是销售目的。商品的生产方式日益变化，展示设计也随之而变。展示空间是一个开放并具有极大包容性的环境空间，无论是固定的展览场所还是移动的主题会展，新材料、新技术的出现促进了设计手段的多样化。特别是一些环保材料、轻质材料的运用，使展示的形式、结构也发生了变化，从而影响了人们的视觉观念。多媒体技术是展示设计中的前沿技术，声光电的应用使展示的形式从单一变得多极，模拟技术、虚拟技术、移动展示、网络展示等一系列高端科技，使展示的主题空间变得丰富多彩。

（四）展示的范畴

展示的范畴可以从展示设计和展示艺术设计两个视角展开。展示设计的分类方法很多，基本可以按感知功能、设计对象、展陈的目的和效能、展览的对象和特点、展示的方法等进行分类。其中，按设计对象分类，可以分成商业展示设计、博物馆展示设计、展出类展示设计。展示艺术设计所包含的内容十分广泛，主要包括展（博）览会设计、博物馆陈列设计、橱窗设计、商业环境设计、演示空间设计、各类广告设计、旅游环境设计、庆典环境设计和标志设计等。

展示艺术通常按展示内容、展示形式、展示地区、展示时间等来分类，具体如下所示。

（1）按内容分类，可分为经贸展示、人文自然展示、综合性展示、专业性展示、命题性展示等。

（2）按形式分类，可分为博览会展示、展览会展示、博物馆陈列展示、科学中心展示、遗产中心展示、纪念中心展示、自然保护中心展示、橱窗展示等。

（3）按地区分类，可分为地区性展示、全国性展示、国际性展示。

（4）按时间分类，可分为长期展示与短期展示、永久性展示与临时性展示。

（5）按规模分类，可分为巨型展示、大型展示、中型展示、小型展示。

（6）按活动方式方法分类，可分为固定展示、流动展示、巡回展示、可以组装的展示等。

二、展示设计

（一）展示设计溯源

展示是一门十分古老、延续至今，并随经济发展和社会进步不断发展起来的艺术。从展示的功能性来分析，展示行为的起源不外乎原始的商业行为和宗教活动。早在原始社会，人们进行宗教、迷信崇拜活动所建立的祭坛、图腾、神庙或佛寺等，就是原始的博物馆，这是展示艺术的萌芽时期。在奴隶社会，由于有了剩余物资和社会分工，出现了以物易物的集市，各部落将自己生产的物品摆摊展示，供外人挑选，这就是最原始的展览会（图1-1）。

图1-1 原始社会交易

至少从封建社会中期起，人类社会就有了展卖商品的商店。店铺有专门的牌匾、商标、招牌与广告，有摆放货物的货架与柜台。此外，还出现了收藏书画、珠宝和文物的私人博物馆，这是展示艺术自然发展的初级阶段（图1-2）。到了近现代，各类商店、博物馆增多，出现了橱窗，也出现了专门用于展示活动的展览馆，产生了种类繁多的广告。展示照明与道具展示从低级向高级发展，有了展示设计师和布置师这一行当。逐步建立和健全了展示设计理论、展具开发部门、专业性的展示设计与施工机构。各类展览会频繁地举行，出现了地区性、全国性和国际性的展示协会，有了展示专业的刊物或专集。这是展示大发展和走向成熟的时期。展示艺术作为一门专业学科，已被公众接受。不少国家的艺术设计院校都设立了展示设计专业。

图1-2 《清明上河图》局部

20世纪80年代以后的展示设计进入了科学与艺术结合的现代化展示时期。展览建筑、室内设计及展示方式与技术的进步，都是为了提高展览的审美质量、强化展示的信息传递效率。随着这种新的变化，展览设施的施工制作、设计市场也开始走向专业化、工业化、社会化，这些都标志着现代展示设计进入了一个新的阶段。20世纪90年代后期，展示设计采用新的方式，进入了新的领域。这时展示是多元化、多种手段并存的，即"图像—文字—三维环境—数字化展示"。由于文字、图像很难说明事物变化的动态过程，所以人们采用了三维环境的方式：制作一个现实的实体，来表现运动着的事物变化。

展示设计是一个以环境艺术学科为主，在既定的时间和空间环境中，运用艺术设计语言、采用视觉传达手段、借助展具设施，并通过对展示空间的艺术创造，将信息和内容展示在公众面前，同时涉及其他多门学科的设计领域。展示空间不同于传统的博览建筑空间，它的内涵特征源于其展示传播的目的性，我们要跳出专业划分的局限来进行展示空间设计的研究。从展示设计的角度来说，设计的目的不是展示本身，而是通过设计，运用平面布置、空间规划、色彩配置、灯光控制等手段，营造一个富有艺术感染力和艺术个性的展示空间；并通过这一方式，有目的、有计划、合逻辑地将展示的内容呈现给观众，力求使观众接受设计者想要传达的信息。虽然展示内容和展示目的不尽相同，但其本质都是"信息的交流"。

随着社会经济的迅猛发展和科学技术的不断升级，展示空间设计的功能作用在以前的基础上有所增加，而且细分程度也越来越高。展示空间设计是一种艺术与技术并重的空间表现形式，它的设计范畴包括博物馆的展示设计、商业展览会设计、橱窗展示设计、购物环境展示设计、节庆礼仪展示设计、观光景点展示设计等内容。不同于其他类别的功能性空间，展示空间是为了信息的交流与传播，它作为现代社会的信息传播媒介所显现的作用也越来越突出。展示设计师需要在既定的空间环境和时间范围内，利用空间布局、平面设计、灯光设计等手段，有计划、有目的地把展览信息传递给观众，让观众最终获得各种感官上的体验和感受。

（二）展示设计的发展趋势

随着数字化技术的发展，信息的传播方式和传播途径越来越多样，也越来越便捷，人们不用走出家门就可以通过网络、电视等媒体迅速了解到世界范围内的各种信息，还可以通过网络直接购买自己喜欢的商品。便捷的现代信息传播模式对传统的展示设计产生了巨大的冲击，迫使人们重新思考数字化背景下的展示设计。数字化、集成化、网络化、智能化成为展示设计发展的大趋势。

早在20世纪80年代，西方设计学界已经开始就设计向后工业社会过渡的问题进行研讨。例如，美国西北大学艺术学系交叉学科研究中心主持召开的"设计、技术和后工业社会的未来"的学术研讨会及其他一系列国际性学术会议，就计算机介入当代信息环境中的设计、制造业，在电子环境中的变革等问题进行探讨。在研讨中对20世纪末的设计及其走向的争论甚为激烈。20世纪90年代，电子空间的虚拟化设计、信息设计、网络界面之类的设计成为中心话题，这类设计都涉及数字语言的程序化问题，都具有数字化性质，因此"数字化设计"的话题开始凸显出来。数字化设计是以信息设计为主、以服务为基础的设计。在信息社会，社会生产、经济、文化的各个层面都发生了重大变化。这些变化，反映了从一个基于制造和生产物质产品的社会向一个基于服务的经济性社会转变。这种转变，不仅扩大了设计的范围，使设计的功能和社会作用大幅增强，而且导致了设计本质的变化。以致西方有的学者将设计定义为一个"伪造"的领域，设计从"制造"的领域转变为一个"伪造"的领域，从一个讲究良好的形式和功能的文化转向一个数字化和多元再现的文化，即进入一个以虚拟设计、数字化设计为主要特征的设计新领域。

现实世界中的展示与虚拟世界中的展示之间的最大区别是真实性。真实性不仅与视觉感受有关，与触觉、嗅觉、听觉等方面的感受也有关系，是一种综合的知觉体验。在商店里购物，顾客能够直接获得各种信息，综合评估商品的价值；通过网络购物，则只能获得视觉信息和听觉信息，评估失败的可能性较大。因此，展示设计要在数字化的时代背景下获得发展，就必须充分重视和利用自身独具的真实性特征，深入挖掘展品所代表的生活方式和价值观等深层次的意义，并将其作为展现的重点。

从这个意义出发，当代展示设计跨越单纯塑造展品形象的阶段，发展成为一种注重体验的、有主题的、有剧情的综合展示活动。展品被放置在一个特定的情境中，通过环境的烘托，展品所承载的价值观、所代表的生活方式等深层次意义更深刻地被参观者认同。在这里，展示设计好比舞台上的一幕剧，展品是舞台上的演员，展示空间帮助塑造气氛、感染观众。

此外，对当今展示设计的研究大概可以分为两个方向。一是通过环境艺术设计的学术基础，将展示设计作为空间设计的一个类型，研究其功能、空间、艺术形态。较早的理论著作注重展示空间中的视觉形态要素的表达和分析，并且也对策展程序进行了梳理，有着较强的理论和实践双重指导意义，在这之后出现了受众心理方面的分析，以及将展示空间设计放置到传播学中进行分析。二是聚焦于数字化、多媒体等对展示技术或展示空间设计的现象进行研究。例如，全息影像、360°环幕、大型触摸屏、LED、虚拟现实、接收传感器等在展示空间中的应用和实现都有具体的技术分析。在国内，面对新的技术，展示设计仍然处于起步阶段，很多案例都停留在信息展示技术产品化利用、展示空间中互动模式的套用阶段。而且，在该行业中，此类技术也主要通过设备租赁和以技术产品化外包为主的展示策划公司、团体来实现。所以，笔者将更深入地分析这种交互性的内涵与展示空间之间的关系，找到一个全新的切入点，并放大我们的视野，颠覆以往的工作传统思维，创造更新、更有价值的设计形式。

第二节　光、色彩与视知觉的基本知识

一、光

（一）光的概述

光（light）是一个物理学名词，其本质是一种处于特定频段的光子流（图1-3）。光源发出光，是因为光源中电子获得额外能量。如果能量不足以使其跃迁到更外层的轨道，电子就会进行加速运动，并以波的形式释放能量。如果跃迁之后刚好填补了所在轨道的空位，从激发态到达稳定态，电子就不运动了。否则电子会再次跃迁回之前的轨道，并且以波的形式释放能量。

光的本质是电磁波，在波长范围及其宽广的电磁波中，光波仅占极小的部分，能够被视觉感知的可见光波的波长范围为380~780nm，表现为紫色、蓝色、绿色、黄色、橙色、红色的光谱颜色（图1-4）。照明

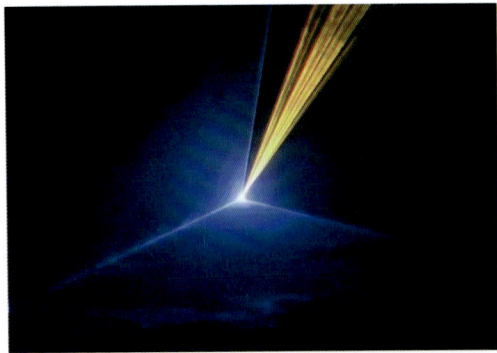

图1-3　光子流

设计利用的正是这个波长范围的可见光。超过可见光谱的紫外区域和红外区域，人的视觉感觉不到，但生理感觉得到。比如，足够辐射强度的红外线会使人感到皮肤发热，波长小于320nm的紫外线辐射会损害生物组织等。因此，展示照明设计也需要考虑红外线辐射和紫外线辐射带来的影响。

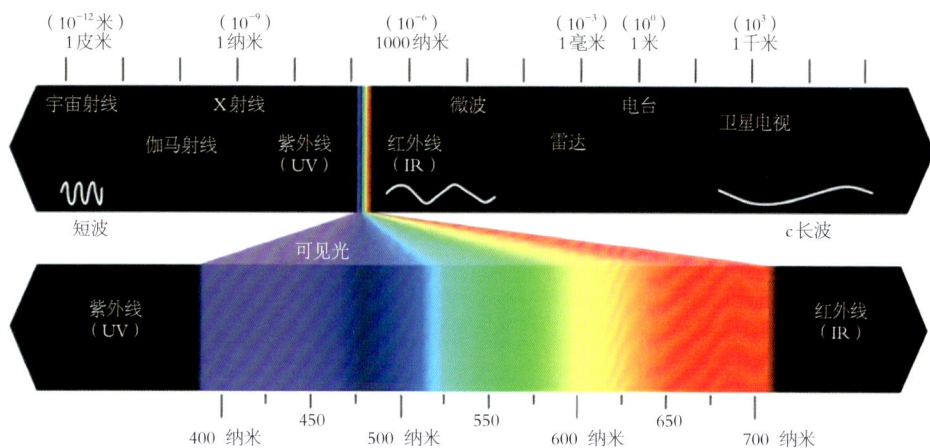

图1-4　电磁波谱·光谱

（二）自然界的光

有照明价值的自然光是白天的昼光（daylight），昼光由直射地面的阳光（sunlight）和天空光（skylight）组成（图1-5）。天空光的主要光源是太阳，太阳发出的直射光在穿过大气层的过程中被悬浮在大气层中的各种尘埃微粒吸收和反射后均匀地照亮天空。相对于均匀的天空光，晴朗的天气状况下刺眼的阳光被称为直射光。而实际上，太阳光不可能不经任何反射就直接照在地球表面，人们平常看到的阳光和大气层外的阳光是不一样的。

图1-5　天空光晕

在照明设计中，一般把昼光直接称为自然光。由于不同时间段的太阳高度角不同，太阳光穿过大气层的路程远近不一样，再加上不同的天气条件下大气层中尘埃微粒的数量不一样等原因，自然光的亮度和颜色变化都非常明显。例如，晴朗的天空看起来是蔚蓝色的，阴天时的天空呈现白色；傍晚时分天空由蓝色变为黄色，并逐渐加深变成橙色，最终成为地平线上的一抹鲜艳的红色，黎明时分，天空色彩的变化过程与傍晚刚好相反，夜间，天空则是亮度很低的深蓝色天空中点缀着点点繁星（图1-6）。

图1-6　白天与夜空

通常情况下自然光是没有形态的，但在某些特殊条件下，自然光会表现出可以被视觉认知的具体形态。如在阴霾的空中，霎时劈下的凌厉闪电具有线的特征；夜晚的繁星和水面粼粼的波光具有点的特征；清晨透过茂密的树叶洒下来的道道光束具有柱体的特征；日出时分，地平线上的太阳具有面的特征；雨后的彩虹不仅具有弓形的特征，而且有赤、橙、黄、绿、青、蓝、紫的七色变化（图1-7）。多变的自然光给人们带来了丰富的视觉体验，具有令人感动的艺术效果。自然光的艺术效果给了人们很好的启发，人们开始有意识地使用照明设计的各种手法对无形的光进行塑造，将偶然出现在自然环境中的光的艺术带入人工环境中，并将其升华。可以说，自然光是照明设计的艺术源泉。有了光的照射，物体产生受光面、背光面和投影，使我们能看清物体的大小和形状，以及物体与环境的关系；让物体表面鲜亮活泼的颜色和阴影处微妙柔和的颜色也变得丰富多彩。物体表面对光线的反射与吸收，以及光与影的关系，会让人们感知到材料的各种质感，如粗糙、光滑、柔软、坚硬等；使物与环境的空间关系变得灵动起来，物体的形态、周边的氛围也会因光的差异而大不相同（图1-8）。

光与影对物体质感和体积感的表达同样具有重要作用。一般而言，背光能恰当勾勒物体的轮廓，侧光能体现物体的质感，顶光能增加重量感；白光能忠实体现物体的质感，色光能弥补物品的某些缺陷；较强的阴影能体现物体的厚重感，较弱的阴影能增加物体的轻盈感。阴影的面积、强弱等因素也会对物体色彩的亮度、清晰度产生影响，通常情况下，阴影明显时物体亮部色彩更加突出，阴影弱时物体固有色面积会增大。光与影不仅对物体视觉呈现有重要作用，对于空间的视觉感受也有重要影响。尤其是阴影在衬托空间感和立体感方面至关重要。实践证明，过强的单向光会削弱空间的层次，较暗的光线难以体现空间的深度，对比强烈的阴影会使空间显得单调，杂乱的阴影使空间被无序分割而凌乱。照度适中的光线有利于空间的体现。设计师应恰当利用光线照射自然产生的阴影来衬托物体和塑造空间，另外也可以通过控制光线和设置反射物体改变阴影的面积、强弱和位置，产生理想的艺术效果。

图1-7　天空彩虹

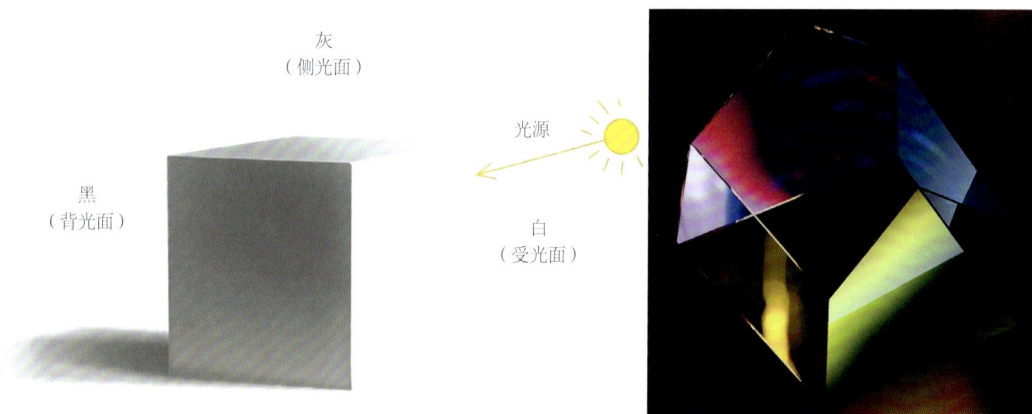

图1-8　光的表现

　　在现代展示设计中，如何发挥光在塑造物体的形态、色彩、质感及营造空间氛围方面的重要作用，增强展品和展示环境的艺术感染力，使物体呈现出更完美的面貌，成为我们当前亟待解决的问题。光的作用因此显得尤为重要。

　　光是一切视觉现象发生与存在的基础，客观物质世界的一切物体能够被人的视觉感受，靠的就是光的作用。屏幕画面上影像的形状、轮廓、结构、色彩、明暗、情调等，均受光的作用和影响。光的照明可以创造、改变、美化空间。光照明的作用对人视觉功能的发挥极为重要，因为没有光就没有明暗和色彩感觉，也看不到一切。如果改变光源的光谱成分、光通量、光线强弱、投射位置和方向，就会产生色调、明暗、浓淡、虚实、轮廓界面的各种变化。这是运用照明艺术渲染环境艺术气氛和烘托人物性格的重要手段。照明不仅是人感知物体形状、空间、色彩的生理需要，而且是美化环境必不可少的物质条件。可想象、操作的灯光不会超越自然光的杰作。所有的灯光原型均可以在自然光中找到。为什么我们能看见风景中的美和自然光创造的景色？没有人能正确地回答这些问题。然而，我们知道存在一个真理——我们只有从自然中学习。

二、色彩

（一）色彩概述

色彩是能引起我们共同的审美愉悦的、最为敏感的形式要素之一。同时也是最有表现力的要素之一，因为色彩的性质直接影响人们的感情。丰富多样的颜色可以分成两个大类：无彩色系和有彩色系，饱和度为零的颜色为无彩色系（图1-9）。

中国应用颜色体系是中国应用色彩领域的国家标准，由中国纺织信息中心（CTIC）研发。中国应用颜色体系以人眼看颜色的方式编译色彩，包含了色差理论。中国应用颜色体系色彩体系基于这样一个3D模型，整个体系由160个色相、100个明度等级、100个彩度等级构成，三者共同构建了一个可以定义160万潜在颜色的色彩模型。

颜色立体图有助于理解
颜色的性质由色相、明度、纯度三要素组成，称为三属性。右面的三维立体图会帮助我们理解色彩的位置关系。

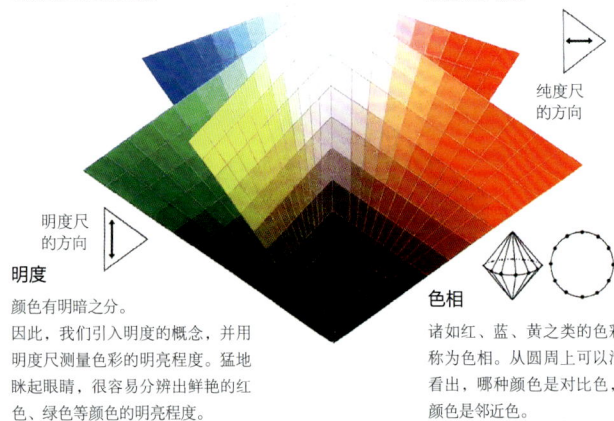

纯度
向鲜艳的橙色中加入灰色后，变成了褐色，再加就变成了灰色。原本鲜艳的橙色逐渐变为暗色。色彩的鲜艳程度被称为纯度。

纯度尺的方向

明度尺的方向

明度
颜色有明暗之分。
因此，我们引入明度的概念，并用明度尺测量色彩的明亮程度。猛地眯起眼睛，很容易分辨出鲜艳的红色、绿色等颜色的明亮程度。

色相
诸如红、蓝、黄之类的色彩变化称为色相。从圆周上可以清楚地看出，哪种颜色是对比色，哪种颜色是邻近色。

图1-9 颜色立体图和色相环

无彩色系是指白色、黑色和由白色与黑色调和形成的各种深浅不同的灰色。无彩色按照一定的变化规律，可以排成一个系列，由白色渐变到浅灰、中灰、深灰到黑色，色度学上称此为黑白系列。黑白系列中由白到黑的变化，可以用一条垂直轴表示，一端为白，另一端为黑，中间有各种过渡的灰色。纯白是理想的完全反射的颜色，纯黑是理想的完全吸收的颜色。可是在现实生活中并不存在纯白与纯黑的物体，颜料中采用的锌白和铅白只能接近纯白，煤黑只能接近纯黑。无彩色系的颜色只有一种基本性质——明度。它们不具备色相和纯度的性质，也就是说它们的色相与纯度在理论上都等于零。色彩的明度可用黑白度来表示，越接近白色，明度越高；越接近黑色，明度越低。黑与白作为颜料，可以调节物体色的反射率，使物体色提高明度或降低明度。

彩色是指红、橙、黄、绿、青、蓝、紫等颜色。不同明度和纯度的红、橙、黄、绿、青、蓝、紫色调都属于有彩色系。有彩色是由光的频率和振幅决定的，频率决定色相，振幅决定光强。

（二）色彩的属性

色相、纯度（也称彩度、饱和度）、明度在色彩学上也称为色彩的三大要素或色彩的三属性（图1-10）。

图1-10　色彩的三属性

1. 色相

色相是有彩色的最大特征。所谓色相是指能够比较确切地表示某种颜色色别的名称。如玫瑰红、橘黄、柠檬黄、钴蓝、群青、翠绿……从光学物理上讲，各种色相是由射入人眼的光线的光谱成分决定的。对于单色光来说，色相的面貌完全取决于该光线的频率；对于混合色光来说，则取决于各种频率光线的相对量。物体的颜色是由光源的光谱成分和物体表面反射（或透射）的特性决定的。

2. 纯度

色彩的纯度是指色彩的纯净程度，它表示颜色中所含有色成分的比例。含有色成分的比例越大，则色彩的纯度越高；含有色成分的比例越小，则色彩的纯度也越低。可见光谱的各种单色光是最纯的颜色，为极限纯度。当一种颜色掺入黑、白或其他彩色时，纯度就产生变化。当掺入的色达到很大的比例时，在眼睛看来，原来的颜色将失去本来的光彩，而变成掺和的颜色。当然这并不等于说在这种被掺和的颜色里已经不存在原来的色素，而是由于大量地掺入其他彩色使原来的色素被同化，人的眼睛已经无法感觉出来了。

有色物体色彩的纯度与物体的表面结构有关。如果物体表面粗糙，其漫反射作用将使色彩的纯度降低；如果物体表面光滑，那么，全反射作用将使色彩比较鲜艳。

3. 明度

明度是指色彩的明亮程度。各种有色物体由于它们的反射光量的区别而产生颜色的明暗强弱。色彩的明度有两种情况：一是同一色相不同明度。例如，同一颜色在强光照射下显得明亮，弱光照射下显得较灰暗模糊；同一颜色加黑或加白以后也能产生各种不同的明暗层次。二是各种颜色的不同明度。每一种纯色都有与其相应的明度，白色明度最高，黑色明度最低，红、灰、绿、蓝色为中间明度。色彩的明度变化往往会影响到纯度，如红色加入黑色以后明度降低了，同时纯度也降低了；如果红色加白则明度提高了，纯度却降低了。

有彩色的色相、纯度和明度三特征是不可分割的，应用时必须同时考虑这三个因素。

（三）色彩的效应

光的各种现象（如红色、橙色、桃红色、绿色、蓝色、紫色和黄色等），或使生物、人们得以区分在大小、形状或结构等方面完全相同的物体的视觉或知觉现象（图1-11）。

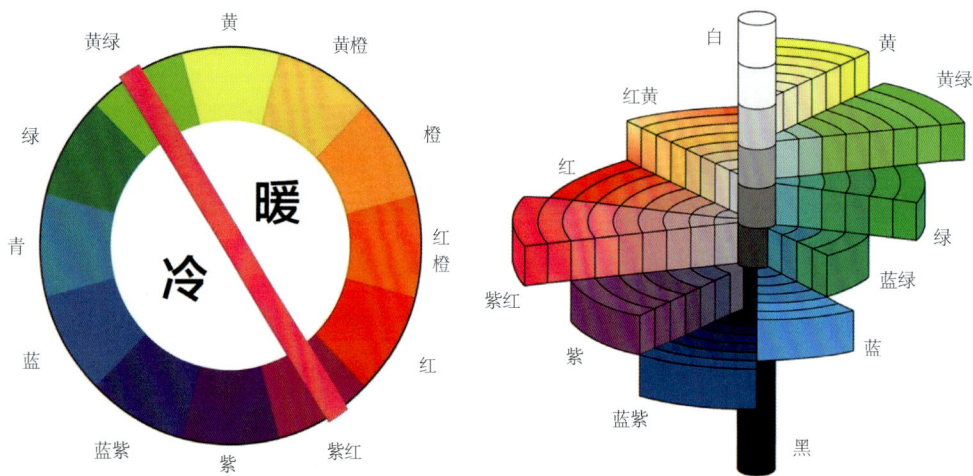

图1-11　色彩冷暖（左）与孟赛尔色立体（右）

1. 色彩的冷、暖感

色彩本身并无冷暖的温度差别，是视觉色彩引起人们的心理联想，进而产生冷暖感觉。

暖色：人们见到红、红橙、橙、黄橙、黄、棕等色后，会联想到太阳、火焰、热血等物象，产生温暖、热烈、豪放、危险等感觉。冷色：人们见到绿、蓝、紫等色后，则会联想到天空、冰雪、海洋等物象，产生寒冷、开阔、理智、平静等感觉。中性色：黑色、白色和灰色，产生轻松、沉稳、得体、大方等感觉。

色彩的冷暖感觉，不仅表现在固定的色相上，而且在比较中还会显示其相对的倾向性。如同样表现天空的霞光，画早霞用玫红那种清新而偏冷的色彩，感觉很恰当；而描绘晚霞则需要暖感强的大红色了。但如与橙色对比，前面两色又都加强了冷感倾向。

在日常生活中，人们往往用不同的词汇表述色彩的冷暖感觉。

暖色——豪放、阳光、不透明、扩大、突出、热情、热烈、活泼、强性、稠密、深、迫近、重、男性、强烈、干旱、感情、轰轰烈烈等。

冷色——婉约、阴柔、透明、小的、缩小、凹陷、镇静、冷静、文雅、弱性、稀薄、淡、开阔、轻、女性、微弱、水润、理智、梦幻等。

黄绿、蓝、蓝绿等色，使人联想到草、树等植物，产生青春、生命、和平等感觉。紫、蓝紫等色使人联想到花卉、水晶等稀贵物品，故易产生高贵、梦幻的感觉。至于黄色，一般被认为是暖色，因为它使人联想起阳光、麦田等，但也有人视它为中性色。当然，同属黄色相，柠檬黄显然偏冷，而中黄则感觉偏暖。

2. 色彩的轻、重感

这主要与色彩的明度有关。明度高的色彩使人联想到蓝天、白云、彩霞及许多花卉，还有棉花、羊毛等，产生轻柔、飘浮、上升等感觉。明度低的色彩易使人联想到钢铁、大理石等物品，产生沉重、稳定、降落等感觉。此外，在相同明度下，暖色通常比冷色要重一些。

3. 色彩的软、硬感

其感觉也主要来自色彩的明度，但与纯度亦有一定的关系。纯度越低感觉越软，纯度越高则感觉越硬。纯度低的色彩有软感，中纯度的色彩呈柔感，因为它们易使人联想起骆驼、狐狸、猫、狗等好多动物的皮毛，还有毛呢、绒织物等。高纯度的色彩都呈硬感，若它们明度低，则硬感更明显。色相与色彩的软、硬感几乎无关。

4. 色彩的前、后感

各种不同频率的色彩在人眼视网膜上的成像有前后的区别，如红、橙、黄等光频低的色彩在内侧成像，感觉比较迫近；绿、蓝、紫等光频高的色彩则在外侧成像，在同样距离内感觉就比较开阔。

实际上这是视错觉的一种现象，一般暖色、纯色、高明度色、浊色、强烈对比色、大面积色、集中色等有迫近感；相反，冷色、淡色、低明度色、清色、弱对比色、小面积色、分散色等有开阔感。

5. 色彩的大、小感

由于色彩有前后的感觉，不同频率的色彩在视网膜上成像的大小不同，因而暖色、高明度色等有扩大、膨胀感，看起来更大；冷色、低明度色等有显小、收缩感，看起来更小。

6. 色彩的鲜艳、质朴感

色彩的三要素对华丽及质朴感都有影响，其中纯度关系最大。明度高、纯度高的色彩，即丰富、强对比色彩，感觉鲜艳、强烈。明度低、纯度低的色彩，即单纯、弱对比的色彩，感觉质朴、古雅。但无论何种色彩，如果带上配色，都能获得多元的效果。

7. 色彩的兴奋、镇静感

暖色、丰富多彩色、强对比色感觉兴奋、活泼有朝气、轰轰烈烈，冷色感觉镇静、高远、开阔。其影响最明显的是色相，红、橙、黄等暖色给人以兴奋感，绿、蓝、紫等色使人感到镇静。灰色为中性色，几乎没有这种感觉。纯度的关系也很大，高纯度鲜艳的颜色有兴奋感，低纯度柔和的颜色有镇静感。最后是明度，高明度、高纯度的色彩呈兴奋感，低明度、低纯度的色彩呈镇静感。

（四）色彩的搭配

两种以上色彩组合后，由于色相差别而形成的色彩对比效果称为色相对比。它是色彩对比的一个重要方面，其对比强弱程度取决于色相之间在色相环上的距离（角度），距离（角度）越小对比越弱，反之则对比越强。

1. 零度对比

（1）无彩色对比：无彩色对比虽然无色相，但它们的组合在实用方面很有价值。例如，黑与白、黑与灰、中灰与浅灰，或黑与白与灰、黑与深灰与浅灰等。对比效果感觉大方、庄重、高雅而富有现代感，但也易产生过于素净的单调感。

（2）无彩色与有彩色对比：如黑与红、灰与紫，或黑与白与黄、白与灰与蓝等。对比效果感觉既大方又活泼。无彩色面积大时，偏于高雅、庄重，有彩色面积大时，活泼感加强。

（3）同类色相对比：一种色相的不同明度或不同纯度变化的对比，俗称同类色组合。例如，蓝与浅蓝（蓝+白）对比，绿与粉绿（绿+白）与墨绿（绿+黑）等对比。对比效果感觉统一、文静、雅致、含蓄、稳重，但也易产生单调、呆板的弊病。

2. 调和对比

（1）邻近色相对比：即色相环上相邻的二至三色的对比。此二至三色在色相环上距离大约30°左右，为弱对比类型，如红橙与橙与黄橙对比等。效果感觉柔和、和谐、雅致、文静，但也感觉单调、模糊、乏味、无力，必须调节明度差来加强效果。

（2）类似色相对比：类似色相在色相环上距离约60°左右，为较弱对比类型，如红与黄橙对比等。效果较丰富、活泼，但又不失统一、雅致、和谐的感觉。

（3）中度色相对比：中度色相在色相环上距离约90°左右，为中对比类型，如黄与绿对比等。效果明快、活泼、饱满，使人兴奋，有兴趣，对比既有相当力度，但又不失调和之感。

3. 强烈对比

（1）对比色相对比：对比色在色相环上的距离约120°左右，为强对比类型，如黄绿与红紫色对比等。效果强烈、醒目、有力、活泼、丰富，但也不易统一且让人感到杂乱、刺激，造成视觉疲劳。一般需要采用多种调和手段来改善对比效果。

（2）补色对比：补色在色相上的距离为180°，为极端对比类型，如红与蓝绿、黄与蓝紫色对比等。效果强烈、炫目、响亮、极有力，但若处理不当，易产生幼稚、原始、粗俗、不安定、不协调等不良感觉。

4.颜色搭配原则

（1）冷色+冷色；暖色+暖色；冷色+中间色。

（2）暖色+中间色；中间色+中间色；纯色+纯色。

（3）净色（纯色）+杂色；纯色+图案。

（五）色彩的表现特征

1.红色

红色不从属于任何其他颜色。它是如此地出众，因为它能迅速地将人们的注意力从其他颜色上转移过来，并给人以强烈的刺激。当与其他颜色并列时，它看上去总比其他颜色（如绿色和蓝色）更接近我们的眼睛。红色代表活力和力量。它象征着爱，并可以传递出更多的人类情感。深红色代表高贵和强烈的庄重感，鲜红色代表颠覆和推翻。红色越浅，其刺激感就越被温暖和欢乐的感觉所替代。特别浅的红色（粉红色），就象征着轻松、欢乐和青春。

2.蓝色

蓝色是天空的颜色。蓝色越深，就越超乎自然，如蓝黑色代表压倒一切的宇宙悲怆。对我们来说，蓝色也是一种谜一样的颜色，它看上去总是那么冷漠，让人镇静，但它也会传递出肃穆、冰冷和怀旧的感觉，带着些忧伤的基调。蓝色在画面上弄了个洞——有位画家曾这样说——这是因为蓝色看上去总是很靠后。深蓝色也很冰冷，但会给人愉悦、平和、安宁的感觉，因为它总是表现得很顺从。青色将蓝色的沉寂、怀念与绿色的和平、青春融合在一起，少了一份怀旧的感觉，但多了一份抚慰人心的感觉。

3.绿色

绿色，特别是被称为"嫩绿"的新鲜绿色，代表春天和青春。深绿色就失去了这种象征意义。绿色也象征着健康、有活力的生命。但一般来说，橙色代表较高层次的精神生命，绿色代表苗壮、健康的肉体生命。绿色是所有颜色中最平和的，因此它甚至可以缓和色彩的对立。绿色能够引人注目，让人感到满足和鼓舞。如果绿色混合了黄色，就会变得更加年轻、活跃、富有生机；如果绿色混合了褐色，就会产生完全不同的效果，变得更加深沉、严肃。

4.紫色

紫色是所有颜色中最引人注目的。它既不属于冷色也不属于暖色，而且紫色本身带有一些神秘感，会让某些人感觉压抑，并由此引发不适感。紫色适合那些想要展现深沉、神秘，甚至些许古怪的人。紫色会给人留下深刻的印象，甚至使人感动。对于非常敏感的人而言，紫色会让他们产生几乎麻木的感觉，这样的人最好避免接触紫色。

由蓝色占主要地位的紫色更趋于轻灵（深蓝色）。加入了少量红色的紫红色，如果越亮，就越柔和，并散发出优雅、精致、娇柔的感觉。深紫红色就更加威严，是代表教会威严的颜色。较浅的紫色（淡紫色）与白色和柠檬黄组合在一起，会营造出非常敏感、娇柔的效果。

5. 黄色

黄色有强烈的刺激效果，但它不会像红色那样令人兴奋。纯粹的黄色是色相环上最明亮的颜色，象征丰沃、祝福、充裕，如果上升到金色的层面，就代表力量、荣誉、权威。黄色越亮，视觉效果越靠前。黄色如果被分隔开，就会显得更有力。但是如果黄色变暗，就失去了欢乐或权威的寓意。黄色越亮，就越优雅、越轻盈、越精致、越高贵，看上去也更加含蓄。

6. 品红

品红不属于自然色，因此它是超自然、理想化的。在观察世界时，不仅要看到表面，还看到事物之间的彼此联系。要试图找出这个表面下隐藏的是什么，万物是如何组合在一起的。这里，笔者探究的是秩序和公平的法则。品红既象征着反常，也能代表特殊，它甚至能寓意对权力的不适当主张。

7. 褐色

褐色是浓厚的，它是泥土的颜色，在所有颜色中显得最真实。褐色不能与高贵和优雅联系在一起，但它是强而有力的，象征健康、可靠和土地。当褐色与其他颜色混合时，这种典型特性就被改变了。当褐色与红色或紫色混合时，就能表现大地上的阳光。紫褐色是一种极富魅力的颜色，能让人联想到魔幻和神秘。

8. 金色

金色是单调且缺乏感情的，但极高的密度和华丽的光泽度赋予它一种欢乐、庄严的品质。像太阳一样，金色能表现最强大的精神生命力，也能象征权力和尊严：主人越富有、强大，其室内装饰中使用的金色也就越多（如举行加冕礼的教堂、皇宫、皇室会所）。

9. 银色

像金色一样，银色也是单调的、没有感情的，但它的光泽却与金色大不相同。像灰色一样，涂上银色可以让物体感觉更加低调。但银色不像金色那样夺目，它不会让人目眩，却能慢慢引起人们的注意。有人说，银色是"金属的光泽"，因此很多人认为它比金色更加高贵。金色让人感觉温暖，而银色总是看上去很冰冷。

10. 黑色

黑色等同于彻底的黑暗，常常被作为素材。黑色是严肃、消极和黑暗的，往往寓意悲恸。它同时也是封闭、庄严的。黑色与白色并置，会带来最强烈的对比。

11. 白色

白色超越了正义与邪恶，它也不具备彩色的性质，与白色形成最强烈对比的是黑色。黑白对比的绝对性很容易理解。当黑色表现悲恸时，白色则传递出欢乐。对我们来说，白色象征纯洁、无瑕。在表现简洁而有力的感觉时，黑与白的对比是最佳选择。

12. 灰色

灰色是阴暗的基色，它往往象征优柔寡断。灰色是中性的、沉闷的，它既不属于暖色也不属于冷色，它是一种背景色、合成色。灰色能起到平衡、中和的作用，因而能够缓和过度强烈的色彩对比或者将对比色和谐地糅合在一起。灰色就像音乐中的休止符。

三、色光

（一）色光概述

光是万物赖以显现的决定因素，同时也影响着物体色彩的变化（从光学角度讲，物体是因为反射出不同波长的光而呈现出色彩的）。一般来说，白色光对物体固有色彩影响不大，只是光照强度会影响物体的色彩亮度和对比度；如果光源色与物体色相同，会使物体色彩倾向明显，如黄色光照射在黄色物体上，会使黄色物体看上去更加温馨，但会削弱物体的立体感和深度感；而光源色与物体色相近，会对物体色彩属性产生影响，使物体的固有色更饱和，如黄色光照射在绿色物体上，会更让绿色看上去更加饱和；而光源色与物体色为强对比色，物体色会变暗，如橙色光照射蓝色物体，会使蓝色物体呈现浑浊灰色的颜色，故橙色光不宜成为主要照明光源。

光的色彩和物体的色彩同时作用在人们的视觉上，影响人们所看到的物体色彩。人看到的物体色彩不仅被视觉的生理机能感知，同时还会影响人的心理状态。照明质量的评价不止需要考虑光的强度，还要顾及光源和环境的色彩。光的色彩与普通颜料、涂料在颜色混合上是有区别的，光的色彩叠加会越来越亮，而颜料与涂料会越调越灰。本节重点讨论光的色彩物理技术特性、光的色彩（以下简称色光）的混合规律及光的色彩情感等内容。

（二）色光的形成

色光（coloured light）是染料检测术语。在染色深度一致的条件下，待测染料染色物的颜色与标准染料染色物的颜色的偏差程度，可以用色相、明度、饱和度等指标衡量。可见光包含的不同波长的单色辐射在视觉上反映出不同的色彩。在两个相邻色彩范围的过渡区，人眼还能看到各种中间色彩（图1-12）。色光的三原色分别为红色、绿色和蓝色。这三种色光既是白光分解后得到的主要色光，又是混合色光的主要成分，并且能与人眼视网膜细胞的光谱响应区间相匹配，符合人眼的视觉生理效应。这三种色光以不同比例混合，几乎可以得到自然界中的一切色光，混合色域最大；而且这三种色光具有独立性，其中一种原色不能由另外的原色光混合而成，由此，我们称红、绿、蓝为色光三原色。为了统一认识，1931年国际照明委员会（CIE）规定了红、绿、蓝色光三原色的频率428.6THz、549.3THz、688.4THz。在色彩学研究中，为了便于定性分析，常将白光看成是由红、绿、蓝三原色等量相加而成的。

色光（三原色）

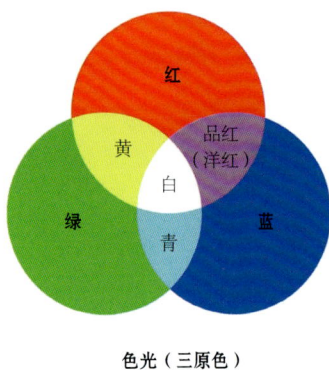

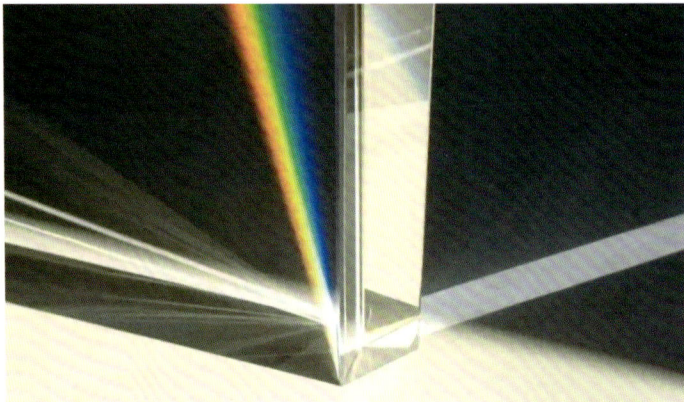

图1-12　色光与三棱镜实验

一个光源发出的"光"经常是由许多不同波长的单色辐射组成的，每个波长的单色辐射功率也不一样。光源的各单色辐射功率，按波长进行的相关分布称作光源的光谱功率分布（或称光谱能量分布），它决定着光的色表和显色性能。物体色是物体光源的光谱辐射有选择地反射或透射对人眼所产生的感觉。物体色由物体表面的光谱反射率决定，同时，光源的光谱组成对于显色也是至关重要的。

（三）色光的基本特征

1. 色光的分类

色光可以分为无彩色和彩色两大类。

无彩色色光指色光呈现出白色（透明）、近黑色和中间深浅不同的灰色。它们只有明度变化，没有色调区别。从近黑色开始，依次逐渐到灰色、白色，这个系列称作无色系列。

彩色色光指无彩色色光以外的各种色光。按照波长，彩色色光可以依次排列组成一个系列，称为彩色系列。

2. 色光三要素

色光与颜色一样也有色彩三要素，分别为：色相、明度、纯度。

（1）光的色相（符号为 H）：光的色相指各种光的色彩彼此区分的特性，如红、橙、黄、绿、蓝等。可见光谱不同波长的辐射，在视觉上表现为何种色调，取决于该种色彩的主要波长。各种单色光在白色背景上呈现的色彩，就是光谱色的色相。光谱色相按顺序和环形排列组合成色相环，色相环包括七个标准色及介于这七个标准色之间的色彩，即红、橙、黄、绿、青、蓝、紫和红橙、橙黄、黄绿、青绿、红紫12种色彩，也称十二色相环。

（2）光的明度（符号为 V）：光的明度指光的色彩相对明暗的特性。光的亮度越高，人眼越感觉明亮，它的明度就越高。物体色的明度则反映为光反射比的变化。反射比大的色彩明度高，反之明度低。它通常有两方面的具体含义：其一，不同色相的明暗程度是不同的，光谱中的彩色光，以黄色的明度为最高，以紫色的明度为最低，由黄色向两端发展，明度逐渐减弱；其二，同一色相的明度，由于受光强弱的不同，也是不一样的。光越强，明度越高；反之，就越低。

（3）光的纯度（符号为C）：光的纯度指光的纯洁性，是描述色彩的深浅程度的物理量。可见光谱的各种单色光彩度最高，黑白系列的彩度为零，或可认为黑白系列无彩度。光谱色中加白，则彩度降低，明度提高；加黑，则彩度降低，明度也降低。

四、视觉和视知觉

视觉对光线的亮度与色彩的接受能力和感受特点是展示照明设计必须尊重的基础。由于人的视觉体验过程非常复杂，既具有客观性又具有主观性，因此实际上对展示照明设计产生影响的除了视觉还有视知觉。

（一）视觉

视觉（vision）是一个生理学词汇。光作用于视觉器官，使其感受细胞兴奋，其信息经视觉神经系统加工后便产生视觉。通过视觉，人和动物感知外界物体的大小、明暗、颜色、动静，获得对机体生存具有重要意义的各种信息，至少有80%的外界信息经视觉获得，视觉是人和动物最重要的感觉。

眼（又称眼睛，目）是一个可以感知光线的器官。最简单的眼睛结构可以探测周围环境的明暗，更复杂的眼睛结构可以提供视觉。通常眼睛是球状的，当中充满透明的凝胶状的物质，有一个聚焦用的晶状体，通常还有一个可以控制进入眼睛光线多少的虹膜。人的眼睛近似于球形，位于眼眶内。正常成年人眼睛前后径平均为24mm，垂直径平均23mm。眼睛最前端凸出于眶外12～14mm，受眼睑保护。眼球包括眼球壁、眼内腔和内容物、神经、血管等组织。眼睛是人类感官中最重要的器官，大脑中大约有80%的知识都是通过眼睛获取的。读书认字、看图赏画、看人物、欣赏美景等都要用到眼睛。眼睛能辨别不同的颜色和光线的亮度，并将这些信息转变成神经信号，传送给大脑。人眼是望远镜放大倍数的基准，就是说放大倍数是1，口径就是人眼瞳孔的大小，它随着光照强度的变化而变化，一般在2～7mm范围内波动。

据科学研究表明，眼睛的性能与太阳的关系最为密切。事实上，人眼发展成这样一个复杂灵巧、惟妙传神的光学系统，是人类在自然选择过程中，漫长进化的结果。宇宙天体发出的电磁波，包括了从无线电波到 γ 射线频率的很宽范围，但地球大气层仅留下两个"天窗"，一个是波长在0.78～0.4 μm 的光学窗口（或称可见光窗口），另一个是波长在1mm～10m的射电窗口。除了发出可见光外，太阳发出的其他波段的电磁辐射则基本被地球大气全部吸收。既然它们不能"参与"照明，那么在漫长的进化过程中，人眼也就没有必要再为它们"设置"感光细胞了。这就说明了，为什么人眼能够感受的所谓的"可见光"是在这样的一个波段（400nm～780nm），而不是其他波段。

（二）视知觉

视知觉（visual perception）在心理学中是一种将到达眼睛的可见光信息进行解释，并利用其来计划或行动的能力。视知觉是更进一步地从眼球接收器官接收到视觉刺激后，然后一路传导到大脑，再经大脑接收和辨识的过程。因此，视知觉包含了视觉接收和视觉认知两大部分。简单来说，看见了、察觉到了光和物体的存在，是与视觉接收好不好有关；但了解看到的东西是什么、有没有意义、大脑怎么做解释，是属于较高层的视觉认知的部分。

眼睛是心灵的窗户，所谓心灵，准确来说就是大脑。研究表明，大脑接受的感觉信息80%以上来自视觉，视觉信息的准确获取，正确加工和解码是大脑进行高效的认知加工的基础。人类的知觉、记忆和思维，也有相当一部分是以视觉作为组织、加工和储存的形式。由此可见，视知觉对于人们的生活多么重要。视觉模式识别和视觉命名功能不足，可能导致个体视觉效率慢和采样率降低；眼球运动功能不足，可能导致阅读速度慢和不协调；融合功能和立体视觉功能不足，可能导致距离感差，容易视疲劳，以及注意力不集中等。视觉与学习能力密切相关。

1. 识别速度

光线进入眼睛，作用于视网膜并形成视觉，这个过程是需要一定时间的。识别速度是指从看到物体到识别出它的外形所需时间的倒数，即$1/t$（一般用秒计算）。识别速度与照明有直接关系，良好的照明条件可以缩短形成视觉所需的时间，即提高了视觉识别速度，从而提高了工作效率。

识别速度与目标物尺寸（即视角大小）、亮度对比、环境亮度（或背景亮度）有关。在一定的环境亮度下，物体越大，识别速度越快；亮度对比变大时，识别速度也会变快。物体尺寸一定时，提高亮度可以提高识别速度和准确度。合理的照度水平为150 lx。当亮度对比下降或物体变小时，维持原视觉水平所需的照明水平也会相应提高。

视力、视觉灵敏度、识别速度三项指标与视觉机能有着密切的联系，而环境的亮度对它们会产生直接的影响。比如，一间采光不好的房间，如果有适宜的辅助照明设备，人的视觉功能会立即得到改善。从普通观察者的立场看，光线越强，看得越清楚，事实并非如此。在白天，人们倾向于靠近窗口，以借助昼光的优势；在夜晚，人们开灯，如果可以调光，则将灯光调节到视觉所需的照度水平。很明显，照度水平非常重要，但如果只有这个数值又会忽略对整个空间感觉的需求。

2. 识别阈限

（1）识别阈限的概念：视觉系统极其复杂，它有很大的自调能力，但这种能力有一定的限度，即视觉器官可以在一个较大的强度范围内感受到光的刺激，但同时也存在一个最低的限度，当低于这一限度时，就不能引起视觉器官对光的感觉了。能引起光觉的最低限度的光量，就称为视觉的识别阈限，一般用亮度来度量，故又称为亮度阈限。

（2）影响视觉识别阈限的因素：视觉识别阈限与诸多因素有关，如目标物的大小、目标物发出光的颜色、目标物呈现时间。目标物越小，识别阈限越高；目标物越大，识别阈限越低。波长较长的光，如红光、黄光，识别阈限值要低些；波长较短的光，如蓝光，识别阈限值就高一些。目标物呈现时间越短，识别阈限值就越高；呈现时间越长，识别阈限值就越低。一般情况下，亮度超过 $106cd/m^2$ 时，视网膜可能被灼伤，所以人只能忍受不超过 $106cd/m^2$ 的亮度。

3. 明适应

眼睛可以在直射的阳光下看见物体，也能够在月光下看见物体。人的瞳孔在不同的亮度下会发生大小的变化，这种变化可以调节进入瞳孔的光线量。此外，人眼还具有呈幅度地增强视网膜灵敏度的能力。

如前所述，当视觉环境内亮度有较大幅度的变化时，视觉对视觉环境内亮度变化的顺应性就称为适应。当人从黑暗的环境进入明亮的环境时，刚开始会感觉到刺眼，而且无法看清周围环境，但过一会儿就可以恢复正常视力，这种适应叫作明适应。明适应一般所需时间较短，在1min左右。

在实施照明计划的时候，如果能够把人的视觉特性也考虑在内，会比较有效。比如当我们从外面进入展馆，考虑到自然光与人造光不同，我们将如何运用这些不同，又将怎么过渡，这是需要考虑的。例如，为使博物馆既能向观众提供良好的视觉环境，又能使光学辐射对藏品的损害程度降到最低，照明设计必须遵循有利于观赏展品和保护展品的原则，满足安全可靠、经济适用、技术先进、节约能源、维修方便的要求。

第三节　　其他概念

一、会展与展陈概述

会展业的发展随着工业社会的发展而日渐形成规模，工业文明带给人们丰富的物质和琳琅满目的商品。在早期，小规模的商品销售和推广方式，已不能够满足人们的需求，这样把商品汇集并集中销售的方式便应运而生。会展业崛起于20世纪60年代的欧洲，实质上是商业和文化的有机组合，是具有连带效应的边缘性产业。它是现代社会市场经济的一个缩影，是21世纪有发展前途的商业文化产业之一。20世纪80年代以来，随着国际交流范围的日益扩大和传播手段的现代化，它凭借一体化服务与规模化经营正在迎来经济和社会效益的黄金时代。经历几十年的发展，会展业已成为各国经济发展的重要手段和增长点。自我国改革开放以来，经贸活动日益频繁，会展业的繁荣推动了许多相关产业的发展，同时促进商品销售，引导了生活和消费。商业性展览活动推动了会展业的发展，会展建筑在各大城市大量兴建，各地的展览空间总是排满了各类展览和展销会。如今的会展已不仅仅是商品的供销活动，还是人们参观、购物和休闲的场所，就是说，它还是潜在消费者的活动空间。如今，会展已成为人们必不可少的消费、社交和活动的空间（图1-13）。

图1-13 车展：大众展台

会展是会议、展览等集中性商业贸易活动的简称，一般是指在一定的地域环境、展示空间，在特定的时间，经过周密的、有目的展示策划的商业文化交流活动。会展业是按照市场经济机制来运作的各类展览和会议的文化服务业，具有开放性、公众参与性，以高新科技产品、文化和艺术品的展示为基本内容，以提供人文精神与经济信息交流为基本内涵。会展的外延很广，它包括各种大型会议、展览展销活动、体育竞技活动、集中性商品交易活动等。会展独特的构成方式和运行规律决定了会展学科的复杂性，从会展所牵涉的知识领域来看，它涉及信息学、管理学、经济学、旅游学、建筑学、运输学、设计学、艺术学、传播学、环境科学等众多学科，有很强的融汇性和综合性。现代会展以经济作为其运行的主要目的，从本质上来说，会展是为信息交流而进行的传播活动，会展的最大特点在于各类信息的"汇聚"。

二、商业空间的定义与内涵

随着经济社会的进步，以及销售模式的多元化转变，人们对高品质商业空间的需求在不断提高，商业空间也逐渐趋向于多功能、多样化的综合性空间。如今，商业空间已不仅是商品营销和经营买卖的商业场所，而且逐步发展为交流、沟通、休闲的社交和精神娱乐场所。现代商业空间是集视觉与艺术于一体的空间，商业空间的设计从室内装饰到商品展示再到内部购物气氛的营造，都应反映商业的品牌文化及艺术地位，体现商品本身的质感和价值，满足消费者的情感需求。光是空间的灵魂，空间存在光才会有视觉上的效果，光以空间为载体，通过空间展示出它独有的特性及魅力。一个好的商业空间不但要有好的建筑空间、好的室内空间，还要有引人注目的展示空间，来展示它的产品，宣传它的品牌，创造一种特定的环境气氛，以此来吸引大量目标客户的关注，最终促成购买行为的发生，或者培养潜在的客户群，其中照明设计是营造各种环境气氛的主要手段（图1-14）。

图1-14　云端会客厅（峻佳设计）

在现代商业空间设计中，照明作为空间塑造的重要手段，逐渐被考虑到空间风格与特色的创造中。商业空间中照明的作用是促进消费，通过照明的巧妙配置来塑造一个有特性和吸引力的、令人愉快并有安全感的商业空间环境，空间中的环境照明处理到位，有氛围感，那么消费者就有可能在空间中长时间停留，从而有机会诱发消费者进行消费。

三、艺术设计展的定义与内涵

艺术设计展是社会文化发展到一定阶段的产物，它是建立在艺术家与大众之间的一种特殊的交流方式。艺术作品通过展览的形式得以呈现，供大众品读与欣赏，被收藏家珍藏，被艺术评论家评论，并逐渐形成一个集艺术创作、艺术传播、艺术营销、艺术欣赏于一体的艺术展示系统，在一定程度上促进区域发展（图1-15）。

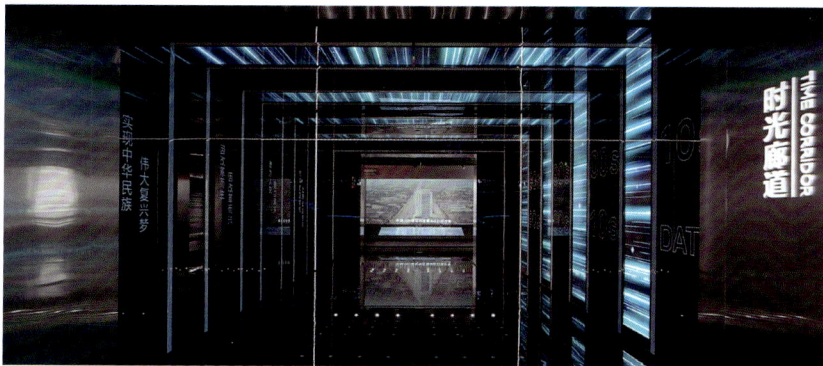

图1-15　丝路视觉：华强北博物馆

照明设计在展示空间中的作用和意义重大，因为照明是空间与展品在视觉上可见的一个重要前提。观众是通过空间、纹理、颜色、结构等视觉体验的细节来感受展示空间的，如果离开了光，离开了照明，也就无处体验了。在艺术设计展中，观众所认知的展品和空间主要取决于展品和空间的材质，以及形状的反射和折射。例如，木头、玻璃、金属等材质不同，其反射、折射也不同，不同的材质所烘托出的氛围也会有很大的差异，光线因其极富表现力和吸引力而成为营造气氛和塑造层次感的重要因素，也在很大程度上决定了展示设计的质量。

展览空间中的照明设计应该发挥揭示空间与展品的形态结构，呈现展品造型、色彩、质感，烘托展览空间氛围情调三个方面的主要作用。在展览活动中，专业水平的照明设计通过对基础照明、重点照明、装饰照明的巧妙设计和综合安排，把展览的中心内容和重点展项鲜明地突显出来，并勾画、营造出特定的情调氛围，以成功的灯光效果及其塑造的展品形象，吸引观众的目光、抓住观众的心，把展览信息内容有效地传达给观众，完美地完成展览的中心任务。

四、光与影的艺术

（一）光与影的形态内涵

光本身并无形状，其在空间中呈现的形状是通过建筑及内部的体块折射的，也正是由于体块的三维尺度，形成了光与影，二者是室内照明设计中最基本的形式要素之一。光和影在室内空间中的设计运用可以极大地丰富室内造型艺术的表现，借鉴视觉对于对象的基础解读，我们可以将光与影看作是平面的形状，来界定整体空间轮廓和边界，以塑造室内环境的体量和刻画界面细部。

光影极具艺术表现力，有光就有影，影在照明设计中的艺术魅力最早是被舞台灯光设计所利用，通过照射的角度，投影面的质感，光的形态和亮度来投射主人公的情绪，比如，运用造型光投射在展品身上，模仿夕阳的光把影子拉得长长的，让人感觉孤独、惆怅、落寞。投影灯的出现类似舞台灯光设计的装饰灯，光影也逐渐被运用到博物馆展示空间中（图1-16）。再比如，通过塑造动态投影形成波涛汹涌的情景，用一种意象手法表现真实事物，渲染气氛。还有一种虚拟空间，用光来构造出一个世界，比如沉浸式虚拟空间。视觉体验是一个动态的过程，人们最终看到的是活动的三维形象和对周围环境的整体认知。塑造动态光影的方法有很多，如通过灯具的运动，或者通过光源运动，或者通过计算机程序控制运动（如投影屏、触摸屏、显示屏），如图1-17所示。动静结合的光有一种吸引人视觉的美感，但无论是光影虚实，还是动静结合，都需要设计师根据展示空间的完整性来考虑选择用什么样的光来表现。

图1-16　瑞典斯德哥尔摩诺贝尔博物馆

图1-17　中国大运河博物馆

　　光影还是一种极佳的空间创作材料，能够改变构成实体空间的各种材料的肌理表情，从而影响空间的表情。光影自身的特殊属性决定了光线与现实世界中其他物质会发生不同的作用形式，并因各物质性质的不同而产生不同的效果。

　　人眼所能见到的光大多是通过光与不同材质作用，用经过反射、漫射、折射或者衍射后进入人的视觉系统所形成的效果。选用不同的装饰材料，对室内空间装饰的效果就会产生截然不同的影响。例如，光线能够基本穿透透明的玻璃进行传播，使室内空间产生良好的采光效果，同时明亮的光线也能够增加空间的宽敞感，这也是明亮的空间看起来宽敞，阴暗的空间看起来狭窄的原因；而如果采用一种不同的材质如磨砂玻璃或者裂纹玻璃，大部分的光线会被分散和反射，只有部分光线能穿过玻璃，室内空间得到的是一种被阻隔过的光线，采光效果会受到很大影响。当光线在室内传播，有照明光线直射的地方就会比较明亮，光线没有直射到的地方就会比较暗，但是经过光线与不同材质的相互作用，室内空间中的光线环境就会趋于合理，不会有过于极端的照射程度并且整个室内空间都会显得比较均匀。所以作为设计师，要了解各种不同装饰材料的光学性质，根据不同空间的设计需求，选用不同的光源和不同的装饰材料进行合理组合，以达到预期的设计效果，获得相对合理的室内光环境。

（二）光影塑造的空间感受

光与影密不可分，谈到光，人们自然而然地会想到影的存在。在光（自然光或者人工光）的照射下，物体的影微妙地发生着变化：简单形成与复杂变化的比较，光与影的明暗对比，物体与影的虚实对比，这几种在比较中产生的对比会随着光线的变化而相应地发生变化，投射下来的光线与斑驳各异的影，成为一种丰富空间、表现内涵的特殊装饰艺术语言。

光与影赋予空间物体以更真实、更完美的艺术感染力。利用各种照明装置，选择恰当的部位，既可以表现以光为主，也可以表现以影为主，还可以光影同时融合以生动光影效果表现力，来丰富室内的空间创意设计。另外，塑造后的光影造型是千变万化的，可以运用不同的灯罩（虚实变化）把光影挥洒到空间的各处。光影设计的关键在于需要在恰当的部分，采用恰当的设计形式，运用灯光下的影像层次来丰富空间各部分的内涵，从而获得奇妙的空间艺术效果。

1. 光影塑造的空间感

光具有照明、界定空间、分隔空间、表现空间的格调和文化内涵等作用。光能实现空间气氛、空间美感的创造和传递。从宏观上来讲，研究光环境就是研究光与建筑空间环境的关系。光环境的形成涉及三个基本要素：光、空间、媒介。光会通过实体或虚体媒介发生相互作用、共同分隔和营造室内空间，它们相互影响、紧密相连，共同演绎完整的光环境系统（图1-18）。

图1-18　在巴黎展出的三山五园皇家园林光影艺术展1

空间光环境设计的任务大致可以分为两种，即以功能为前提的视觉作业照明和以温馨、体验为主的环境氛围照明。

光作为界定空间的要素，可以对空间进行体现和塑造，丰富而变化莫测。光在空间中传递，可以使空间从物质性的存在上升到一个精神高度，有着特殊、自由、灵动的个性。光和空间总是彼此相互作用、相互渗透，我们无法离开光去营造空间，因为光的存在，空间才可以贡献出视觉的影响力。

当人从明亮的环境进入暗的地方，一开始是看不见物体的，需要经过一段时间（几秒甚至几十秒）慢慢适应黑暗的环境。逐渐看清，这个过程称为暗适应。而明适应则是在从暗环境进入明亮的环境时发生，开始同样看不清，需要一定时间眼睛才适应这个亮度，而后逐渐清晰。所以对于博物馆室内环境及展品照明来说，为满足视觉适应性，就需要多关注明暗转换位置的照明，采取措施以促进视觉适应，如设置明暗过渡区。

以功能为主的视觉作业照明，主要包括功能区的视觉任务、物体对比、重要程度及持续时间。这种视觉能效由空间内固有的特征（形体、大小、作业细节和背景对比等）决定，同样也取决于建筑内的照明条件。为获得满意的视觉功效，要求在作业细节的大小、对比、呈现时间与亮度可见度上区别开来。

以舒适、体验为主的气氛照明，换一种角度说可以是心理引导。通过光让一个小空间给人带来压抑和狭小的感受，无法了解周围环境而不安；也可以通过光让一个空间显得轻松和宽敞，直接影响人在这个空间中的情绪和行为，还有产生如透明感、轻松感、压抑感、私密感和矛盾恐惧感等心理感受。因此，适宜的照明形式指引人们认识环境、认识空间，给予观众时间感、安全感与场所感（图1-19）。

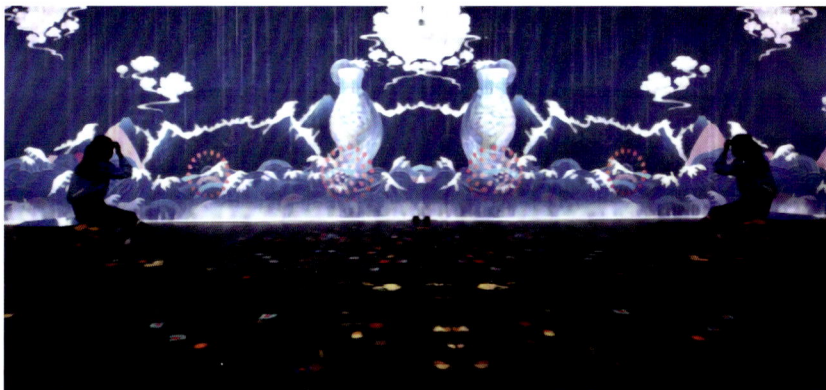

图1-19　在巴黎展出的三山五园皇家园林光影艺术展2

2. 光影艺术在空间中的应用

光是人观察事物的基础，是一切物体被感知的前提，光不仅是满足人的视觉功能需要和照明的主要条件，也是创造空间、美化空间环境的基本要素。它对完善空间功能、营造空间氛围、强调环境特色、定位空间特性等方面都起到非常大的作用。

光总是在不停变化着，这种光可以使建筑富有特征，同时，在空间和光影的相互作用下，设计师可以创造出各种艺术感受。光和影是最为丰富的"语言"和最为动人的"表情"，是造型表现不可缺少的元素。光和影能给静止的空间增加动感，给无机的墙面以色彩，能给材料的质感赋予更动人的表情。设计师通过光的运用和限定能在特定的构思下利用人工手段表现光影的形态、变化和色调，展示光与空间的共同构图，以表现空间、调整空间、创造空间。

光影作为一种空间创作的材料，能够改变构成实体空间的各种材料的肌理表情，从而影响空间的表情。光影自身的特殊属性决定了光线与现实世界中其他物质会发生不同的作用形式，并因各物质性质的不同而产生不同的效果。

可以利用光的效用，削减不希望被注意到的边角；也可以利用光照来集中加强值得关注或者需要重点突出的地方，从而使空间主题创意更加完善，增强空间中某个位置的使用功能。为突出空间中某种产品或者物件，用亮度较高的灯具重点照明关键的位置，同时减弱相对次要位置的灯光照明，从而获得更加美好的艺术照明效果。台阶处的照明及家具底部的照明设计，会使物体本身与地面产生"分离"的效果，并且会使空间在使用上变得虚实有度，另外，在夜间的使用功能更加具有人性化，也会显现出令人感到轻快的空间氛围（图1-20、图1-21）。

图1-20　光的维度——Light Now光影艺术展1（XEX）

图1-21　光的维度——Light Now光影艺术展2（XEX）

光与影相伴而行，有光必有影。对于照明设计中出现的如缺乏足够的灯具、照明方式单一问题等都会限制空间中照明效果的表达，这时可以通过内部空间界面或实体构件的围挡与光源配合，使光线与阴影形成多变的空间效果，弥补其他条件的不足。光与影配合形成图案，阴影依附光线而存在，通过控制光线可改变阴影的位置、形状、大小、明暗等状态，达到丰富空间层次的目的。视觉体验是一个动态的过程，因此，人眼对亮度剧烈改变的敏感性超过亮度本身，动态光线的布景有利于保持视觉灵敏性，而且也更易于视觉捕捉。

对于空间来说，不是所有的空间照明都有阴影的，这是由空间的特点决定的。空间包括大型的卖场、大型的超市，也包括小空间的服装、珠宝、化妆品等专卖店。如果是在大型的卖场里面，它强调的是高照度，让人的视线清晰，那么在这种条件下，商品的展示通常就是没有阴影的，但是在珠宝店等高消费的场所，它为人们提供的不仅是商品，也要为顾客的消费环境考虑，这样就需要表现物品强烈的立体感，也就需要有阴影，无论是商品的还是空间的。光的形态和亮度、照射的角度、物体的透明度、投影面的质感等因素都会影响影的形状。例如，集中光产生的投影轮廓清晰，漫射光产生的投影轮廓柔和；物体受光面与背光面的明暗比值越大，投影的密度越大，与环境亮度的反差也越大；小角度照射产生的投影紧缩成一团，大角度照射产生的投影被拉得纤长；落在光滑投影面上的影形态清晰，落在粗糙投影面上的影形态模糊；不透明物体产生的影比较实在，半透明物体产生的影则有点虚等。根据视觉的工作原理，影受视觉关注的程度取决于影与环境亮度的明暗比值和影子形状的复杂程度，明暗比值越大、形状越精致，越受关注。

展示设计通常受制于场地的面积和层高，因此在限定的空间内展现某种宏大高耸的物体，以光的艺术表现形式同样可以优化。比如，为表现某种纪念碑冲入云霄，在插入天花的部分以柔和的光线收口，让观众看不到纪念碑的顶部，则会传达出高不见顶的视觉感受。而在层高较低矮的空间内，可以利用光线强化地面或墙面的部分，配以简洁昏暗的顶部，并柔化弱化顶部和立面的交界处，将视觉重心通过光牵引到其他位置，避免顶部低矮的压抑感。

光与影可以说像鱼和水一般不可分离，无光即无影，无影即无形；光和影的配合让视觉对物体的形态可辨。不论是简单的几何形体，还是抽象复杂的有机形态，影的存在使形体具有明暗交界线、轮廓线，形成或对比，或均质，或叠加的艺术效果（图1-22）。

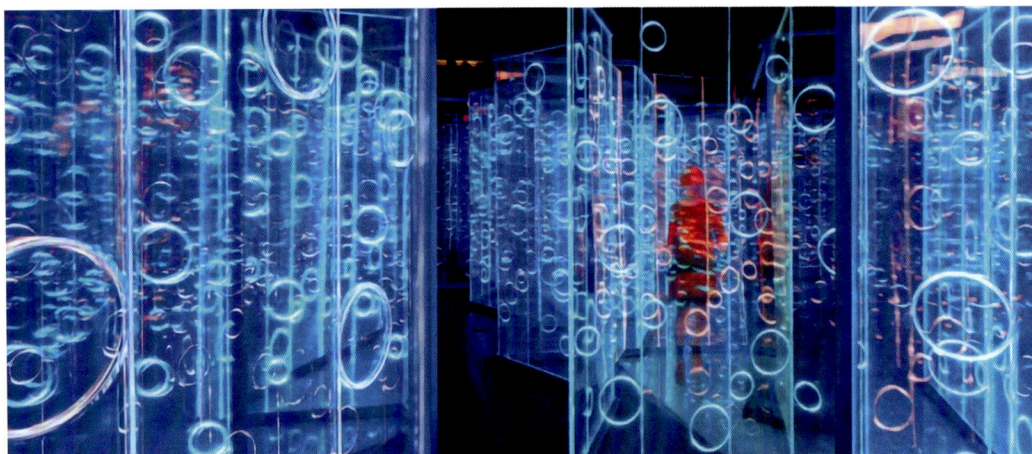

图1-22　鲁能三亚湾光影艺术节：灯影迷宫《宇宙》

课堂思考：

1. 展示的基本概念是什么？其有哪些特征？

2. 请思考当今社会的展示设计有哪些新技术可以有效提升展示魅力？

3. 光对于空间有哪些影响？人眼可见光的范围是什么？

4. 请简述视觉与视知觉的区别。

5. 请结合实例简述会展与展陈的重要性。

6. 请问光与影的艺术魅力对于展示空间有哪些作用？

扫一扫可见
第一章补充内容

第
二
章

02

展示照明设计的原理

课程名称：展示照明设计的原理

教学内容：基于概念溯源的整体全局视角来认识和研究
　　　　　"展示照明设计"，侧重讲解展示照明设计的
　　　　　特点、展示照明设计的要素、展示照明设计
　　　　　的设备及展示照明设计的方式等方面内容。

课程时数：4课时

教学目的：使学生进一步了解展示照明设计的基础知识、
　　　　　相关概念与术语，以及服务设计实践的理论
　　　　　知识。

教学方法：理论讲授

教学要求：掌握相关概念和基础专业术语。

教学重点：

1. 了解展示照明设计的相关要素。

2. 不同风格空间中展示照明设计方式的区别。

3. 引导学生学习分析不同类型展示空间中照明设计的差
　异性原因。

第一节　展示照明设计概述

一、展示照明设计的概念与内涵

（一）展示照明设计的基本概念

展示照明设计（display lighting design）是一门综合性的艺术设计，从文字层面可以拆分为两个部分：展示与照明设计（lighting design），侧重于研究如何通过照明设计有效应对不同事物展示呈现效果的需要，可以简单理解为事物展示的光线照明氛围设计。展示照明设计可分为室外照明设计和室内灯光设计，灯光设计是一个较灵活及富有趣味的设计元素，可以成为气氛的催化剂，是一室的焦点及主题所在，也能加强现有装潢的层次感。其次，展示照明设计必须符合功能的要求，根据不同的空间、不同的场合、不同的对象，选择不同的照明方式和灯具，并保证恰当的照度和亮度。

展示照明设计应用领域广泛，涉及平面设计、建筑艺术、环境艺术、装置艺术、工业造型设计、新媒体与动画设计艺术，甚至是音乐等众多艺术领域，其边界非常复杂。一座城市、一幢建筑、一处景观、一条街道、一席商业空间，其特质被光所定型，更被附着生命质感的展示照明设计赋予特有的主旨、风格、深度、情感、色彩及氛围（图2-1）。

图2-1　CEEC中国国际消费电子展示交易中心
（迪赛斯顿斯室内设计）

（二）展示照明设计的内涵

展示空间是伴随着人类社会政治、经济的阶段性发展逐渐形成的。在既定的时间和空间范围内，运用艺术设计语言，通过对空间与平面的精心创造，使其产生独特的空间范围，不仅含有解释展品宣传主题的意图，而且可以使观众参与其中，达到完美沟通的目的，这样的空间形式，一般称为展示空间。对展示空间的光线、氛围进行的创作过程，称为展示照明设计。

结合前文所述，展示照明设计是在展示设计的基础上再操作的。具体来说，展示照明设计从应用范围上可以大到博览会场、博物馆、美术馆，中到商场、卖场、临时庆典会场，小到橱窗及展示柜台（样品柜），不过都以具有说服力的展示为主要概念。就展示照明设计所处理的内容而言，主要是基于展示物的规划、展示主题的发展、展示说明指示及附属空间（如大型展示空间就该包括典藏、消毒、

图2-2　水发·信息小镇产业展示中心
（北京光湖普瑞照明设计有限公司）

厕所、茶水、休息等空间）等，以展示主题为引导，以照明灯光为手段进行设计。此外，从某个角度来看，展示照明设计从始至终贯穿了展示设计的发展脉络，以往较大规模与较固定性的展示照明设计属于城市规划设计或大型建筑设计及景观设计等，较小规模的展示照明设计就属于室内设计（展览性设计）。那么，是什么因素让从大到博览会场、博物馆、美术馆，中到商场、卖场、临时庆典会场，小到橱窗及展示柜台（样品柜）都极为重视"展示照明设计"呢？笔者认为，一方面是短时间的博览会或工商展览会，在19世纪末20世纪初兴起；另一方面可能是第二次世界大战后"卖场或商场"的大规模化与精致化、专业化等（图2-2）。

另外，由于展示设计的展示内容规划类型繁复多样，展示主题的发展往往就定位成告知性、贩卖性、庆典性、游艺娱乐性、教育性等。所以，展示照明设计所需要的能力有：推销物品或理念的调查与企划的能力、立体造型（审美、建材与构造）的能力、灯光与临时机电设备的知识、吸引人群安排人潮动向的能力等。简单来说，展示照明设计是一种"配合演出"的设计，展示照明设计在设计时要先了解"被展示的物件或概念"，再找出要表达的主题，然后将这个"主题"以展示装置加以渲染、诠释，从而完成这次设计。设计时，所设计的展示装置本身是否精彩并不是重点，反而是在展示装置完成后，氛围是否符合主题，以及"被展示的物件或概念"是否因此而精彩，才是展示照明设计的关键（图2-3）。

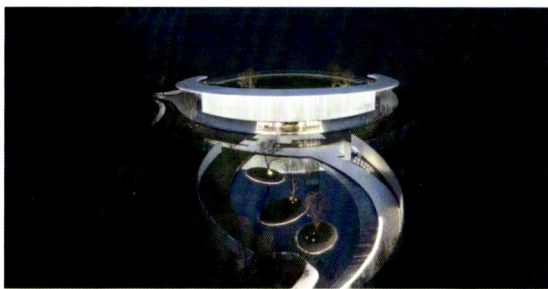

图2-3　银川融创·阁第湖展示中心（AAD长厦安基建筑设计）

二、展示照明设计的分类和形式

（一）展示照明设计的简单分类

总的来看，展示主题的种类繁多，展示的类别不同，设计要求也有所不同（图2-4）。

图2-4 奥斯卡电影博物馆（WHY建筑设计事务所，Available Light 照明设计公司）

1. 按展示目的来分

按照展示目的，展示照明设计服务的类型大致可以分为经济类和人文类两种。经济类的有各种规模的商展、促销活动、交易会、订货会、新产品发布会等，其表现形式也许多种多样，但最终目的还是确立企业形象，促成消费行为。人文类展示包括科学馆、纪念馆、美术馆、博物馆、森林公园、自然保护区等，其主要目的是传承人类文明、传播科学知识，促进文化交流等。

2. 按时间来分

按照时间，展示照明设计服务的空间时限可分为长期、短期、临时、永久四种。由于展示的时间不同，对展示环境的要求也有所不同，包括展示的材料、灵活性、折装形式等都要考虑。

3. 按形式来分

按照形式，展示照明设计可以分为动态展示和静态展示。这里的"动态"与"静态"并不是指展示手法上的动态与静态，而是指展示区域。动态展示包括巡回展示、交流展示等，而静态展示多是固定地点的展示活动。

4. 按参展人群来分

按照参展人群，展示照明设计可以分为纵向展示和横向展示两种。纵向展示主要指相对参展人群是某一领域中的单位或人士。横向展示则适用范围较广，参展单位众多而且不局限在同一领域，如世界博览会。

5. 按规模来分

按照规模，展示照明设计可分为巨型展示、大型展示、中型展示、小型展示。如果以一个单元展位9m²计算，巨型展位展示空间一般面积超过162m²，中型展示空间一般占据1~3个展位，面积小于27m²。

如今，展示行为在商业活动中是最为常见的一种形式，从商业的角度来看，展示较其他促销手段有着高效、直接的特点。展览在为企业提供巨大商机的同时，也为企业节约了不少资金。而在这个过程中，展示照明设计承担了如何发挥展现展品最大效益的重任，据英联邦展览联合会调查结果显示，通过展览为企业寻找客户的费用是一般渠道寻找客户所需费用的1/7。可见，高效有趣的展示设计无疑给商家提供了一个直接面对消费者的平台。另外，直接销售产品并不是商家参加展会的唯一目的，一次展览所面对的消费者是有限的，但展览会为产品寻找代理提供了机会，便于会展企业建立和完善自己的营销体系，所以在这个过程中展示照明设计显得尤为重要。同时，在文艺类的展示空间中照明设计亦承担了重要的作用，博物馆、科学馆、艺术馆、民俗馆等是社会文明的重要组成部分，起着传承文明、启迪智慧、展现现代科学、促进精神文明建设的作用，同时更是一种十分重要的文化资源。事实上，展示照明设计不仅在展示设计中发挥着不可代替的作用，在日常生活中也扮演着重要角色。

（二）展示照明设计的基础组合方式

从某种意义上来说，展示活动是有"生命"的。由于展示的不可重复性与独特性，它总是以各种不同的形式展现在大众面前，吸引着人们积极参与其中，并让人们在每次活动中都有不同的感受。因此，组织者必须保证每次活动有足够的吸引力，吸引人们来参加这项活动。要做到这件事并不容易，其中的影响因素很多，而灯光照明设计是一个重要因素。

从实际情况来看，展示活动是对一个大空间的策划。它还包含公共空间各个部分的连接关系，如门厅、出入口、接待区、观众通道、会议厅、休息场所、楼梯等，这些都是构成整个活动环境整体的重要组成部分。观众首先见到的是这些公共展示环境空间，而灯光的照明最能体现出整个设计的视觉效果和气氛。空间的表情应该是丰富多彩的，既有安静的空间也有热闹的广场，既有闲适的氛围也有嘈杂的市场。会展活动空间里聚集的人数是不确定的，因此，在设计灯光时不仅要保证使用上的安全性，也要顺应多样变化的视觉情态，努力创造出能为各种展示场合塑造意境的氛围。展示活动空间照明的任务，就是根据设计的基本目的，综合运用技术设施和艺术手段与现代科学技术法则和美学规律，充分掌握设计环境对象的各种因素，充分利用有利条件，积极发挥创作思维，创造出一个既符合生产、工作和生活物质功能需求，又符合人们生理、心理要求的照明环境。

一般情况下，展示照明设计基于展示空间的基础形式主要有以下几种：①灯光设计与标本与活体结合展示，比如上海科技馆生物万象展区的大型生态鱼缸中放置了千姿百态的活体鱼群，倍受观众喜爱；②灯光设计在室内展示与露天展示中结合，将某些展品放置在露天展示，可以使它们接近大自然，与观众的距离也缩短了，这种"回归自然"的形式新奇逼真，很适合当代人的审美情趣；③灯光设计在动与静之间的设计结合，巧妙地运用幻灯、全息摄影、激光、录像、电影、多媒体等现代单像技术、虚拟现实技术，使静态展品

图2-5 马尾船政书局（胡之乐）

得到拓展，营造生动活泼、气氛热烈的展示环境，使观者有身临其境的效果；④实物与电子信息的结合，通过电子导览系统，寻找理想的参观路线，通过计算机问答机详细了解展示的知识内容，测试观看与参与相结合，更满足了观众的自主性（图2-5）。

三、展示照明设计的特点

现代展示照明设计是一种超越了基本照亮功能的视觉艺术，其最显著的特点就是对于"光"的丰富设计与运用。事实上，光不仅能将展品的形象以更加完美的状态呈现出来，光本身所具有的艺术表现力对展示设计来说具有更加重要的价值。光有很强的可塑性，光的形态、光的色彩、光与影的关系都可以被塑造。此外，现代照明技术还可以对光存在的状态进行塑造，把静态的光变成动态的艺术。展示照明设计将光作为一种设计元素，通过对光的塑造获得千变万化的表情。很长时间以来，光都被作为一个没有形态的设计元素对待，但在照明设计中，光是有形态、有体积的。

灯具发出的光分为集中光和漫射光两种。集中光的特点是光线明确地汇集成一束，照射方向明确，光的穿透力比较强，照在物体上容易产生强烈的反光。漫射光的特点是光线分散，照射方向不明确，亮度均匀柔和，照在物体上不容易产生强烈的反光。如果同自然光类比，集中光如同清晨时分太阳穿过层层叶片洒下的道道金光，漫射光如同飘着朵朵白云的明亮而柔和的天空光。集中光主要表现为宽窄不同的各种光束，光束边缘区域亮度衰减剧烈，因此集中光大多具有清晰的轮廓和明确的形态。具有代表性的例子是窄照型聚光灯在黑暗环境中发射出来的光束，视觉能够清晰地分辨出光束的轮廓。漫射光由于是向各个方向发散的，而且光束边缘区域亮度衰减柔和，所以光的轮廓线和形态都不是很清晰。

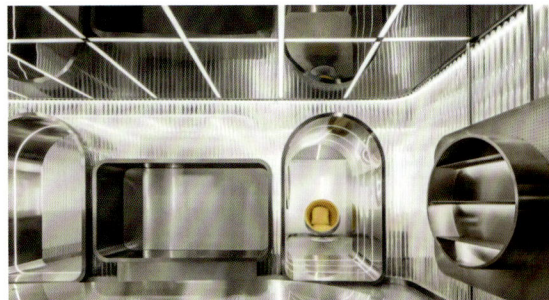

图2-6 融创星耀五洲社区干洗中心（南筑设计事务所）

在展示照明设计中，集中光轮廓鲜明的光束是一种非常有视觉冲击力的设计元素，漫射光均匀柔和的光线是一种温和的设计元素，两者都具有丰富的艺术表现力。总的来说，展示照明设计的特点是从展示属性和灯光照明两个方面延展而来的（图2-6）。

（一）展示照明设计的照明特性

相比于其他领域的照明设计，展示领域的照明设计是为了帮助展品塑造舞台般的体验感，使其更具独特的视觉效果，更富戏剧性和艺术感染力。光在展示照明设计中的作用不再是表现空间和展品，它的表现力和艺术创造力被充分调动，为展示剧情和剧中的"演员"服务。现代展示照明设计具有注重追求艺术性和戏剧性的特点。

从灯光照明的特性来说，主要就是在展示照明设计的过程中，其针对灯光的不同的照明属性和本身特性进行设计构思，可以理解为随着制造技术和材料科学的发展，灯光的类型更加多样化和特殊化，由于不同灯光本身构造的不同及功能属性的差异，所以在设计中可供选择的组合形式更多，而表现的效果也更绚丽夺目、变幻无穷。结合现实情况来看，照明特性可以简单归结为艺术性和戏剧性。

1. 艺术性

（1）艺术性地表现展品：为了使展品看起来更完美，更容易引起参观者的注意，获得参观者的认可，需要通过照明的方式对展品进行艺术的表现，提升展品的审美价值。在"奥利维尔·加尼尔个人作品展"中，良好的照明设计完美地塑造了展品的色彩、形态和质感，有效提升了展品的审美价值。而在某次陶瓷作品展中，由于没有对用于展览绘画作品的照明设计进行调整，影响了展品的表现，致使精美的作品变得平庸。这两个例子的对比清楚地说明了照明设计在表现展品的艺术性方面所具有的重要作用。

（2）艺术性地塑造展示环境：作为一种注重体验的，有主题、有剧情的综合展示活动，现代展示设计对观众参观体验的营造尤为重视。对观众来说，参观展览除了观看展品之外，还可以通过参观过程感受到展览传达的综合信息。照明设计能够有效增强展示空间的艺术感染力，使参观过程成为审美体验过程，令观者身心愉快，从而更有效地接受各种展示信息。

2. 戏剧性

（1）照明手法富有戏剧性：为了能够更有效地引起参观者的注意，展示领域的照明效果往往追求匠心独具的强烈戏剧化效果。为了取得这种效果，光的运用方法也极富戏剧性，各种颜色、各种形式的光都可能出现在展示环境中。

（2）照明设计的主题富有戏剧性：为了将展品所代表的生活方式和价值观等深层次的含义表现出来，现代展示设计多把它们放置在一个有主题、有剧情的展示情境中。为了让参观者更好地体会展示的意义，照明设计的理念与展示设计的主题紧密配合，有效渲染展示气氛，烘托展示主题（图2-7）。

图2-7 葡萄牙Nadir Afonso临时博物馆

（二）展示照明设计的动态特性

从展示属性来说，在展示照明设计的过程中，需要对事物的两个状态（静态与动态）进行考虑。静态设计与传统的照明设计的本质区别并不是很大，而动态设计则是整个展示照明设计中的最大难点，较传统的照明设计有着许多引人注目的新奇之处（图2-8、图2-9）。

图2-8 Moon The Space买手店装置

图2-9 Moon The Space买手店驾驶舱区域

1. 顾客通道的照明设计

根据商场空间的布局来说，顾客通道设计得科学与否直接影响顾客的合理流动，而其中的照明设计对于发挥展示效果有着十分重要的作用。一般来说，结合通道设计的展示照明设计有以下几种形式：①直线式，又称格子式，是指所有的柜台设备（灯光）在摆布时互成直角，构成曲径通道；②斜线式，灯光设备斜线组合配置。这种通道的照明设计形式的优点在于它能使顾客随意浏览，气氛活跃，易使顾客看到更多商品，增加更多购买机会；③自由滚动式。这种布局是根据商品和设备特点而形成的各种不同组合，或独立，或聚合，没有固定或专设的布局形式，销售形式也不固定。

2. 动态展品的照明设计

在展示照明设计中，还需要考虑有效利用展品本身的物理、化学等特性，在运动中展示自身的特色，如汽车展示，突破静态放置，将汽车开在公路上，举办车队竞赛等。日产风神轿车进入中国市场时就举办"风神一升油城市拉力赛"，用一升油在不同城市不同地段比试最远行程，吸引了各地消费者和试驾司机的关注，将汽车可以行驶的特性发挥出来。这就需要设计师大胆设计，运用一些特殊的动态展架，使灯光可以有规律地运动、旋转，还可以巧妙地组合不同的灯光照明变换效果使人产生静止物体动态化的错觉（巧妙变化和闪烁或是辅以动态结构的字体，能产生动态的感觉）。此外，也可在无流动特性的展品中增加流动特征，如书籍的动态展示，可将书籍陈列设计成开放式的，可运用多媒体的方式、书籍展开的方式、局部放大的方式、旁加评点解说的方式，旋转书架的方式；再如服装店的橱窗展示，可以运动绚彩的灯光闪烁和流动照明，使人产生一种模特在动的幻觉。

3. 流动展具的照明设计

在展示中还有一种特殊的展示形式——流动的展具展示。这种形式的照明设计较为复杂，但是所表现的动态光效对于观众来说也是极具吸引力的。一般而言，此类照明设计借助自动装置与展品一同表现出运动的状态，光线多变，异彩纷呈。常见的运动展具有：①旋转台。台座装有电动机，大的旋转台可以放置汽车，小的可放置饰品珠宝、手机、电脑等，其好处在于观众可以全方位地观看展品，无论观众处于何位观看机会都是均等的，这样可以提高展具的利用率，充分发挥其使用价值；②旋转架。旋转架主要是在纵面上转动的，其好处在于可以充分利用高层空间；③电动模型。人形、动物、机器和交通工具均可做成电动模型，使之按照展示的需要而运动，如穿越山洞的火车，跨越大桥的汽车，发射升空的火箭，林中吼叫的鸟兽等，以小见大，营造活跃的气氛，提高观者的观感和乐趣；④机器人服务员。通过机器人的转动、行走、说话，发出音乐等与观众进行交流，或为观众做些简单的服务等，使展示更为生动和富有趣味性；⑤半景画和全景画。制造真实的空间感和事发状态，其做法是在实物后面绘制立体感强的画面，或利用高科技大屏幕投影等手段装上一个假远景，造成强烈的空间层次感，使原来平淡的东西变得真实起来，如再配上电动模型、灯光和音响就会产生舞台效果，使观众感觉身临其境。上述五种类型在实际照明设计过程中不仅有较大的设计难度，而且往往都需要不菲的造价，但是其表现的效果也是颇为精彩。

4. 流动展示空间的照明设计

现代展示空间因实际需求和主题的繁复多样，而具体形式令人眼花缭乱。但从空间状态来看，流动展示空间主要分为两类：一是虚拟的空间流动，通过高新科技影像等手段形成一种空间上的变化，使空间成为一种流动的空间，使人感觉在里面穿梭，仿佛就在空间中漫游；二是现实的空间流动，比如整个展厅的旋转，广告宣传车的四处宣传，这些都使展品和观众更接近，更好地为产品做了宣传，而这也对其中的照明设计提出了更高要求。总的看来，现代展示陈列应该丢掉以前的单一的展示产品的做法，应是个完整的人性化空间，它必须具备以下展示空间：第一是商品空间，如柜台、橱窗、货架、平台等；第二是服务空间；第三是顾客空间。在整个展示空间中调动一切可能配合的因素，在造型设计上尽量做到有特色，在色彩、照明、装饰手法上力求别出心裁，在布置方式上将展示陈列生活化和人性化、现场化，在参观方式上提倡观众动手操作体验，积极参加活动形成互动，还可以在展区内设立招待厅，休息室或赠送小礼品，发送宣传手册等灵活多样的服务，使整个展示空间和过程完整，使人感觉不是在看商品展出而是在享受（图2-10、图2-11）。

图2-10 绽放：X11上海淮海路全球旗舰店1

图2-11 绽放：X11上海淮海路全球旗舰店2

第二节 展示照明设计的要素

现代展示照明设计是基于展示设计（展示空间设计）而来的，其诞生与发展都离不开展示的用途需求和空间场域的基础条件，可以说展示照明设计就是为展示设计（展示空间设计）服务的，如果不需要展示、没有环境基础，那么展示照明设计将无法开展（图2-12）。一般情况下，构成一个完整环境的六大要素是空间要素、色彩要素、光影要素、装饰要素、陈设要素、绿化要素。

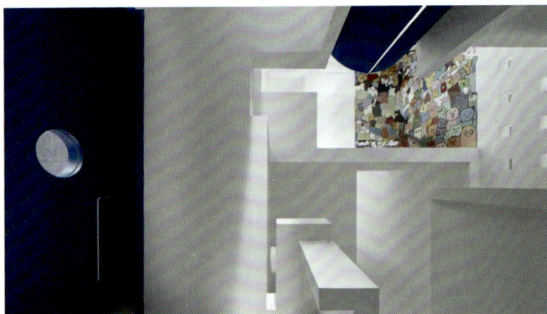

图2-12 仁·社区美术馆（本位空间设计）

（1）空间要素：空间的合理化、给人们以美的感受是设计的基本任务。要勇于探索时代、技术赋予空间的新形象，不要拘泥于过去形成的空间形象。

（2）色彩要素：室内色彩除对视觉环境产生影响外，还直接影响人们的情绪、心理。科学的用色有利于工作，有助于健康。色彩处理得当既符合功能要求，又能取得美的效果。室内色彩除了必须遵守一般的色彩规律外，还随着时代审美观的变化而有所不同。

（3）光影要素：人类喜爱大自然的美景，常把阳光直接引入室内，以消除室内的黑暗感和封闭感，特别是柔和的散射光，使室内空间更为亲切自然。

（4）装饰要素：室内整体空间中不可缺少的建筑构件，如柱子、墙面等，结合功能需要加以装饰，可共同构成优美的室内环境。充分利用不同装饰材料的质地特征，可以获得千变万化和不同风格的室内艺术效果，同时还能体现历史文化特征。

（5）陈设要素：室内家具、地毯、窗帘等，均为生活必需品，其造型往往具有陈设特征，大多数起着装饰作用。实用和装饰二者应互相协调，使室内空间舒适得体，富有个性。

（6）绿化要素：室内设计中的绿化可美化空间，成为改善环境的重要手段。

事实上，构成完整空间的要素可以总结成三类：空间要素（空间、绿化）、装饰要素（色彩、装饰、陈设）、光影要素。因此，结合现实状况来看，展示照明设计的要素主要有以下三大方面：展示风格（设计主题）、展示空间（环境基础）及展示照明（实现手段）。

一、展示风格

展示风格作为展示照明设计的第一要素，决定着展示设计的一切行动。在展示设计的过程中，首先就需要确定展示活动的设计主题，然后设计师和工作人员根据主题来进行展示设计和筹备相关物资，才可能发挥出照明设计的点睛效用（图2-13）。如前文所述，展示的需求主要分为经济和人文两大类，即商业主题和科普人文主题。但是无论展示的需求是哪一种类型，其主题的呈现都需要设计风格的加持。通常情况下，大型或超大型的展示空间（国家会展中心、博物馆）等都会有不同设计风格的展示需求，小型会展和小型展台等的设计风格则更多地依托于室内空间风格的变化。结合现实设计情况来看，服务于展示主题的使用频率较高的设计风格主要有八种：新古典风格、古典欧式风格、美式乡村风格、新中式风格（古典中式风格）、地中海式风格、现代简约风格、日式风格、东南亚风格。

图2-13　滴水湖会议中心（DC Alliance）

（一）新古典风格

"形散神聚"是新古典风格的主要特点。新古典风格在注重装饰效果的同时，用现代的手法和材质还原古典气质，具备古典与现代的双重审美效果，古典与现代的完美结合也让人们在享受物质文明的同时得到了精神上的慰藉。不可否认，新古典风格是融合风格的典型代表，但这并不意味着新古典风格的设计可以任意使用现代元素，更不是两种风格及其产品的堆砌。试想一下，在浓郁的艺术氛围中，放置一个线条简单、形态怪异的家具，其效果也会不伦不类，令人瞠目结舌。新古典风格注重线条的搭配及线条与线条的比例关系。好的新古典风格的展示空间，更多地取决于配线和材质的选择。此类风格的展示照明设计，灯光选择较为精致简雅，多以白色冷光为主（图2-14）。

图2-14　新古典风格

（二）古典欧式风格

古典欧式风格，以华丽的装饰、浓烈的色彩、精美的造型达到雍容华贵的装饰效果。欧式客厅顶部喜用大型灯池，并用华丽的枝形吊灯营造气氛。门窗上半部多做成圆弧形，并用带有花纹的石膏线勾边。室内有真正的壁炉或假的壁炉造型。墙面用高档壁纸，或优质乳胶漆，以烘托豪华效果，同时在展示照明设计上多以暖色灯光为主。此类风格可细化为三种特点的设计风格：

1. 文艺复兴建筑风格

这一装饰风格的居室色彩主调为白色，采用古典弯腿式家具。古典欧式客厅不露结构部件，强调表面装饰，多运用细密绘画的手法，具有丰富华丽的效果。这种风格多用带有图案的壁纸、地毯、窗帘、床罩、帐幔及古典式装饰画或物件。为体现华丽的风格，家具、门、窗多漆成白色，家具、画框的线条饰以金线、金边（图2-15）。

2. 巴洛克装饰风格

巴洛克装饰风格在意大利文艺复兴时期开始流行，具有豪华、动感、多变的效果，空间上追求连续性，追求形体的变化和层次感。一般巴洛克风格的空间平面不会平竖直，各种墙体结构都喜欢带一些曲线，尽管房间还是方的，里面的装饰线却不是直线，而是华丽的大曲线。房间里面、走廊上喜欢放塑像和壁画，壁画雕塑与室内空间融为一体，巴洛克装饰常使用曲线、曲面、断檐、层叠的柱式，有去口或者叠套的山花等不规则的古典柱式的组合，不顾忌传统的构图特征和结构逻辑，敢于创新，善于运用透视原理。室内外色彩鲜艳，光影变化丰富（图2-16）。

图2-15　文艺复兴建筑风格

图2-16　巴洛克装饰风格

3. 洛可可风格

洛可可风格起源于法国，代表了巴洛克风格的最后阶段。路易十五时期，沉湎于声色犬马之中的宫廷文化影响了当时的社会文化，此时期的风格被称为洛可可风格。洛可可风格大多小巧、实用，不讲究气派、秩序，呈现女性气

图2-17　洛可可风格

势，大量运用半抽象题材的装饰，以流畅的线条和唯美的造型著称，常使用复杂的曲线，难以发现节奏和规律，装饰主题有贝壳、卷涡、水草等，取之自然，超乎自然，尽量回避直角、直线和阴影，多使用鲜艳娇嫩的颜色，如金、白、粉红、粉绿等。洛可可风格的装修公寓精巧细致，具有很高的工艺水平（图2-17）。

（三）美式乡村风格

美式乡村风格摒弃了烦琐和奢华，并将不同风格中的优秀元素汇集融合，以舒适机能为导向，强调"回归自然"，轻松、舒适。美式乡村风格突出了生活的舒适和自由，不论是感觉笨重的家具，还是带有岁月痕迹的配饰，都在告诉人们这一点。特别是在墙面色彩选择上，自然、怀旧、散发着浓郁泥土芬芳的色彩是美式乡村风格的典型特征。美式乡村风格的色彩以自然色调为主，绿色、土褐色最为常见；壁纸多为纯纸浆质地；家具颜色多仿旧漆，式样厚重。在展示灯光的选择上，美式乡村风格通常以暖白光或暖黄光为主，灯光的表面装饰粗犷张扬（图2-18）。

图2-18　美式乡村风格

（四）新中式风格

新中式风格是中式风格在现代意义上的演绎，它在设计上汲取了唐、明、清时期家居理念的精华，在空间上富有层次感，同时改变原有布局中等级、尊卑等封建思想，给传统家居文化注入了新的气息。新中式风格的家具颜色都比较深，并且带有浓浓的书卷气息，这一风格最能彰显主人朴实无华的优雅气度。

新中式风格具备古典与现代的双重审美效果，古典与现代的完美结合让人们在享受物质文明的同时也得到精神上的慰藉。新古典风格更多地使用现代技术、现代材料来表现绚丽、舒适的贵族生活，同样讲究材料运用上的反差，摒弃了过于复杂的机理和装饰，简化了线条，并将怀古的浪漫情怀与现代人对生活的追求相结合，是流行的家居风格。此外，

图2-19 新中式风格

新中式风格在园林景观的设计上的一般元素有粉墙黛瓦、亭台楼阁、假山、流水、曲径、梅兰竹菊等；常用造园手法有小中见大、借景、障景、仰视等，利用大小、高低、曲直、虚实等形成各种各样的空间。新中式风格的展示照明设计，光源的选择偏向中性，在灯光的装饰上也是颇为素雅（图2-19）。

（五）地中海风格

地中海风格的特点是在组合上注意空间搭配，在色彩上选择自然柔和，充分利用每一寸空间，集装饰与应用于一体。它的色彩以自然柔和的淡色为主，在墙面、桌面等处用石材的纹理来点缀；在设计上非常注重一些装饰细节上的处理，比如中间镂空的玄关，造型特别的灯饰、椅子等。此风格整体设计感觉温馨、惬意、宁静，适合白天工作十分忙碌的上班族，顶着压力在冷硬的工作环境中拼搏了一天后，回到心灵的休憩地。地中海风格在室外设计上的表现为开放的草地、精修的乔灌木，地上、墙上、木栏上处处可见花草藤木组成的立体绿化，手工漆刷白灰泥墙，深蓝色屋瓦和门廊，边疆性的拱廊与拱门及陶砖等。地中海风格的展示照明设计，灯光应偏向冷色系，装饰也应趋于简单（图2-20、图2-21）。

图2-20 地中海风格：Dust of Time

图2-21 地中海风格：巴塞罗那Ironhack 22
（Mariana de DelásMeta Studio）

（六）现代简约风格

现代简约风格，是以简约为主的风格，简约不等于简单，它是经过深思熟虑后经过创新得出的设计和思路的延展，不是简单的"堆砌"和平淡的"摆放"，不像有些设计师粗浅地理解的"直白"，它凝结着设计师的独具匠心，既美观又实用。简约主义源于20世纪初期的西方现代主义，西方现代主义源于包豪斯学派，在建筑装饰上提倡简约。简约风格的特色是将设计的元素、色彩、照明、原材料简化到最少的程度，但对色彩、材料的质感要求很高。因此，简约的空间设计通常非常含蓄，往往能达到以少胜多、以简胜繁的效果。简单来说，现代简约风格没有过分的装饰，一切从功能出发，讲究造型比例适度、空间结构图明确美观，强调外观的明快、简洁，体现了现代生活快节奏、简约和实用，但又富有朝气的生活气息。

在设计手法上，对比是简约风格中惯用的方式。这种方式是艺术设计的基本定型技巧，它把两种不同的事物、形体、色彩等做对照，如方与圆、新与旧、大与小、黑与白、深与浅、粗与细等。通过把两个明显对立的元素放在同一空间中，经过设计，使其既对立又和谐，既矛盾又统一，在强烈反差中获得鲜明对比，求得互补和满足的效果。同样在展示照明设计上，灯光清新淡雅，虽然总体灯光装饰较为简单，但十分讲究层次感、秩序感（图2-22）。

图2-22　万科17英里

（七）日式风格

日式风格又称和风、和式，这种风格使人感到舒适、放松、随意、安闲。日式风格设计中色彩多偏重于原木色，以及竹、藤、麻和其他天然材料颜色，形成朴素的自然风格。日式设计风格直接受日本和式建筑影响，讲究空间的流动与分隔，流动则为一室，分隔则分几个功能空间，在这种空间中总能让人静静地思考，禅意无穷。传统的日式家居将自然界的材质大量运用于居室的装饰中，不推崇豪华奢侈、金碧辉煌，以淡雅节制、深邃禅意为境界，重视实际功能。日式风格特别能与大自然融为一体，借用外在自然景色，为室内带来无限生机，选用材料上也特别注重自然质感，以便与大自然亲切交流，其乐融融。新派日式风格家居以简约为主，主打"米色+白色"的色彩搭配，日式风格展示设计强调的是自然色彩的沉静和造型线条的简洁，和式的门窗大多简洁透光，家具低矮且不多，给人以宽敞明亮的感觉。日式风格的展示照明设计，灯光取向趋于暖白色，装饰造型较为小巧精致，造型简洁柔和（图2-23）。

图2-23　横滨丸昌和服店（堤由匡建筑设计工作室）

（八）东南亚风格

东南亚风格的装饰设计最大的特点就是来自热带雨林的自然之美和浓郁的民族特色，在珠三角地区更是流行，它独有的魅力和热带风情盖过了正大行其道的简约风格。在东南亚装饰中最抢眼的风格要数绚丽的泰国风格，由于泰国地处热带，气候闷热潮湿，为了避免空间的沉闷压抑，因此在装饰上用夸张艳丽的色彩冲破视觉的沉闷。斑斓的色彩其实就是大自然的色彩，色彩回归自然也是东南亚装饰的特色。东南亚风格的特点之一是布艺装饰。布艺装饰适当点缀，能减少家具的单调气息，令气氛活跃。就布艺色调的选用而言，具有东南亚风情标志性的炫色系列多为深色系，沉稳中透着点贵气。此外，这种风格的搭配也有些很简单的原则，深色的家具适宜搭配色彩鲜艳的装饰；而浅色的家具则应该选择浅色或者对比色，搭配的效果也会同样出众。

东南亚风格设计最大的特点是取材于大自然。东南亚传统风格装修中不可缺少的元素有木石结构、砂岩装饰、墙纸的运用、浮雕。我们可以感受到在视觉上有泥土的质朴原木的天然材料，搭配布艺的恰当点缀，不但不会显得单调，反而会使气氛相当活跃。东南亚风格的特点是没有设计复杂的装饰线条，简单整洁的设计为家具营造清凉舒适的感觉。虽然搭配风格浓烈是东南亚风格的特点，但也千万不能过于杂乱，要不然会使居室空间过于复杂，反而会显得累赘。在东南亚风格的展示照明设计中，灯光设计选择较为大胆，可谓五彩缤纷，装饰也是形态各异、花团锦簇（图2-24、图2-25）。

图2-24　润SEASON餐厅（图灵空间设计）

图2-25　曼古银店（立品设计）

二、展示空间

（一）展示空间的构成要素

展示空间是展示照明设计的环境基础，展示照明设计必须要借助此类物理空间才可以实现。简单来说，展示空间是由结构、功能、材质构成，通过对建成空间的围隔、再造和组合，产生出符合展示主题的空间结构形态。建筑空间是人类用某一物质进行围合构筑的实体形态，是人们为了满足生活和各种活动需要的场所，凭借一定的物质材料从自然空间中围隔出来，从而改变自然的空间，变成人造的空间——建筑空间。展示空间的主要作用是满足功能使用要求，满足一定的审美要求。展示空间是建筑空间的延续和再生，因而展示空间和建筑空间密切地联系在一起。无论建筑的规模和体量有多大，它总是由若干的基本空间单位构成的，这些基本的空间形态和组合方式就形成了整座建筑的室内空间环境，为展示空间设计提供了依据。

在环境空间中，有许多因素制约着空间的发展和生成。空间的基本形态由点、线、面、体构成。功能和设施的配置，使空间的使用符合人们对空间的实用需求，结构和功能的不同形成了不同的空间序列：符合功能要求的空间称为使用空间；符合审美要求的空间称为视觉空间；按照材料性能和力学规律性围合起来的空间称为结构空间。在空间的构筑过程中，三者并行，有机地统一为一体（图2-26）。

图2-26　北京世界园艺博览会植物馆（URBANUS都市实践设计）

而从功能来考虑，展示空间主要有序列式空间构成、组合式空间构成等形式；若从空间的组织形式而论，可分为总体空间与总体空间下的布局空间两大形式。序列式空间构成是由入口、序厅、展示陈列室空间及互动空间按顺序所构成的展示空间。其设计应前后顺序分明，展示空间组织结构严谨，给人以庄重、严肃、时序逻辑感较强之感。这种空间构成形式适合以纪念性、历史性为主题内容的展示，如博物馆、纪念堂等。组合式空间构成是各个分馆、展位之间组合随意、走线自由，无主次先后之分，使观众产生轻松随意，舒适自由的快感。此类空间形式，适合以具有自由选择、积极参与和充分观览为特点的贸易性展览交易会、商场超市、品牌专卖店等的展示设计（图2-27）。

图2-27　南京时间塔照明设计1
（北京光湖普瑞照明设计有限公司）

展示空间的另一个基本要素就是时间，任何空间都不能离开时间而独立存在。从一个空间进入另一个空间，由一种事件过渡到另一种事件，没有时间就无法开展有意义的活动，人们对空间的体验实际上是一种行为的过程，它依赖事件的连续性和人对事件的认知和记忆（图2-28）。

图2-28　南京时间塔照明设计2
（北京光湖普瑞照明设计有限公司）

（二）展示空间的组合形式

展示空间的规划是以主题内容作为引线，用体块的结构进行空间的分割和组合。人对物的观看方式和行为方式、空间之间的关系，用不同的展示界面构成、分隔、重组，以展示界面和展物组成、建立一个有秩序和有节奏的空间结构体系。任何一种结构形式都不是凭空出现的，它都是为了适应一定的功能要求而被人们所创造的，只有当它所围合的空间形式能够适应某种特定的功能要求，它才有存在的价值。不同的结构形式不仅能适应不同的功能要求，而且也各具独特的表现力。建筑在构筑空间形态中，由于空间的结构关系，形成的空间形态及界面的素材给空间的形成和重塑提供了物质的空间基础，并为实现空间的再生提供了可能。墙、柱、梁、门、窗、梯、廊……这些建筑空间形态与构造，产生了组合、动律、线条、分割体块等关系，给展示空间的设计与构成带来启示和思考。

展示空间形态建立在建筑结构的基础上，展示空间依存于建筑空间，建筑的结构形态也是展示界面的组成部分和形态生成的基础。展示空间设计也必须从自身的特点出发，利用一切建筑所构成的有用因素，对空间的形态结构形成的规律进行评估。因此，一些改造空间结构的安全性及实效性也就变得极为重要。空间图形的构成与建筑的结构形态的衔接是展示空间的设计必须解决的问题，故必须尊重原有的建筑物体和物质，理解建筑空间的制约条件，并利用其特有的建筑形态，进行空间生成和结构改造、形态重构，使结构形式符合展示空间的主题及图形构造。展示空间的设计是使一个基本的空间转变成一个具体特定的空间，并创造一些使人的情感能和物质环境融为一体的理想形态（图2-29、图2-30）。

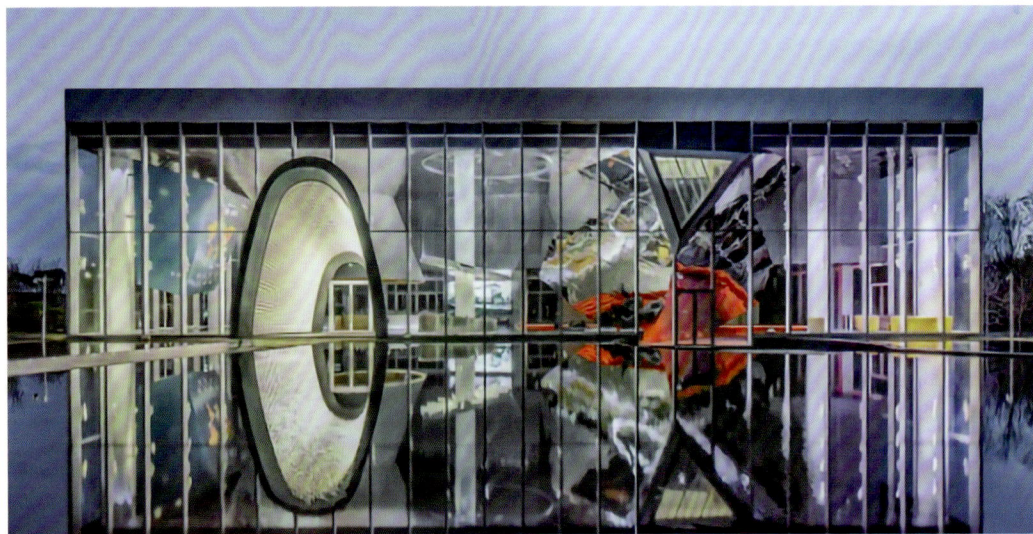

图2-29 菏泽广州路壹号院照明设计1（北京光湖普瑞照明设计有限公司）

图2-30　菏泽广州路壹号院照明设计2（北京光湖普瑞照明设计有限公司）

展示空间通过不同的物质构造，以静态和动态的表现形式，组合在不同的主题空间里，并以再生、变化和转换实现对主题的表现与叙述。由于展示空间的特异性，不同的图形语言也就构成了形式各异的语汇特点和形态符号。

1. 模块组合

在展示的空间里，用几何体块构成空间的结构形态，并按一定的构成方式排列、组合、聚集……用单元的图形重复地组织结构，并形成点、线、面、体的空间排序，通过对形状的认知，更好地理解空间主题的含义。从简约的单元结构到变化无穷的组合形式，展示空间就像一棵大树，模块式的形态就像布满空间的叶子，根据不同的空间形式叠加、重复，生长出新的空间语言。例如，服装类的陈设展示和家具类的陈列展示，都是根据自身的产品特性，用模块序列的语言，有秩序地进行排列组合。不同的组合方式，就形成了独特的语言形式。

2. 结构组合

以结构体系来构筑空间形态，展示受时间、场所等因素的限制，空间的结构也会随之变化。从某种意义上来说，展示的时间性和主题的空间性质决定了空间形态构成。展示空间是以一种组合的群组结构来实现对空间的自治与分割。空间是以结构一组一组地连接在一起，像一个连续不断的"骨牌"模式。这种组合式的结构经常在大型会展、交易会等展示空间中实施。结构的组合原则为材料轻便、安装简洁、移动拆装、运输方便。展示空间的结构形式有围合结构、拉索结构、网架结构、悬挂结构。结构的骨骼材料以钢材、合成铝为主，然后用简易的多功能的接点来构成展示形态的骨骼。这种结构形式必须符合力学的规律，而且能够形成某种覆盖形式。在展示空间里，结构图形承载着某一特有的形式语言，表达出空间形态的美感和对主题内容的表述。

3. 线体组合

展示空间中结构的组织是通过交通人流的组织、参观路线的设置，用线体的结构进行有目的、有方向、有层次的设计。线体的组合直接关系到整个展示的功能布局和展示效果，

图 2-31　Tomacado花厨（梁筑设计事务所）

对空间组织的合理控制是展示空间设计成功的关键。用线体对空间中的形态进行串联、拼接，空间的功能划分和区域分隔随交通路线、参观路线的改变而变化。线体是空间的网格，编织着各种不同的形态，连接着彼此的区域空间，突破了围合的概念。通过控制展示空间的大小，对通道的线体进行合理的设计，可使其人群的流量、流向、流速得到有效的调配。合理的路线组织可使观众有目的、有方向地浏览展示。有些路线可以采用渗透的方式，让观众深入展区，观看展物，同时可体验、操作，并进行交流（图2-31）。

（三）展示空间的具体形态

从空间使用功能来说，展示空间的具体形态可以分为四大类：居住建筑空间、公共建筑空间、工业建筑空间、农业建筑空间。展示空间的环境气氛主要受装饰、灯光、建筑等因素的影响。建筑因素包括建筑规模、建筑空间格局、建筑装饰（如室内装饰、陈设、展柜、版面的质感和颜色等），它们为创造展示空间环境气氛提供了基本条件，是根本性的影响因素。而从实际需求和现实情况来看，这个实质的环境载体种类颇多，森罗万象。所以，不同属性的空间环境自带的环境氛围各有特点，而其展示效果自然也各不相同（图2-32）。

1. 居住建筑空间（residential building space）

居住建筑空间指供人们日常居住生活使用的建筑空间，大致包括住宅、别墅、宿舍、公寓。居住建筑是城市建设中比重最大的建筑类型。住宅经常成片建设，有着合理安排居住区的群体建筑、公共配套设施和较好的户外环境，但从实践效果来看，因为这类环境属于小型空间，主要涉及私人庄园、别墅住宅、一般尺度的商居混合场所等环境，其展示用途多为开展小型展示活动，包括私人收藏展示、艺术展、小型拍卖展等（图2-33）。

图 2-32　维他奶东莞开放参观车间（ZZT工业建筑）

图 2-33　泰山九女峰书房（gad·linet studio）

2. 公共建筑空间（public building space）

公共建筑空间是指供人们进行各种公共活动的建筑空间。公共建筑空间也是展示照明设计中最主要、最频繁的场所环境。

通常来说，公共建筑空间包括文教建筑空间、医疗建筑空间、办公建筑空间、商业建筑空间、展览建筑空间、娱乐建筑空间、体育建筑空间、交通建筑空间，下面对这几种建筑空间进行介绍。

（1）文教建筑空间：文教建筑空间主要涉及幼儿园、学校、图书馆、科研楼的空间，具体包括门厅、过厅、中庭、教室、活动室、阅览室、实验室等室内空间。

（2）医疗建筑空间：医疗建筑空间主要涉及医院、社区诊所、疗养院的建筑室内空间。

（3）办公建筑空间：办公建筑空间主要涉及行政办公楼和商业办公楼内部的办公室、会议室及报告厅的室内空间。

（4）商业建筑空间：商业建筑空间主要涉及商场、便利店、餐饮建筑的空间，具体包括营业厅、专卖店、酒吧、茶室、餐厅的室内空间。

（5）展览建筑空间：展览建筑空间主要涉及各种美术馆、展览馆和博物馆的空间，具体包括展厅和展廊的室内外空间。

（6）娱乐建筑空间：娱乐建筑空间主要涉及各种舞厅、歌厅、KTV、游戏厅的建筑室内空间。

（7）体育建筑空间：体育建筑空间主要涉及各种类型的体育馆、游泳馆的室内外空间。

（8）交通建筑空间：交通建筑空间主要涉及公路、铁路、水路、民航的车站、候机楼、码头建筑的室内外空间。

尽管各种公共建筑的使用性质和类型不同，但都可以分成主要使用部分、次要使用部分（或称辅助部分）和交通联系部分三大部分。在进行展示照明设计时应首先抓住这三大部分的关系进行排列和组合，逐一解决各种矛盾问题以求得功能关系的合理与完善。在这三部分的构成关系中，交通联系空间的配置往往起关键作用（图2-34）。

交通联系部分一般可分为水平交通、垂直交通和枢纽交通三种基本空间形式。水平交通布置应直截了当，防曲折多变，与各部分空间有密切联系，宜有较好的采光和照明。垂直交通的位置与数量依功能需要和消防要求而定，应靠近交通枢纽，布置均匀并有主次，与使用人流数量相适应。交通枢纽布置，因其综合性较强，设计过程中应做到使用方便、空间得体、结构合理、装修适当、经济有效，应兼顾使用功能和空间意境的创造。事实上，交通枢纽作为人流量最大的场所，是展示

图2-34　南通大剧院（保罗·安德鲁）

图2-35　滨海新区文化中心滨海美术馆
（GMP建筑事务所）

图2-36　UCCA沙丘美术馆（OPEN建筑事务所）

图2-37　万象天地UPAR旗舰店
（大观国际设计咨询有限公司）

图2-38　上汽通用五菱前瞻中心1（mage Design）

图2-39　上汽通用五菱前瞻中心2（mage Design）

图2-40　中国宝武钢铁会博中心

事物、呈现展示目的的最佳场所，但是展示照明设计在这个以安全性为首，承担着交通联系重任的公共空间中极难施展身手，很多设计衔接皆较为棘手。这就需要设计师具有丰富的设计经验与其他相关工作人员有效协调，以便最大可能地呈现出精彩的展示效果（图2-35）。

总的来说，在公共建筑的展示照明设计中，设计师需要考虑到展示照明设计与人流的集散、方向的转换、空间的过渡（图2-36），以及与过道、楼梯等空间的衔接，巧妙利用交通枢纽与空间过渡的作用（图2-37）。

3. 工业建筑空间（industrial building space）

工业建筑空间主要涉及各类厂房的车间和生活间及辅助用房的室内空间。一方面，如今许多企业，如蒙牛、特斯拉等都设置了供外界公众参观的生产车间。另一方面，因不符合生产需要被淘汰下来的老旧工业建筑有很多都被改造设计成艺术馆、美术馆或者艺术商业街区等，如上海的中国宝武钢铁会博中心、杭州的"艺术仓库"——Loft49、南京的金陵美术馆等（图2-38~图2-40）。

4. 农业建筑空间（agricultural building space）

农业建筑主要指农业生产性建筑，主要

涉及各类农业生产用房，如种植暖房、饲养房、粮库、畜禽饲养场等。具体来说，这类环境的展示照明设计主要有两条路径，一是新的厂房设计，二是旧厂房的改造。从使用功能来说，可以将农业建筑分为六类。

（1）动物生产建筑：动物生产建筑是农业生产建筑的重要组成部分，包括饲养鸡、猪、牛、羊、兔、鸭、皮毛兽等的建筑，以及养殖鱼、虾、鳖等的建筑。根据不同的饲养工艺与气候条件，动物生产建筑一般又分为开敞式、有窗式、密闭式等。

（2）植物栽培建筑：它主要包括温室、大棚、中小拱棚、人工气候室、组培扩繁室、食用菌生产间、工厂化育苗室等。它们通常采用玻璃、塑料、聚酯等透明覆盖材料，以透进较多的阳光，提高室内温度，达到春提前、秋延后或周年均衡种植的目的。

（3）农产品贮藏保鲜及其他库房建筑：它包括果蔬贮藏库、种子库、粮库、饲料库、青饲料贮藏库、畜禽水产品贮藏库、农业机具库等。

（4）农副产品加工建筑：农产品就地贮藏、加工、增值，是农民离土不离乡、脱贫致富的支柱产业之一。农副产品加工建筑包括畜禽肉、皮、毛、羽毛、谷物、粮油、水产、乳品加工、种子、饲料、果蔬等加工所需要的厂房建筑。

（5）农机具维修建筑：农机具维修建筑根据规模和任务分别设修理、铸造、锻造、焊接、木正、机加工等车间，属小型工业建筑。

（6）农村能源建筑：它包括沼气池、太阳能、小型水力发电站、风力、地热利用等建筑（图2-41、图2-42）。

图2-41 美国华盛顿水果和农产品公司总部华盛顿州果园（Graham Baba Architects Team）

图2-42 英国萨福克教堂山谷仓改造（David Nossiter Architects）

三、展示照明

当展示设计主题和空间环境基础都确定了以后，就需要依托灯光照明设计来实现最终的展示照明。简单来说，一个展示主题和展示空间都已经明确的展示活动，需要利用灯光照明来呈现展示事物的活动目的。照明设计，从本质属性来说，有自然光照和人工照明之分；从使用环境来说，有室外照明设计和室内灯光设计之分；从使用能耗来说，有照明节能和绿色照明之分。下面主要对照明节能进行介绍。

（一）照明节能的原则和方案

在现代展示照明设计中，关于照明节能这一点越来越受到设计师和甲方的重视。事实上，在灯光照明上，普通家庭在节能上很有话语权，但是在商业照明上，很多时候甲方或者设计师或多或少存在盲目追求绚丽的灯光效果，忽视照明能耗这一个关系着资源消耗的重要问题。简单来说，照明主要来源于由电能转换的光能，而电能又来自化石燃料的燃烧。地球上的石油、天然气的可开采年限约为50年，煤炭的可开采年限约为300年，而且随着开采量的逐年增加，这些化石燃料的可开采年限还会进一步缩短，世界能源不容乐观。因此，积极推广照明节能是当务之急。

当前国际上普遍认为，在考虑和制定节能政策、法规和措施时所遵循的原则是，必须在保证足够的照明数量和质量的前提下，尽可能节约照明用电。照明节能主要通过采用高效节能照明产品、提高照明质量、优化照明设计等手段来实现，即节能但不牺牲质量。具体来说，节能照明是半导体技术在20世纪下半叶引发的一场微电子革命，催生了微电子工业和高科技IT产业，改变了整个世界的面貌。化合物半导体技术的迅猛发展和不断突破，正孕育着一场新的革命——照明革命。新一代照明光源半导体LED，以传统光源所没有的优点引发了照明产业技术和应用的革命。半导体LED固态光源替代传统照明光源是大势所趋（图2-43）。

图2-43　意大利Iperceramica新办公总部（MAC建筑事务所）

总的来说，照明节能（lighting saving）是建筑节能及环境节能的重要组成部分之一。关于照明节能的方案，可以简单总结为以下三种：

1. 自然光的充分利用

通过充分利用窗户、阳台和天棚的自然采光，采用电动遮阳控制技术，实现对自然采光的有效利用。人工照明是对自然照明的补充，充分利用自然光，本身就可以达到节能的目的。有些建筑利用各种集光装置进行采光，如反射镜、光导纤维、光导管等，这些装置使不具备直接自然采光条件的空间也能享受到自然光照明。

2. 节能光源的优选

采用节能的LED光源，在相同照度和色温的前提下，可以大幅度降低光源的能耗比。设计师应极力做到高效节能，简单来说就是要选择灯具效率高的设备，具体是指在正常情况下灯具所发射的光通量与灯具内所有光源发出的光通量的比值要高。这个比值越高，灯具对光的利用效率就越高。为了充分利用光源所发出的光，应优先选用效率高的灯具。

3. 照度分布及照明时间的自动控制

采用智能照明控制技术通过对有效的照明区域、照度需求和照明时间的自动控制，提高人工照明的效率。可调控的照明可以适应多种不同的活动需要，实现照明节能。正常使用中，应该合理选择照明控制方式，根据天然光的照度变化安排电气照明点亮的范围，并且根据照明使用特点，对灯光进行分区控制和适当增加照明开关点。

（二）展示照明设计的思考

光源的选用影响着灯光艺术效果。在选用光源时，应该按照建筑空间的功能、照明方式、灯具形式及要求的环境气氛全面考虑，以便控制整个建筑空间的光环境。在室内空间中，可以利用光源的位置、方向和投射角度，在人和物上创造出光影效果，从而形成立体感；还可以利用光源的光强、颜色和显色性，使展示空间出现色彩丰富的环境气氛，表现出灯光的艺术效果。由于灯具能够为空间增加观赏价值，因此灯具成为室内空间的重要组成部分，正确布量灯具，对照明效果具有决定性意义（图2-44）。

图2-44　德国圣诞灯光装置（Brut Deluxe）

此外，灯具的布置取决于合理的照明设计方案。布置方式多种多样，诸如集中式、分布式、重点式、衬托式、单一式、组合式、固定式、移动式等。在设计中，要考虑照明功能要求的具体条件，不可强求一律。灯具应最大限度地发挥灯光的功效，保证有效地利用光能，使光的分布合理，提高光源的利用率，同时防止或限制眩光，从而创造出舒适的光环境（图2-45）。

此外，设计师为了更好地满足照明设计安全可靠和经济、美观等要求，在对展

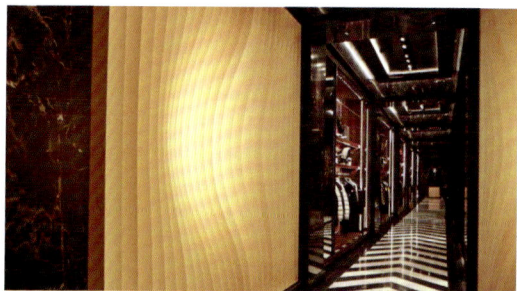

图2-45　美国曼哈顿59街金色小星系（Bardula）

示空间环境进行灯光照明设计时应至少考虑以下五项内容：

（1）综合考虑灯具的各种因素：对灯具进行布置时，必须充分考虑它的光特性、光的分布、装饰色彩、材料质感、构件、组合、造型等多种因素的相互影响。

（2）灯光使用应有针对性：整体环境照明和重点对象照明应分层次区别对待。

（3）同时考虑白天和晚上的艺术效果，特别是晚上开灯后的效果：灯具不仅在夜间被使用，它在白天也是陈设的一部分，故设计时应考虑白天如何与其他装饰有机地联系起来，形成一个整体。

（4）把艺术照明形式与建筑使用要求有机地结合起来。

（5）合理选择光源及布置灯具。

第三节　展示照明的设备

一、灯具概述及内涵

灯具是一个产生、控制、分配光的完整照明单元，由以下几个基本部分组成：光源，如各种灯泡和灯管；控制光线分布的光学元件，如各种反射器、透镜、遮光器和滤镜等；固定灯泡的并提供电器连接的电器部件，如灯座、镇流器等；用于支撑和安装灯具的机械部件，如灯头等。现代灯具设计由于综合考虑了各种照明需求，结构往往比较复杂。控制光线分布是灯具的首要功能。从光源发出的光是向着空间中的各个方向辐射的，这种自然分布的光线无法满足人工照明的需要，所以要给光源加上控制光线分布的光学元件，利用光的反射和折射原理，调节光源的光强分布曲线，把光线重新分配到需要的范围内，提高光源所发出的光通量的利用率。此外，还可以附加各种各样的附件，避免或减轻眩光对视觉的刺激，减少红外线和紫外线辐射，改善光源质量。下面主要介绍几种控制光线分布的光学元件。

（1）反射器：反射器是利用光的反射原理重新分配光通量的元件。光源发出的光经反射器反射后投射到目标方向。为了提高发光效能，反射器一般由高反射率的材料制作，早期多采用玻璃，现在大多采用镀铝或镀铬的塑料。大多数反射器是白色无光泽的表面，以保证反射后的光均匀分布在光束角内。反射器的形式多种多样，基本可分为球面反射器、椭球面反射器、抛物面反射器、双曲面反射器和复合式反射器，不同形态的反射器对光通量的分配不同。

（2）透镜：透镜是利用光的折射原理重新分配光源光通量的元件。透镜的基本形态是凸透镜和凹透镜，现代灯具中常用的透镜有平凸透镜、平凹透镜、菲涅尔透镜和棱镜透镜等。

（3）遮光器：一般用保护角来衡量灯具隐蔽光源的性能。所谓保护角，是指通过灯具开口面的水平线与刚能看到灯泡发光部位的视线之间的夹角。从防眩光的角度看，灯具的保护角越大，眩光产生的可能性就越小，但这往往会使灯具的反射器或灯罩变得很深。因此，常用在灯具上附加遮光器的方法消除直接眩光。遮光器分为外附式和嵌入式两种。外附式遮光器安装在灯具前端外沿，使用灵活，需要的时候装上即可，还可以根据眩光产生的方向调整位置。嵌入式遮光器安装在灯具的前端，与灯具整合为一体，其基本结构是各种栅栏格。嵌入式遮光器的格子越密、厚度越大、保护角就越大，不过相应的光损失也越大，因此需要综合考虑。

（4）滤镜：滤镜是作为附件安装在灯具上的，一般安装于灯具的前方。从功能的角度，滤镜分为变色滤镜、保护性滤镜、投影滤镜。变色滤镜通过彩色光学膜过滤掉某种颜色的光，达到改变光线颜色的目的，多由镀膜彩色玻璃或耐高温塑料制成。保护性滤镜主要通过各种特殊质地的玻璃或其他透光材料控制光线中的红外线和紫外线，减少辐射带来的伤害。投影滤镜通过雕刻有镂空图案的金属薄片对光线进行遮盖，在投影面上投射出各种预期的图案。

一个灯具上可以根据照明效果的需要安装多个不同功能的滤镜。比如，将变色滤镜和雕刻有各种文字图案的金属遮光片结合在一起，附加一个图案混色系统，就可以得到各种颜色变化丰富的投影图案。这种技术最早出现在舞台灯光设计中，目前在展示照明设计中的应用越来越多（图2-46）。

图2-46 拉脱维亚Both Sides舞台设计

二、灯光设备要求

展示设计（展示空间设计）根据主题的要求，对陈列的内容进行构思，确定陈列风格、总体要求，并运用各种手段有机地组合陈列品。其中，光是视觉的媒介、光环境的塑造，设计师准确表达陈列主题的前提。而这就涉及展示照明设计的灯光设备要求，具体来说，光的运用对于展示设计有着重要的意义，利用光的表现力为展示活动渲染有主题、有剧情的展示情境，使展品所承载的价值、所代表的生活方式等深层次意义更深刻地被参观者认同，这是展示照明设计的核心要求。不同照明的要求具体表现为明视照明和环境照明对照明设计的数量及质量方面的要求。在进行照明设计时，针对照明设备应全面考虑和恰当处理下列各项照明质量的指标：合理的照度水平与照度均匀性、适宜的亮度分布、限制眩光、避免阴影、照明的稳定性等（图2-47）。

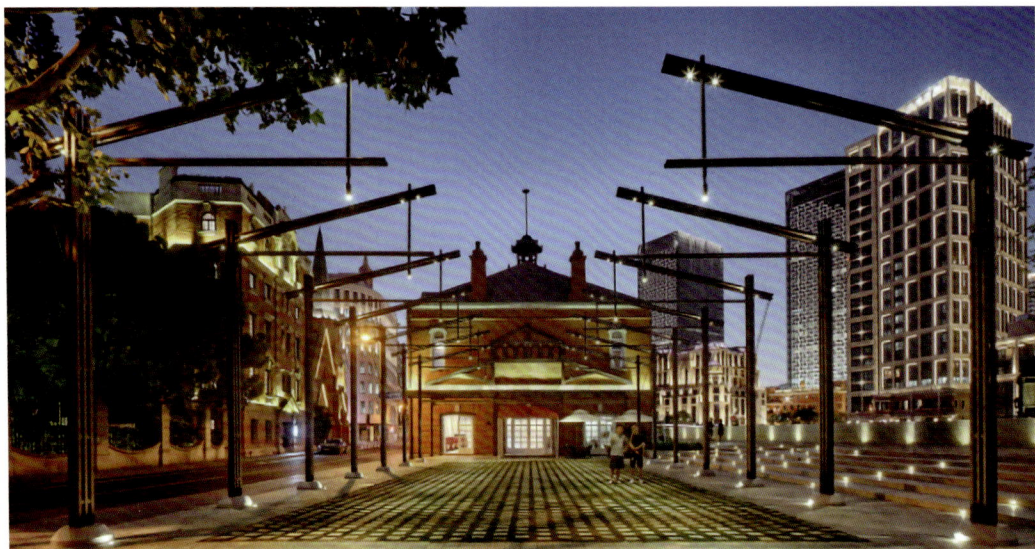

图2-47　上海划船俱乐部及周边公共空间设计（同济原作设计工作室）

（一）合理的照度水平与照度均匀度

1. 合理的照度水平

照度是决定受照物明亮程度的间接指标，因此常将照度水平作为衡量照明质量的基本技术指标之一。

（1）照度与视力的关系：照度低时，人的视功能随之降低；照度提高，视功能也逐步提高。但当照度增加到1000 lx以上时，随着照度的提高，视功能的提高就不显著了。不同的照度带给人不同的感受，照度太低容易造成疲劳和精神不振，照度太高往往因光线刺激太强，使人过分兴奋而感不适。

（2）照度与工作效率和事故率的关系：合适的照度可以减轻视疲劳，从而减少事故的发生，提高劳动生产率。500~1000 lx的照度范围是大多数连续工作的室内作业场所的合适照度。

视觉满意度是用来描述实际环境可接受性的一个术语。它主要由下列几个方面决定：一是在实际条件下进行工作的容易程度；二是在集中精力工作后为了放松而环视四周时，视环境的如意或舒适愉快的程度。影响视环境的主要因素是照度、反射比和颜色的组合、光源的亮度等。

被观察物的大小和它同背景亮度的对比程度，也会使照度对视力的影响结果发生变化。在确定被照环境所需照度水平时，不仅需要考虑被观察物的大小尺寸，还要考虑观察物同其背景亮度的对比程度的大小（图2-48）。

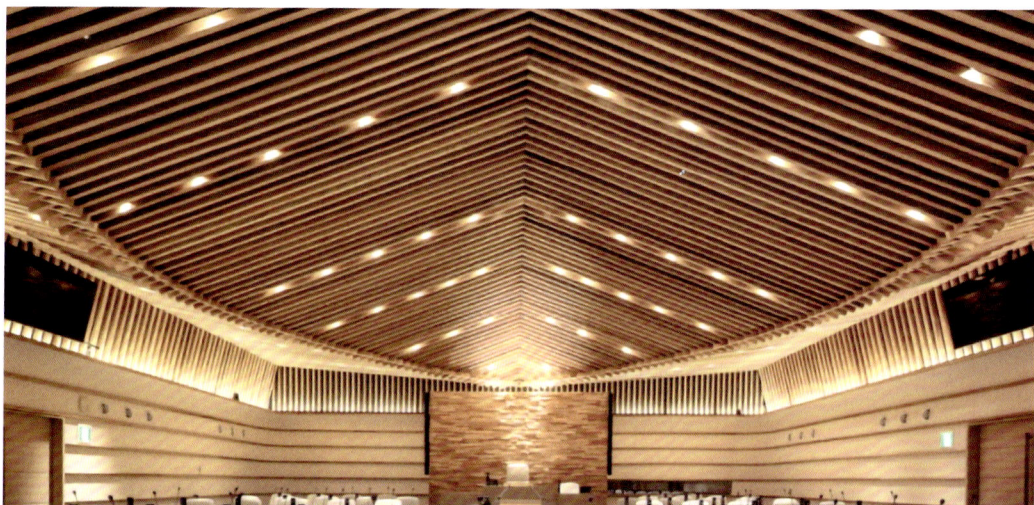

图2-48　日本尾道市政府大楼（株式会社日建设计）

2. 照度均匀度

除了合理的光照度外，为了减轻人眼因对照度的极不相同的频繁适应而造成的视觉疲劳，室内光照度的分布应该具有一定的均匀度。国际照明委员会推荐，在一般照明情况下，工作区域最低照度与平均照度之比（即照度均匀度）的值不应小于0.8，工作房间整个区域的平均照度一般不应小于工作区域平均照度的1/3，相邻房间的平均照度彼此不应超过5∶1的变化。

我国《民用建筑照明设计标准》（GB J133—1990）规定：工作区域内的照度均匀度不应小于0.7，工作房间内交通区的照度不宜低于工作面照度的173。为了获得满意的照明均匀度，照明器的布置间距不应大于所选照明器的最大允许距高比。当要求较高时，可采用间接型、半间接型照明器或光带等方式。若工作面上另加局部照明，则整体照明在工作面上产生的照度不宜小于1/5~1/3工作面上的总照度，且不宜低于50 lx（图2-49）。

图2-49　Fashion Factory创意工厂（非静止建筑设计）

（二）适宜的亮度分布

在室内环境中，如果背景有亮度过大的情况时，当人的视觉从一处转向另一处时，眼睛被迫要经过一个适应过程。如果这种适应过程次数过多，就会引起视觉疲劳。因此视野内适宜的亮度分布是舒适视觉的重要条件。相近环境的亮度应尽量低于被观察物的亮度，国际照明委员会推荐被观察物的亮度应为相近环境的3倍，此时视觉清晰度较好（图2-50）。在设计工作中，为了使室内环境能获得适当的亮度分布，同时又避免烦琐的计算工作，通常用照度对比和墙面、顶棚、地板等的反射比来作为设计应达到的要求。我国

《民用建筑照明设计标准》中推荐：视觉工作对象照度比为1，顶棚照度比为0.25~0.9，墙面照度比为0.4~0.8，地面照度比为0.7~1.0，顶棚反射比为0.7~0.8，墙面反射比为0.5~0.7，地面反射比为0.2~0.4，家具反射比为0.25~0.45。

图2-50　鞑靼斯坦共和国国家图书馆（XOPA）

（三）限制眩光

眩光是指视野范围内由于亮度分布不合理或亮度过高所造成的视觉不适或视力减弱的现象。眩光分不舒适眩光和失能眩光两种。在实际照明环境中，不舒适眩光出现的机会远多于失能眩光。不舒适眩光虽然不像失能眩光那样会使人丧失视觉功能，但长时间在有不舒适眩光的环境中工作，会使人感到疲劳，甚至烦躁，从而降低劳动生产率，严重的还会引发事故，造成重大损失。因此在照明实践中应尽可能地限制不舒适眩光，而限制不舒适眩光的一系列措施，也将有效地限制失能眩光。

为了限制不舒适眩光，可选用具有较大遮光角的照明器，选择合适的照明器安装高度和采用具有低亮度大面积发光面的照明器。也可以通过选用有上射光通量的照明器和提高房间表面的反射比，改善视野内的亮度分布，达到限制眩光的目的。此外，还应有效地限制光幕反射。

（四）避免阴影

在视觉环境中往往由于光源的位置不当造成不合适的投光方向，从而产生阴影。阴影会使人产生错觉和增加视力障碍，影响工作效率，严重时甚至会引发事故，故应设法避免阴影。对于一般情况，可以采用改变光源的位置，增加光源的数量等措施来消除阴影。

（五）照明的稳定性

照明的不稳定性主要由于光源的变化所致。由于光通量的变化导致工作环境的亮度发生变化，从而在视野内使人被迫产生视力跟随适应，如果这种跟随适应次数增多，将使视力降低。另外，如果在光照环境中照度在短时间内迅速发生变化，也会在心理上分散工作人员的注意力。

光源光通量的变化主要是由电源电压的波动引起。在向照明供电的电源系统中较大容量电动机的启动和其他大功率用电设备的工作，都会引起电源电压产生较大的波动，从而诱发照明的不稳定。对照明质量要求较高的情况，应将照明供电电源与有冲击负荷的电力供电线路分开，如确有必要时可考虑采用稳压措施。需要注意的另一个问题是交流供电的气体放电光源（如荧光灯），其光通量是随交流电的频率周期变化的，用荧光灯照明观察物体转动状态时，就会产生失实的现象。这种现象就是所谓的频闪效应。频闪效应会使人产生错觉甚至引发事故，故气体放电光源不能用于有快速转动和快速移动物体场所的照明光源。为降低频闪效应，可采用三相电源分别给三灯管的荧光灯供电，对单相电源的双管荧光灯可采用移相法供电。

三、光源设备类型

现代展示照明设计中应用的光源绝大多数是人工电光源。根据发光原理的不同，常用照明电光源可以分为热辐射光源、气体放电光源、电致光源。热辐射光源包括白炽灯、卤钨灯和低压卤钨灯。气体放电光源分为高电压和低电压两种，高压放电光源主要包括高压汞灯、荧光高压汞灯、金属卤化物灯和高压钠灯（图2-51）；低压放电光源主要包括各种荧光灯和低压汞灯。电致光源主要包括场激光灯和发光二极管。

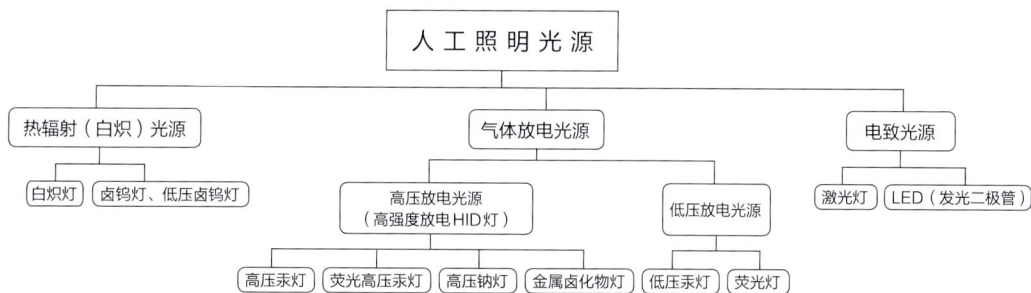

图2-51　人工照明光源分类

（一）热辐射光源

1. 白炽灯

白炽灯是最早出现的人工照明，属于第一代光源，已经有一百多年的历史，其结构和基础的外形如图2-52所示。白炽灯是由于电流通过钨丝时，灯丝热至白炽化而发光的。为了提高灯丝温度，防止钨丝氧化燃烧，以便发出更多的可见光，提高其发光效率，增加灯的使用寿命，一般将灯泡内抽成真空（40W以下）或充以氩气等惰性气体（60W以上）。白炽灯的寿命一般在1000h左右。由于白炽灯有高度的集光性、便于控光、适于频繁开关、点燃与熄灭对性能和寿命影响小、辐射光谱连续、显色性好（平均显色指数在95以上，可以

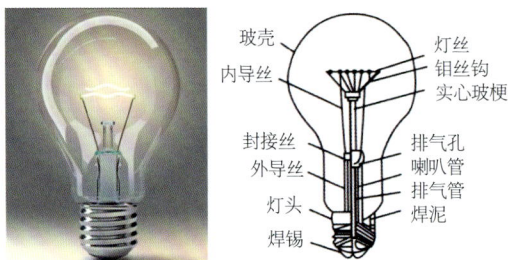

图2-52 白炽灯（结构图片来源：李梁军
《展示采光与照明设计》）

认为是目前人造光源中最好的）、价格低廉等特点，所以它至今仍是应用范围最为广泛的一种光源。由于白炽灯是根据热辐射原理制成的，灯丝在将电能转变成可见光的同时，还产生大量的红外辐射，所以它的发光效率相对而言不高。

另外，白炽灯根据结构的不同，又可分为普通照明用白炽灯、装饰灯、反射灯和局部照明灯四类。

（1）普通照明用白炽灯：普通照明用白炽灯是住宅、宾馆、商店等照明的主要光源，一般采用梨形、蘑菇形玻璃外壳。玻璃外壳主要是透明的，也有磨砂的及乳白色的。常用普通照明用白炽灯的光、电参数如表2-1所示。

（2）装饰灯：装饰灯的主要特点是玻璃外壳形式多样，色彩多变，与装饰灯具和展示空间的界面、造型、陈设等搭配，为界定展示设计的艺术风格、营造展示的整体氛围起到画龙点睛的作用。

（3）反射灯：这种灯采用内壁镀有反射层真空蒸镀铝的玻璃外壳制成，能使光束定向发射，适用于灯光广告、橱窗、体育场馆、展览馆及舞台等需要光线集中的场合。

（4）局部照明灯：局部照明灯的结构外形与普通照明用白炽灯相似，所设计的额定电压较低，通常有36V和12V两种。这类灯主要用于必须采用安全电压（36V或12V）的场所，如便携式手提灯、台灯等。

表2-1 常用普通照明用白炽灯的光、电参数统计

型号	电压（V）	功率（W）	光通量（lm）	寿命（h）	灯头型号	玻壳形状
PZ110-15	110	15	125	1000	E27/27	梨形
PZ110-40		40	445			
PZ110-60		60	770			
PZ220-15	220	15	110			
PZ220-25		20	220			
PZ220-40		40	350			
PZ220-60		60	630			
PZ220-100		100	1250			
PZ220-500		500	8300			
PZ220-1000		1000	18600		E40/45	
PZM220-40		40	345			
PZM220-60		60	600		E27/27	蘑菇形
PZM220-100		100	1200			

2. 卤钨灯

卤钨灯是在硬质玻璃或石英玻璃制成的白炽灯泡或灯管内充入少量卤化物，利用卤钨循环原理，以卤素作媒介，将由灯丝蒸发的附着在玻璃壳内壁的钨迁回灯丝，从而提高卤钨灯的光效和使用寿命，而体积又比白炽灯小。卤钨灯按其外形可分为管形卤钨灯（图2-53）、单端卤钨灯、聚光卤钨灯和封闭型投影卤钨灯等多种。

常见卤钨灯的光、电参数如表2-2所示。普通照明用白炽灯在使用过程中，由于从灯丝蒸发出来的钨沉积在灯壁上而使玻璃壳变黑，透光性降低，造成灯的光效低。卤钨灯则将卤族元素（氟、氯、溴、碘）充到石英灯管中去，有效地改善了普通照明用白炽灯的黑化现象。目前技术比较成熟而广泛使用的是碘钨灯和溴钨灯两种。

图2-53　管形卤钨灯的结构与外形

卤钨灯在保持白炽灯的优点的同时，它的体积更小、功率更集中，其寿命长达1500~2000h，是白炽灯的1.5倍，卤钨灯的光效为10~30lm/W，为普通白炽灯的2倍，卤钨灯的色温（2800~3000K）特别适用于舞台、剧场、画室、摄影棚等。但是，相对白炽灯而言，卤钨灯的价格较高，耐震性较差，不适合用在震动、易燃易爆及灰尘较多的场所，在使用过程中应注意保持灯管与水平面的倾角不大于4°。

表2-2　常见卤钨灯的光、电参数

类型	型号	电压（V）	功率（W）	光通量（lm）	色温（K）	寿命（h）
硬质玻璃卤钨灯	LJY220-500	220	500	9800	100	
	LJY220-1000		1000	22500		
	LJY220-3000		3000	70500		
	LJY220-5000		5000	122500		
	LJY110-1000	110	1000	2300		
	LJY110-5000		5000	12500		
石英玻璃卤钨灯	LPD6-50	6	50	1000	300	500
	LYQ12-50	12		1500		50
	LYQ12-100	12	100	3000		50
	LPD24-200	24	200	4800		500
	LSY15-350	15	350	9800		4
管型卤钨灯	LZC220-500		500	8500		1000
	LZC220-1000		1000	20000		1000
	LZC220-2000		2000	40000		1000

（二）气体放电光源

1. 荧光灯

荧光灯是在发光原理和外形上都有别于白炽灯的气体放电人工照明灯具，是在展示照明中应用最广泛的光源。与白炽灯相比较，荧光灯具有发光效率高、发光表面亮度低、光色好且品种多、显色性好、寿命较长（国产普通荧光灯的寿命为3000~5000h）、灯管表面温度低等明显的优点，所以在大部分的展示照明工程中取代了白炽灯（图2-56）。

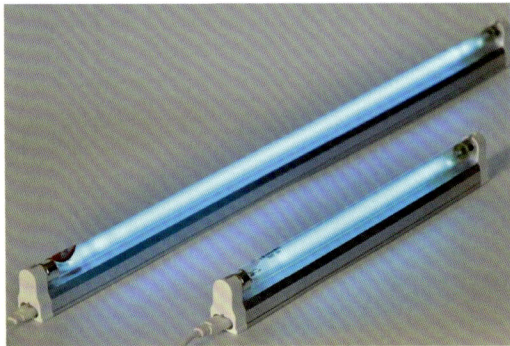

图2-54　常用荧光灯

荧光灯的内壁涂有荧光物质，管内充有稀薄的氩气体和少量的汞气体。灯管两端各有两个电极，通电后加热灯丝，达到一定温度就发射电子，电子在电场作用下逐渐达到高速，轰击汞原子，使其电离而产生紫外线。紫外线射到管壁上的荧光物质，激发出可见光。根据荧光物质的不同配合比，发出的光谱成分也不同。荧光灯应用广、发展快，所以类型较多，常见的有直管型荧光灯、异型荧光灯和紧凑型荧光灯等。

为了使光线更集中往下投射，可采用反射型荧光灯，即在玻璃管内壁上半部先涂上一层反光层，然后再涂荧光物质。一般的荧光灯是直射型灯具，光通量利用率高，灯管上部积尘对光通的影响小。荧光灯也有明显的不足，如点燃迟、造价高、有雾光效应、功率因数低、受环境温度的影响大等。

日光色的荧光灯（色温6500K）多用于办公室、会议室、设计室、阅览室、展览展示空间等，给人明亮自然的感觉；冷白色的荧光灯（色温4300K）多用于商店、医院、候车亭等展示空间，给人愉快、安详的感觉；暖白色的荧光灯（色温2900K）多用于家居空间、医院、宿舍、餐厅等室内空间，给人以健康温暖的感觉。

2. 金属卤化物灯

金属卤化物灯的灯泡由一个透明的玻璃外壳和一根耐高温的石英玻璃放电内管组成，壳管之间充氢气或惰性气体，内管充惰性气体。放电管内除汞外，还含有一种或多种金属卤化物（碘化钠、碘化钢、碘化铊等）。在灯泡正常工作时，卤化物被电子激发，发出与火燃烧光谱相近的可见光。常见的金属卤化物灯如图2-55所示。

金属卤化物灯的特点：①金属卤化物

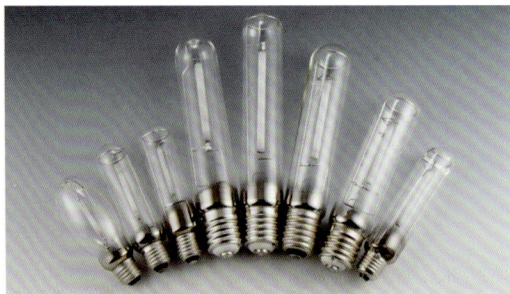

图2-55　金属卤化物灯

灯尺寸小、功率大（250~2000W），发光效率高，但使用寿命较短。②有较长时间的启动过程，从启动到光电参数基本稳定一般需要4~8min，而完全达到稳定需15min。③在关闭或熄灭后，须等待10min左右才能再次启动，这是由于灯工作时温度很高，放电管压力很高，启动电压升高，只有待灯冷却到一定程度后才能再启动。采用特殊的高频引燃设备可以使灯迅速再启动，但灯的接入电路会更复杂。④光色很好，接近天然光，常用于电视、摄影、绘画、体育场、体育馆、高大厂房、较繁华的街道、广场及要求高照度、显色性好的室内空间，如美术馆、展览馆、饭店等。

3. 钠灯

钠灯是利用钠蒸气放电的气体放电灯的总称。该光源不刺眼，光线柔和，发光效率高。钠灯主要包括低压钠灯、高压钠灯两大类（图2-56）。

（1）低压钠灯：低压钠灯的光色呈橙黄色。低压钠灯的发光效率极高，一般发光效率可达75lm/W，先进的低压钠灯可

图2-56　钠灯

达100~150lm/W。一个90W的钠灯光通量为12500lm，相当于4个40W的日光灯，或一个750W的白炽灯，或一个250W高压汞灯的效果，是迄今为止所有光电源中光效最高的一种光源。

低压钠灯的启动电压高，目前大多数低压钠灯利用开路电压较高的漏磁变压器直接启动。从启动到稳定需要8~10min，即可达到最大光通量。低压钠灯一般应水平安装，使钠分布均匀，光视效能高，对有贮钠小窝的钠灯，可允许在偏离水平位置±20°以内安装。由于低压钠灯具有耗电少、光视效能高、穿透云雾能力强等优点，常用于铁路、公路、隧道、广场等户外需要大面积照明的地方。低压钠灯在低的蒸汽压力之下，会出现单一的黄光。为进一步增加灯的谱线宽度，改善灯的光色，必须提高钠的蒸汽压力，这样就发展成了高压钠灯。

（2）高压钠灯：目前使用的高压钠灯内充有少量的汞，主要为黄色、红色光谱，色温为2300K，显色指数为30，发光效率为110~120lm/W。高压钠灯的寿命很长，我国生产的高压钠灯寿命在5000h左右，美国生产的可达20000h，是长寿命光源之一。高压钠灯的启动要借助触发器。当灯接入电源后，电流经双金属片和加热线圈，使双金属片受热后由闭合转为断开，在镇流器两端产生脉冲高压，使灯点亮。灯点亮后，放电所产生的热量使双金属片保持在断开状态。高压钠灯由点亮到稳定需4~8min，它的镇流器也可用相同规格的荧光高压汞灯的镇流器来代替。当电源切断、灯熄灭后，无法立即点亮，需经过10~20min，待双金属片冷却并回到闭合状态时，才能再次启动。

4. 氙灯

氙灯是利用高压氙气产生放电现象制成的高效率人工照明灯具，如图2-57所示。氙灯有以下几个特点：

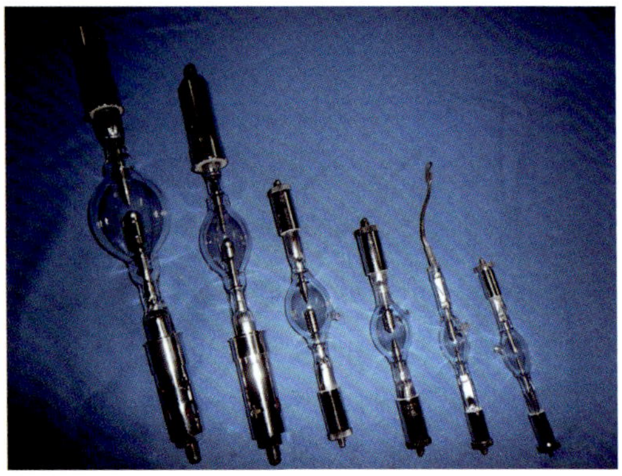

（1）光色很好，接近日光，显色性好。

（2）启动时间短，灯在点亮瞬间就有80%的光输出。

（3）光效高，发光效率达22~50lm/W，被称作"人造小太阳"。

（4）寿命可达1000h以上。

图2-57　氙灯

（5）氙灯的功率大、体积小，是目前世界上功率最大的光源，可以制成几千、几万甚至几十万瓦，一只220V、20000W的氙灯，其体积与一只40W日光灯接近，而它的总光通量是40W日光灯的200倍以上。

（6）不用镇流器，灯管可直接接在电网络上，其功率因数近似等于1，使用方便，节省电工材料。

（7）筑灯紫外线辐射比较大，在使用时不要用眼睛直接注视灯管，用作一般照明时，要装设滤光玻璃，以防止紫外线对人视力的伤害。

（8）氙灯的悬挂高度视功率大小而定，一般为达到均匀和大面积照明的目的，3000W氙灯的悬挂高度应不低于12m，10000W氙灯的悬挂高度应不低于20m，20000W氙灯的悬挂高度应不低于25m。

一般情况下，氙灯按性能可分为直管形氙灯、水冷式氙灯、管形汞氙灯、管形氙灯四种。此外，氙灯按工作气压可分为脉冲氙灯（工作气压低于100kPa）、长弧氙灯（工作气压约为100kPa）和短弧氙灯（工作气压为500~3000kPa）三类。

5. 荧光高压汞灯

荧光高压汞灯是利用汞放电时产生的高气压来获得高发光效率的一种光源，它的光谱能量分布和发光效率主要由汞蒸汽来决定。汞蒸汽压力低时，放射短波紫外线强，可见光较弱，当气压增高时，可见光变强，光效率也随之提高，如图2-58所示。

图2-58　荧光高压汞灯

根据汞蒸汽压力的不同，汞灯可以分为三种类型：第一种是低压汞灯，汞蒸汽压力不超过0.0001MPa，发光效率很低；第二种是高压汞灯，汞蒸汽压力为0.1MPa，气压越高，发光效率也越高，发光效率可达到50~60lm/W；第三种是超高压汞灯，汞蒸汽压力达到10~20MPa或以上。按照结构的不同，高压汞灯可以分为外镇流高压汞灯和自镇流高压汞灯两种。

荧光高压汞灯的特点如下：

（1）必须串接镇流器。

（2）用于220V电流网时使用电感镇流即可，如用于低电振电网时（如110V），则必须采用高漏磁电抗变压器式镇流器。

（3）整个启动过程从通电到放电管完全稳定，需4~8min。

（4）高压汞灯熄灭后不能立即启动，需5~10min后才能再启动。

（5）荧光高压汞灯的闪烁指数约为0.24，启动时间过长，故不宜用在频繁开关或比较重要的场所，也不宜接在电压波动较大的供电线路上。

（6）光色为蓝绿色，显色性差，需在内表壁上涂敷荧光粉，以改善它的显色性。

（7）有效寿命可达到5000~24000h。

（8）频繁开关对灯的寿命很不利，启动次数多，灯的寿命就会缩短，启动一次对寿命的影响相当于点亮5~10h造成的影响。

（9）价格低，但在能源消耗上低于高压钠灯。

（三）电致光源

1. 发光二极管（LED）

LED（Light Emitting Diode）是一种能够将电能转化为可见光的半导体，采用电场发光。LED是当前发展较快，拥有广阔前景的新型光源（图2-59）。

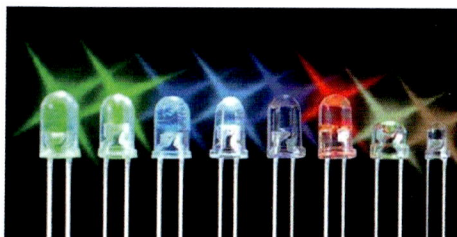

图2-59　发光二极管

发光二极管（LED）的特点如下：

（1）寿命长：LED的使用寿命可以长达10万小时，光衰为初始的50%，传统的光源在这方面无法与之相比。因此，在一些维护和换灯困难的场合，使用LED作为光源，可大大降低人工费用。

（2）响应时间短：LED的响应时间为纳秒级，在一些需要快速响应或高速运动的场合，应用LED作为光源非常合适。

（3）结构牢固：LED是用环氧树脂封装的采用半导体发光的固体光源，是一种实心的全固体结构，因此能经受震动、冲击而不致损坏，适用于使用条件较为苛刻和恶劣的场合。

（4）功耗低：目前，白光LED的发光效率已经达到50lm/W，消耗能量比同光效的白炽灯减少80%。

（5）适用性强：每个单元LED小片是3~5mm的正方形，所以可以制备成各种形状的器件，并且适用于易变的环境。LED的发光体芯片尺寸很小，在进行灯具设计时基本可以把它看作"点"光源，这样能给灯具设计带来许多方便。

（6）可以做成薄型灯具：LED发光的方向性很强，在很多情况下只需用透镜将其发出的光线进行准直、偏折，而不需要使用反射器，就可以做成薄型、美观的灯具。

（7）使用低压电源：LED的供电电压在6~24V，它是一种比高压电源更安全的电源。

（8）有助于减少环境污染：LED无有害金属汞。

（9）颜色丰富：改变电流可以变色，发光二极管方便通过化学修饰方法调整材料的能带结构和带隙，实现红、黄、绿、蓝、橙多色发光。

（10）价格相对较贵：LED的价格比较昂贵，几只二极管的价格就可以与一只白炽灯的价格相当，而通常每组信号灯需由300~500只二极管构成。

综上所述，LED具备多项优点，尤其是省电和使用寿命长，因此LED被认为是继白炽灯、荧光灯和高压放电灯（HID）光源之后的第四代光源，在未来的照明设备中将发挥重要作用。

发光二极管（LED）在照明领域的应用有以下九种：

（1）信号指示应用：信号照明是LED单色光应用比较广泛也是比较早的一个领域，约占LED应用市场的4%。

（2）显示应用：指示牌、广告牌、大屏幕显示等，在显示屏幕上的应用占LED应用的20%~25%，LED显示屏幕可分为单色和影色。

（3）照明应用：便携灯具，如手电筒、头灯、矿工灯、潜水灯等；也可应用于车灯，如高位刹车灯、刹车灯、转向灯、倒车灯等，大功率的LED已被大量用于汽车照明。

（4）特殊照明：太阳能庭院灯、太阳能路灯，水底灯等。由于LED尺寸小，便于动态的亮度和颜色控制，因此较适用于建筑展示照明。

（5）背光照明：普通电子设备功能显示背光源、笔记本电脑背光源、大尺寸或超大尺寸显示器背光源等，其中手机显示的背光源是LED应用最广泛的领域。

（6）投影光源：投影仪用RGB光源。

（7）普通照明：各类通用照明灯具、照明光源等。

（8）LED彩虹管。

（9）LED数字管形灯等。

2. 激光灯

激光是一种特种光源，具有单色性好、相干性好、方向性强和光强大等特点。能产生激光的器件称为激光器。激光器又称激光灯（图2-60）或镭射灯，它能产生细窄、艳丽及平行直进的光束。适当利用不同的反射镜，可使激光束在空中转折反射而汇合成一片交织的立体光网；或在空中扫成片状的光板、立体的光锥、隧道等，再加上计算机及其他光学系统，可以使激光点在银幕、烟幕、水幕或云层中显现文字、商标和彩色图案等。大型歌舞晚会、舞会、节日庆祝及商业宣传活动等都可应用激光配合音乐节拍来制造特殊视觉效果，但价格比较昂贵。

图2-60 激光灯

激光束由玻璃管中充入的特殊气体产生，通常低功率激光器充入氯气和氖气（发红光），高功率激光器充入氩气（发绿光）或氪气（发蓝绿光）。新型的双气体激光器可以转换发出不同的光色。使用"绕射格栅"来分解光束可以进一步获得多种颜色。我国的《歌舞厅照明及光污染限定标准》（WH0201—94）规定：激光一般不应射向人体，尤其是眼部。激光波长限制在380~780nm，最大容许辐射照度为1.4×10^{-6}W/cm^2。

四、所用设备的注意事项

（一）选择光源设备的注意事项

每种光源都有各自的优、缺点，选择光源要根据照明的目的和用途，综合考虑光源的发光效能、使用寿命、光强分布、色温、显色性和价格等因素。对展示照明设计来说，选择光源需重点考虑以下五个方面：

（1）为了保证将展品的色彩真实地呈现出来，显色性是选择光源的重要衡量指标。一般展品要求光源的显色指数大于80，艺术品对光源的显色指数要求更高。

（2）色温对展示气氛的影响很大，一般根据展示设计的主题进行选择，充分利用高色温光源所具有的轻快、现代的感觉，以及低色温光源具有的温馨、古典的感觉。

（3）灯光控制方面，需要频繁开启的宜选用白炽灯；需要调光的宜选用白炽灯和卤钨灯，当配有调光镇流器时也可以选用荧光灯和节能灯，需要瞬时点亮的不能选用启动和再启动时间都较长的高压气体放电灯，如金属卤化物灯。

（4）为了更好地保护展品，尽量不要选择紫外线辐射和红外线辐射高的光源。

（5）费用方面需要综合考虑初始投资和运行费用。运行费用包括年耗电量、灯泡消耗量、照明装置的维护费用等，通常情况下运行费用会超过初始投资。选择发光效能高、使用寿命长的光源可以减少灯泡消耗、降低维护费用，有非常实际的经济意义（图2-61）。

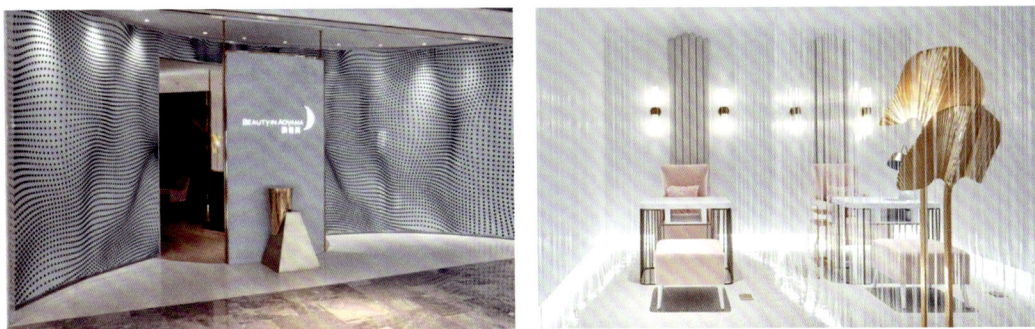

图2-61　AOYAMA美容中心（杭州肯思装饰设计事务所）

（二）人工照明的应用要求

人工照明最主要的性能指标是发光效率、寿命、光色（通常包括显色性）。通常，高压钠灯、金属卤化物灯和荧光灯的光效较高，白炽灯、卤钨灯、荧光灯、金属卤化物灯的显色性较好，高压钠灯和荧光高压汞灯的寿命较长。

电压变化对人工照明光通量输出影响最大的是高压钠灯，其次是白炽灯和卤钨灯，影响最小的是荧光灯。维持气体放电灯正常工作不至于自熄的供电电压波动最低允许值，由实验得知荧光灯为160V，其他高压气体放电人工照明为190V。气体放电灯在线路中接入电感型镇流器时功率因数普遍较低，且镇流器将消耗功率。常用照明人工照明灯具参数如表2-3所示。

表2-3　常用人工照明灯具参数

性能项目	白炽灯		荧光灯	荧光高压汞灯		高压钠灯		金属卤化物灯
	普通白炽灯	卤钨灯		普通型	自镇流型	普通型	高显色型	
额定功率范围（W）	15~1000	500~2000	6~125	50~1000	50~1000	35~1000	35~1000	125~3500
发光效率（lm/W）	7.4~19	18~21	27~82	25~53	16~29	70~130	50~100	60~90
寿命（h）	1000	1500	1500~5000	3500~6000	3000	6000~12000	3000~12000	500~2000
一般显色指数	99~100	99~100	60~80	30~40	30~40	20~35	>70	65~80
色温（K）	2400~2900	2900~3200	3000~6500	5500	4400	2000~2400	2300~3300	4500~7500
启燃时间	瞬时	瞬时	1~3	4~8min	4~8min	4~8min	4~8min	4~10min
再启燃时间	瞬时	瞬时	瞬时	5~10min	5~6min	10~20min	10~20min	10~15min
功率因素	1	1	0.33~0.53[①]	0.33~0.53[①]	0.9	0.44	0.44	0.44~0.61

注　①表示在接入电子镇流器时功率因数大于0.9。

人工照明的应用要求主要有以下四种。

1. 按照明要求选择光源，不同场所对照明要求也不同

例如，化学分析实验室、医院临床诊断、美术馆、商店、餐厅、电视摄像及转播室、摄影室、印染车间、宾馆等场所要求有较高的显色性能，应选用一般显色指数不低于80的光源，以满足这些场所对人工照明显色性的要求。对光环境舒适程度要求高的场所，当照度较低时（小于100 lx），最好采用暖色光源；当照度较高时（200 lx以上）最好采用中间色或冷色光源，以满足场所对人工照明色温的要求。应急照明、开关频繁、要求瞬时启动和连续调光的场所及不能中断照明的重要场所，宜选用白炽灯和卤钨灯，不能选用启燃与再启燃时间长的高压气体放电灯。美术馆等的照明不宜采用紫外辐射量较大的光源。要求防射频干扰的场所应慎用气体放电灯，一般不宜采用具有电子镇流器的气体放电灯。高大空间的场所，如高大厂房、体育馆、大型会场等，可选用高强度气体放电灯。在无特殊要求的场所，一般以选用光效高的光源为宜，同时应满足控制特性的要求（图2-62）。

图2-62 北京小蚂蚁皮影剧团都市实践

2. 按环境条件选择光源

环境条件常常限制一些光源的使用，因此必须考虑环境许可的条件选用光源。例如，荧光灯最适宜的环境温度为20~25℃，在低温时会启燃困难，不能用在环境温度特别高或特别低的场所，否则光通量将大幅下降。同时，荧光灯不宜用于湿度高的环境，一般用在相对湿度60%以下的环境中，当环境相对湿度达到75%~80%时则对其使用寿命很不利，必须在使用时加密封措施。荧光灯也不宜用在开关频繁的场所。白炽灯的光效低、电耗大、发热量大、寿命短、运行费用高，不宜用在要求照度高、长时间照明或有高精度要求的恒温场所。为减少空调用电量，在使用空调的房间里不宜选用发热量大的白炽灯、卤钨灯等。

由于卤钨灯的发热量大，灯丝细长而脆，震动的场所和紧靠易燃物品的场所不宜选用卤钨灯。电源电压波动急剧的场所不宜选用容易自熄的高压气体放电灯，对射频干扰有一定要求处和屏蔽室，以及机床设备旁的局部照明也不宜选用气体放电灯，以防产生频闪效应。无玻璃外壳的金属卤化物灯和氙灯的紫外线较多，不能用在灯具与人体距离较近的场所，以免紫外线对人体造成灼伤，也不宜用于美术馆展品的照明（图2-63）。

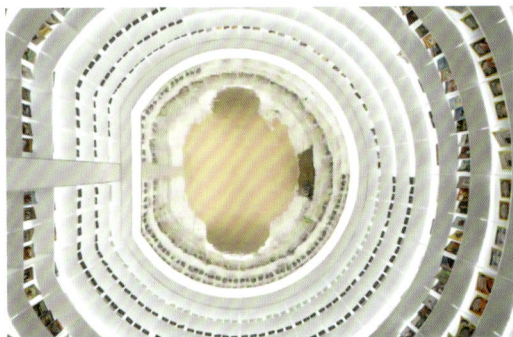
图2-63　江湾城儿童活动中心（反几设计公司）

3. 按经济合理性选择光源

选用高光效的光源，在达到同样照度时可减少所需光源的个数，从而同时减少电气设备费用、材料费、安装费，既节约了成本，又提高了效益。选用高光效、寿命长的

图2-64　柏林博物馆岛地铁站

源更可以节约运行费用。运行费用包括电费、灯泡消耗费、照明装置维护费及折旧费，其中电费和维护费占较大比重（图2-64），故通常照明装置的运行费用超过初期投资。

4. 以实施绿色照明工程为基点选择光源

绿色照明工程旨在节约能源、保护环境，有利于提高人们生产、工作、学习效率和生活质量，保护身心健康。因此，宜采用高光效、低污染的人工照明，提高照明质量、保护视力、提高劳动生产率和能源有效利用率，达到节约能源、减少照明费用、减少火电工程建设、减少有害物质的排放，保护人类生存环境的目的（图2-65）。

图2-65　法国广播电台大音乐厅

第四节　展示照明设计的方式

展示照明设计主要有两大类别，一是建筑结构所决定的较难改变的自然采光，二是可自由变化组合的人工照明（图2-66）。

图2-66　博鳌凤凰乡村振兴交流中心（李驰）

一、自然采光

（一）自然光的属性和特点

自然光以太阳为光源，是室内外所有直射光和非直射光的混合体。自然光包括直接来自太阳辐射的一次光源，简称直射光，俗称阳光，也包括阳光通过大气层的时候被空气中的尘埃和气体分子折射、反射的光线。为了在采光设计中进行标准化的界定，通常按照天空中云的覆盖面积将天气分为晴天、多云天和全阴天三类。通过不同天气状况下产生的亮度经验值常数，可以计算天空漫射光产生的照度。在不同的天气状况下，天空的亮度分布是不尽相同的，全阴天时天顶亮度比地面亮度高约3倍；而在晴天时，阳光直射的部分比天空中最阴暗的部分亮度也要高10倍左右。自然光的能量是源源不绝的，它的亮度通常超乎人们的想象。晴天时，天空可以提供的照度高达60klx~100klx（klx千勒克斯，照度单位，1klx=1000 lx），即使是全阴天，照度也可以达到5klx~20klx，仍比室内所需的照度（通常为500 lx）高出10~50倍。

此外，自然光被认为具有最佳的色彩还原性，从理论上来讲，它的光谱分布最为完整，因此色彩还原性最佳。爱迪生发明电灯不过一百多年的历史，在此之前，人类文明的发展和进步大多是在自然光的状态下进行的，我们本能地相信在自然光下所看到的颜色是物体本来的颜色。这样，自然光成了颜色的重要决定依据，在自然光下看到的颜色被认为是真正的颜色。展示建筑中采用玻璃幕墙、顶光玻璃等方式引入了自然采光照明。自然光自身的色彩会随着时间的推移产生丰富的变化，如会随着太阳高度角、温度、天气情况等因素的不同而产生变化。春天午后的光呈温暖的黄色，夏天正午的光呈现明亮的白色，秋天傍晚的光呈现金黄色，冬天清晨的光呈现冰冷的青紫色。颜色的变化使自然光有了时间感，增添了情感因素。捕捉这种变化，可以创造丰富的建筑空间体验，同时也将时间感引入建筑空间，令建筑有了第四维度（图2-67）。

图2-67　日本日光丽思卡尔顿酒店（株式会社日建设计）

（二）自然光的应用价值

随着现代展示的形式与内容日趋多元化，树立空间形象的公共空间、传承文化文明的教育空间与聚集休闲活动的娱乐空间也具有越来越重要的作用。展示场馆中室内外空间的光环境需要结合建筑设计、室内设计及展示设计统一考虑，其中自然采光的设计与建筑设计的关系最为密切，不仅要考虑展示空间是否被自然光照亮及自然光所扮演的角色，还要考虑自然光和人工光源如何协调及替代。最早的博物馆建筑产生于17世纪，那时候还没有发明电灯，由于烛光亮度的限制，那时的博物馆主要依靠自然采光。随着电灯的发明与运用，博物馆建筑设计进入了一段以封闭性质模式为主导的时期，那时的博物馆在展示陈列及照明方式上偏爱人工照明而排斥自然光线。19世纪下半叶至20世纪初的一段时间，对博物馆建筑设计存在一定分歧，一些建筑师认为博物馆更能体现艺术品的神圣感，另一些人则认为，面向公众开放的博物馆应该具有更加开放的自由空间。事实上，封闭式的展览建筑设计理念，不仅造成能源浪费，对所展示的艺术品的表现也缺乏真实感。20世纪70年代中期出现的能源危机，使人们重新开始认识自然光作为建筑内部光源的重要性。对自然光作为博物馆照明光源的研究，使建筑师逐渐注意到自然光在美学和满足人们心理需求方面的潜力。近年来，很多博物馆设计摆脱了初期的封闭性空间理论，开始了围绕博物馆自然采光展开的建筑设计模式的研究。

虽然在展示空间中大多利用经过漫反射处理的日光，但是作为自然光的唯一光线来源，太阳对采光的影响是巨大的。首先，太阳光资源在地球上不同地点的分布不尽相同，体现在太阳高度角的变化上。当地的太阳高度角变化情况对于展示建筑自然采光乃至建筑整体布局都有重要影响。展览展示的内容决定展厅需要的照度水平，室内自然光照度取决于采光口透光率、墙和顶棚的反射率、采光口位置和大小、房间的比例、室外遮挡物等，以及自然光采光组合的各种角度及方式。确定室内照度水平并不容易，因为在利用天然采光的室内空间中，室内照度随室外照度的变化而时刻变化着，有效的室外日照总量取决于天气状况和纬度。国际照明工程协会对展览空间给出的推荐照度值为215~538 lx，不同地理位置的展厅的采光系数推荐值不同（图2-68）。

图2-68　北京大学元培学院35号宿舍

（三）展示空间中的自然采光形式

在展示建筑中，自然采光被广泛用于照亮展览建筑空间，为展品展示提供环境光。展示空间环境照明除了要求稳定、均匀、色彩还原性良好的光线外，还需符合展品照度与环境光照度的比例要求。若自然光运用在环境照明上，需要通过采光方式和采光口的设计，控制光线的稳定性、均匀性和室内照度。同时，以低照度的自然光形成展示空间的环境光，再辅以人工照明强调展品的照明设计，是自然光在展览空间中适应性最强的使用方式。这种以自然光和人工照明相配合的照明方案，既利用了自然光作为展示光源的优越性，又可以突出展示主题，使展示效果不受自然因素影响。针对展品的人工照明能够实现展览环境照明的精确性，而提供环境光源的自然光富于变化的表情，为展示空间提供轻松的氛围，作为精确性之间的调剂，两者相互配合，形成张弛有度的照明效果。

采光口是建筑利用和控制光线的构件，不同的采光口形式在采光效能、采光量和光线上有着不同的效果。采光口不仅可以为建筑内部引入自然光，而且可以增加室内外的视线联系、确定建筑外部形象和建筑的布局形式，可开启的采光窗甚至为室内带来自然通风。

在以往采光口的设计研究中，其形式分类多种多样。随着当代建筑理论的发展，特别是结构主义和数字建筑在实际建设中的运用，出现了模糊墙、地概念的建筑形式，以采光口构造和位置划分的传统采光分类方式逐渐不能适应当今展览建筑设计的发展。因此，从展览建筑光环境需要出发，以取光方向为标准，将自然采光分为侧向采光和顶部采光两种基本模式（图2-69）。

图2-69 浙江三门剧院（浙江大学建筑设计研究院）

1. 侧向采光

侧向采光是自然光线从房间一侧或多侧进入的采光方式，是建筑中常见的采光方式。侧向采光的建筑构件具有构造简单、维护成本低廉等优势。它的主要特点是光线自一侧入射，与被照射物体水平。因其有着显著的方向性，可以使室内被照物体形成良好的光影造型，常用于雕塑等三维立体展品的展示照明。侧向采光缺点在于容易造成室内照度不均，靠近采光口的室内区域接受大量天空直射光，照度非常高，而远离采光口的房间深处只能接受室内反射光，因此照度很低。为了达到室内照度的要求，通常建筑的进深被限制在一个较小的范围内。另外，采光口占据墙面，影响展示面积的充分利用。大面积的落地玻璃采光除了满足照明要求以外，也能为室内带来自然通风。

2. 顶部采光

顶部采光指的是光线来自房间上部的采光方式，包括各种形式的屋顶采光和高侧窗采光。它们的共同点在于光线处于自上而下的状态，因其具有更容易获得照度均匀的光线效果，采光效率高，不容易产生眩光等优点，成为现代展示建筑中使用较多的一种采光形式。

屋顶采光口的形式多种多样，精心设计的采光口可以精确地控制室内直射光线、照度和眩光。各种根据具体条件与使用要求而设计的采光口构造，成为很多展览建筑的独到之处。然而，屋顶采光的最大局限在于它只能为顶层空间或单层建筑引入自然光线。

高侧窗采光指的是采光口距室内地面2.5米以上的采光形式,将采光口提高的做法可以有效避免一般侧向采光带来的眩光和占用过多墙面的问题,但是由于窗户下方的建筑面会产生阴影,从而导致窗口与墙壁之间的亮度对比过于强烈,在这种情况下,需要设置补光或反射表面来调节光效(图2-70、图2-71)。

图2-70 华夏文化展示中心1(腾远设计事务所)

图2-71 华夏文化展示中心2(腾远设计事务所)

(四)展示空间中自然采光的调节与控制

展品的陈列与展示是展览建筑中最基本、最主要的功能,展示照明的主要目的是为展品提供适当的光线,以达到最佳的展示效果。自然光线对于展示照明的优势也只有通过将其直接运用在展品的照明上,才能最大程度地体现出来。自然光在展览建筑照明中的最大化功能体现在为展示空间提供足够的照明上,因为其既满足了展示空间环境光的要求,又承担了为展品提供足够照明的任务。这样的照明任务对展览建筑设计提出了很高的要求,需要综合考虑当地的光气候条件、展厅的采光系数、展品的照度要求等因素。而且,由于自然光条件是可变因素,也应同时考虑在自然光条件允许的情况下的辅助人工照明设计(图2-72)。

图2-72 原世博会案例联合馆3顶层空间改造设计
(杜兹设计)

根据展览功能的需要,对进入展示建筑内部的自然光线的控制主要体现在以下几个方面。

1. 室内照度水平控制

室内照度水平与建筑所处地点的光气候情况、采光口大小、采光口朝向、采光口位置等因素有关。近年来出现的一些滤光材料也可以很好地协助调控建筑内部的自然光数量。

2. 直射日光控制

展览建筑的展示内容直接决定了展示空间是否允许直射日光的进入,大部分展示空间出于避免眩光和保护展品的需要,都要控制直射日光的进入量。因此,对于北半球来说,北向的采光口具有先天的优势,它不仅任何时候都不需要顾虑直射日光的影响,而且全天都能获得相对稳定的光线。此外，根据建筑所处地点全年太阳高度角的变化，也可以设计出精确控制日光的采光口形式。

3. 避免眩光

视野中由于不适当的亮度分布，在空间或时间上存在极端的亮度对比，以至引起视觉不舒适和降低物体可见度的现象被称为眩光。控制重点照明亮度和环境照明的亮度的比值，可以有效避免来自直接光源的眩光。在自然采光设计中，顶部采光更容易规避采光口产生的直接眩光，这也是顶部采光在展览建筑中被广泛应用的原因之一，侧光容易产生垂直面上的眩光，直射阳光也更容易进入展厅内部。

（五）自然采光在展示建筑中的技术要求

展示建筑中室内空间的光环境需要结合建筑设计、室内设计及展示设计统一考虑，其中自然采光的设计与建筑设计的关系最为密切，不仅要考虑展示空间是否被自然光照亮，还要考虑自然光和人工光如何协调及替代。当然，即使对于自然光处于支配地位的展览场馆来说，也需要设置电气照明系统用于在天然光不足或夜间时进行补充。

展示空间的照明设计应以突出展品为主，展示照明的设计根据展示内容与展示主题的不同有着不同的要求。总体来说，主要包括均匀度、视觉适应、亮度比、表现颜色、显色性能、眩光、立体感等因素。下面主要介绍前三种因素。

1. 均匀度

展示照明对均匀度的要求，指的是平面展品画面亮度差不能过大，对于普通画面，最低照度和最高照度的比值应不小于0.7%，特大画面应不小于0.3%。

2. 视觉适应

人的眼睛具有随外界亮度的变化而进行调节的能力，称为视觉适应。频繁的视觉适应会导致视觉迅速疲劳。展示建筑中各区域的亮度差不应过大，应使观者在任意时刻都可以适应。

3. 亮度比

虽然人的眼睛能够根据环境亮度的变化而进行调节，但却难以在同一个画面中适应两种差别很大的亮度。为突出展品而设计的照明，要求展品亮度比环境亮度高出一定范围，这样才能使观众将注意力集中到展品上。但是，过强的亮度比却会降低眼睛对观察对象细节的捕捉能力，同时产生视觉疲劳。展品亮度与背景亮度差值不应过大，其亮度比不宜超过3：1。

（六）自然采光对展示建筑的美学意义

"光"是一种无形的建筑元素。在黑夜里人们看不见光，但是却可以感知光的存在。在建筑空间中，光是以建筑实体为媒介反映出其自身的形状与颜色的。相较于性能相对恒定的人工光源，自然光具有更加丰富的、周期性的变化，正是这种变化使建筑具有了时间这第四个维度。不仅是被自然光照亮的采光口具有很高的建筑装饰意义和空间美学价值，进入建筑内部的自然光本身的形状、色彩、排列方式，甚至投射到室内的位置都能创造出与实体建筑元素相同的形式美感（图2-73、图2-74）。

图2-73 "一叶轻舟"义乌大剧院1（MAD建筑事务所）

图2-74 "一叶轻舟"义乌大剧院2（MAD建筑事务所）

1. 产生空间节奏，塑造视觉中心

自然光线可以帮助塑造空间的焦点，尤其是在展览馆公共空间这样特别需要给人留下强烈印象的空间环境中。入口大厅是展览建筑中最重要的公共空间，也是展览建筑里人流汇集的地方，是展示环境给参观者留下的第一印象。自然光对于入口空间来说不仅具有照明功能，更加可以制造某种不同寻常的空间体验，为参观者留下鲜明的第一印象。对于一些由于展品光敏性问题无法在展示空间中充分引入自然光线的展览建筑，在入口大厅等公共服务空间强调展览建筑的通透性显得尤为重要。

2. 产生空间流动感，引导观者行为

在自然界中，不仅植物的生长有着向光性，人类同样也具有向光亮处移动的本能。黑

暗使人产生压抑与恐惧，太阳带着光明与温暖，给人以安全感。利用人们的这种本能，自然光可以辅助空间复杂的展示建筑形成清晰的空间次序。参观流线是展览建筑空间组织的重要因素，利用人们活动心理上的"向光性"可以协助参观者认识展览建筑的参观流线，引导参观者行进的方向。

3. 自然光与空间情感塑造

展览建筑内的自然光不仅具有提供展示照明的功能意义，还可以创造特殊的美学价值。随着社会的发展，展览建筑在社会交往中担任的角色日益重要，其美学价值也日益突出，光在展览建筑内带来的审美需求也就显得越发突出和重要。自然光可以创造出有别于人工光源的特殊自然灵动氛围，为空间带来更多精神上的含义。

4. 自然采光分析

运用顶部倾泻而下的自然光线制造神圣感的方法来自对教堂建筑的空间体验和学习，在对具有历史感或特殊事件价值的展品进行照明时，这种光线模式具有特殊的效果。卢浮宫博物馆的镇馆之宝之一——胜利女神雕塑被安置在展厅尽头的台阶之上，它并不是由一般三维展品照明常用的侧向光源照亮的，而是通过位于雕塑正上方的天窗采光口获得自然光照明。由顶部倾泻而下的自然光线在室内墙壁的石材墙面上折射出清冷的颜色，自上而下的自然光轻轻地洒在历经千年的残缺雕像之上，形成特殊的神圣、静谧的气氛。

二、人工照明

（一）现代人工照明理论概述

第二次世界大战之后，照明技术的蓬勃发展给人们带来了更多高品质的光源，以及各式各样适合不同用途的灯具。光有了更加自由的表达途径和表现形式，照明设计由此进入一个崭新的阶段，现代照明设计理念逐渐形成。在这个过程中，美国著名照明设计师理查德·凯利（Richard Kelly）受舞台灯光设计的影响，将他在戏剧照明设计领域获得的经验同知觉心理学的基本原理结合在了一起。在凯利之前，均匀的照度（一个量化指标）是照明设计依据的主要标准。理查德·凯利在对照明设计进行定性研究的基础上提出分层次照明设计理念，按照两个方面——光的质量及三种基本功能，可将照明设计诠释为三个基本层次：

1. 环境照明（ambient luminescence）

对于感知空间和物体，环境照明是最基本的照明需求。环境光让人们在特定的环境中定位物品。

2. 焦点照明（focal glow）

焦点照明突出了环境背景的重要区域或物体。这样的视觉环境结构合理，人们能够迅速获得环境的视觉印象，识别重要区域或条目，并赋予它们人们认为必要的尽可能多的关注。

3. 气氛照明（play of brilliance）

光本身能够变成一个制造气氛的物体或效果。如果有目的地运用光雕塑、枝状吊灯，光能够获得一种自身的美学品质（图2-75）。

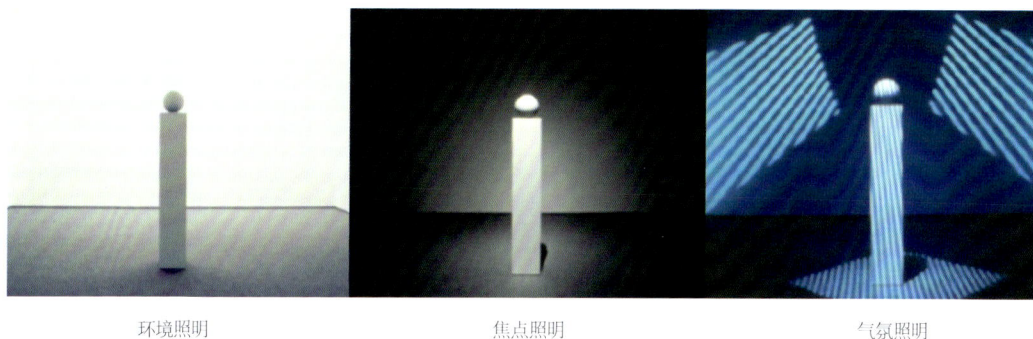

环境照明　　　　　　　　焦点照明　　　　　　　　气氛照明

图2-75　理查德·凯利分层照明理论示意图

理查德·凯利把光的第一种基本形式称为"环境照明"。它提供了周围环境的一般照明，确保周围的空间、物体和那里的人们都能被看见。这种形式的照明有助于方向感和活动。它普遍和均匀的方向性意味着它在很大程度上与追求量的照明设计有相同的思路。环境亮度不是最终目标，但它是更全面的照明设计的基础。这样做的目的不是要全部照亮，或"一刀切"式地假定的最佳照度水平，而是提供有层次差异的基础环境光。

为了区别，凯利提出了第二种光的形式，即"焦点照明"。这里光首次被赋予专门的任务，积极地帮助信息传递。从明亮的区域自动吸引人们的注意开始，考虑这一事实。通过使用合适的亮度分布，可以秩序化环境中包含的有价值信息。包含重要信息的区域可以通过重点照明进行强化，同样次要的或者分散注意力的信息，可以通过降低照明进行弱化。这有利于快速和准确地获取信息流，从而使视觉环境，就其结构和所包含对象的含义而言更容易被识别。焦点照明可用于在空间中添加引导指向（如快速区分主入口和侧入口），同样可用于强化核心对象，如展示商品或高亮最有价值的收藏。

凯利提出的光的第三种形式为"气氛照明"。光不仅把人们的注意力吸引到包含和传递信息的对象上，光本身也包含和传递着信息，这就是"气氛照明"的特征。"气氛照明"可以来自点光源，通过反射、折射材料的镜面效果产生，光源本身就是华丽的。"气氛照明"可以增加活力和气氛，特别适用于剧场。传统上由吊灯和烛光所产生的景象，现代的照明设计可以通过光学材料创造出华丽的效果。

20世纪50年代，理查德·凯利与建筑师菲利普·约翰逊和密斯·凡·德·罗合作，以自己充满艺术性的照明设计手法解决了现代建筑大面积玻璃窗所带来的照明问题，成功塑造了玻璃住宅和西格拉姆大厦的夜间形象。在这个玻璃房子的项目中，凯利制定了室内和室外照明的基本原则，并将其应用到后来无数的住宅和商业物业项目中。凯利避免使用百叶窗遮挡阳光，因为他发现百叶窗遮挡视线，削弱远距离的空间感。相反，为降低白天室内外的亮度对比，凯利将调暗的光应用于室内墙面。他为夜晚设计了这样一个概念，让工作伴随着玻璃立面的反射，保持这样的空间感。凯利建议室内使用蜡烛，因为这是一个亮点并能增加令人兴奋的气氛。室外的几种照明组件增加了起居区的风景并创建了空间深度。屋顶上的投光灯照亮了屋前的草坪和屋边的树。另外，他还增加了投光灯高亮中间和后部的树，从而使景观的背景清晰可见。起初，西格拉姆大厦的设想是从远方就可以识别的发光塔。后来，凯利与密斯·凡·德·罗和菲利普·约翰逊一起，使建筑内光外透，将这个设想实现。通过办公室层明亮的天花实现的内光外透，同时为荧光灯光源提供一个两级的照明开关，以实现夜晚的节能。建筑底部区域被照亮，给人这个多层的建筑漂浮在街道之上的幻觉。夜晚这个建筑提供了一个令人印象深刻的景象，建筑核心筒的立面被均匀的照亮，这是由嵌入式天花灯具产生的，从内部区域开始延伸至前庭有光像地毯似的。白天为实现外立面阳光防护的统一造型，窗上的百叶只有三种设置，即开、关和半开（图2-76）。

图2-76　玻璃住宅和西格拉姆大厦

　　在理查德·凯利分层次照明设计理念的基础上，通过众多照明设计师的共同努力，逐渐形成了现代照明设计的三个基本层次：一般照明（general lighting）、工作照明（task lighting）和焦点照明（sparkle）。一般照明为环境提供整体的基本亮度，使人们可以在空间中进行一般性活动；工作照明建立在环境照明的基础上，为人们的工作性活动，如阅读、缝纫等提供符合生理和心理需求的照明条件；焦点照明是运用照明的方式装点空间，渲染空间气氛。

　　此外，20世纪70年代，照明设计师威廉·林以视觉心理学的研究成果为基础，综合人的生理和心理特点，从感性角度进一步完善了现代照明设计理论。他指出照明设计应该以满足人的需求为基本出发点和根本目标，照明设计应分别满足人的行为需求（activity needs）、生理需求（biological needs）和心理需求（psychological needs）。行为需求指人在空间中的活动是一系列有意识地获取信息的知觉行为；生理需求与行为需求的主动性相反，指人类作为生物体而客观具有的一些无意识的感知需求；心理需求是人类特有的感知需求，以知觉体验为特征。照明能否满足人的三个层次的需求，是衡量照明"质量"的重要标准，同时也正是人本身的多种需求使照明设计拥有千变万化的可能性。

综上所述，现代照明设计不仅在"数量"的层面上满足照亮环境的要求，更在"质量"的层面上提供更优质的照明效果，塑造动人的环境气氛。关注光本身所具有的美学价值，将照明设计提升到艺术创作的层面是现代照明设计的重要特征。

（二）人工照明的基本形式

人工照明的基本形式可以简单总结为五种：直接照明、间接照明、漫射照明、聚光照明、混合照明（图2-77）。

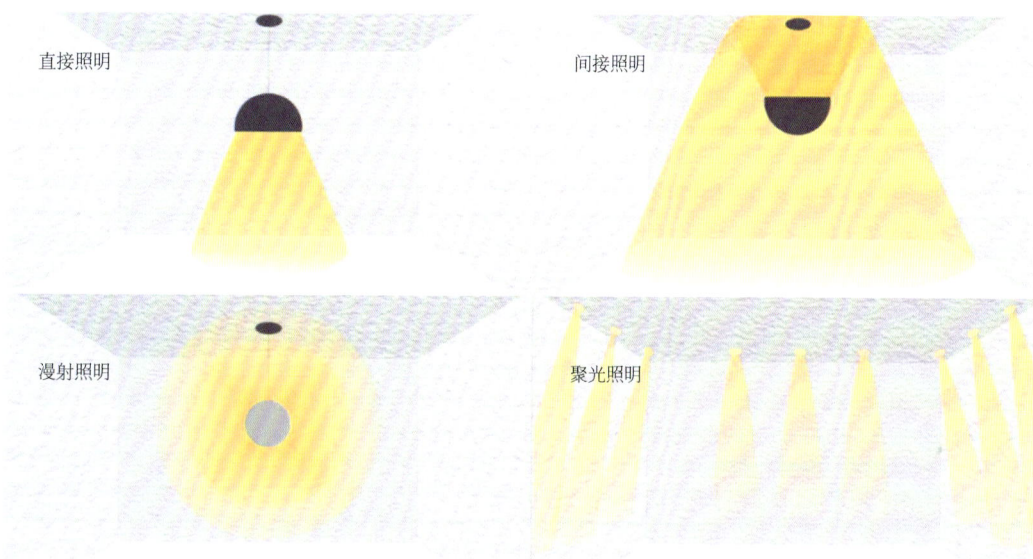

直接照明　　　　间接照明

漫射照明　　　　聚光照明

图2-77　人工照明的基本形式

1. 直接照明（direct lighting）

直接照明是指光线照射到展板、地面、天花板上，使整个室内光线均匀分布，明暗对比不太强烈。具体来说，是指灯具发射的光通量的90%~100%部分，直接投射到假定工作面上的照明。直接照明要注意"硬"阴影造成视觉疲劳，不能过亮。还需注意不应将其放置在眩光或反射的表面上，如镜子或玻璃。

2. 间接照明（reflected lighting）

间接照明也称为反射照明，是指灯具或光源不是直接把光线投向被照射物，而是通过墙壁，镜面或地板反射后的照明效果。简单来说，间接照明是指照明光线射向顶棚天花板后，再由顶棚天花板反射回展板或地面。间接照明的光线均匀柔和、无眩光。间接照明作为现代室内装饰中不可或缺的重要组成部分，其功能已不只是满足于单一的照明需要，而是向多元化的装饰艺术转化。理想的间接照明就像是从门缝中射进来的一缕自然光，现代室内装饰追求舒适优美的光环境，于是间接照明便成为实现这一目的的一种理想选择。

3. 漫射照明（diffused lighting）

漫射照明是指入射光线并非主要来自单一特别方向的照明方式。简单来说，是指光线均匀地向四面八方散射，没有明显的阴影。漫射照明是利用光线投射到粗糙面上，由于粗糙面上各点的法线方向不同，所以形成反射光趋于各向同性的照明现象，其效果是反射光柔和，几乎没有阴影，适用于平面作业，如绘图、阅读等。这种照明大体上有两种形式，一种是光线从灯罩口射出经平顶反射，两侧从透明灯罩扩散，下部从格栅扩散；另一种是用半透明灯罩将光线全部封闭而产生漫射，这类光线柔和，视觉舒服，适合卧室，为进一步提高漫射照明的效果，可使它与定向照明适当结合。

4. 聚光照明（spot lighting）

聚光照明是指照明光线集中投射到展板或展品上，强调重点对象。这种形式易产生眩光，照明区与非照明区形成强烈对比。通常，聚光照明是使用聚光镜头或反射镜等聚成的光进行照明，照度强、照幅窄、便于朝场景中的特定区位集中照射的灯，是摄影棚内与展示空间中用得最多的灯具之一。

5. 混合照明（mixed lighting）

混合照明是由一般照明和局部照明及其他照明形式共同组成的照明方式。混合照明是在一定的工作区内由一般照明和局部照明搭配，保证应有的视觉工作条件。良好的混合照明方式可以做到增加工作区的照度，减少工作面上的阴影和光斑，在垂直面和倾斜面上获得较高的照度，减少照明设施总功率，节约能源。混合照明方式的缺点是视野内亮度分布不匀。为了减少光环境中的不舒适程度，混合照明照度中的一般照明的照度应占该等级混合照明总照度的 5% ~ 10%，且不宜低于 20 lx。混合照明方式适用于有固定的工作区，照度要求较高，并需要有一定可变光的方向照明的房间，如医院的妇科检查室、牙科治疗室、缝纫车间等。

（三）展示照明设计的常用照明方式

展示过程中的照明，按照其功能通常可分为整体照明、局部照明、板面照明、展台照明及气氛照明等若干种照明形式，每种形式都具有不同的功能和特点。

1. 整体照明

整体照明常采用匀称的镶嵌于天棚上的固定照明，即整个展览或展示场地的空间照明，通常采用泛光照明或间接光线照明的方式，也可以根据场地的具体情况，采用自然光作为整体照明的光源，另在重点展区用灯光作为重点照明。为了突出展品的照明效果，整体照明的照度不宜太强。在一些设有电视、显示设备的区域，还要通过遮挡等方法来减少整体照明光源的影响。在一些人工照明的环境中，整体照明的光源可以根据展示活动的要求和客流情况，有意识地增强或减弱，创造一种富有艺术感染力的光环境。

通常情况下，为了突出展品的光照效果，加强展品与其他区域的对比，整体照明常常控制在较低的照度水平。在展示整体的照明光源方面，通常采用灯棚、吊灯，或直接用发光器件构成的吊顶，也可以沿展示厅四周设置泛光灯具。这种形式为照明提供了一个良好的水平面和在工作面上的照度均匀一致，在光线经过的空间没有障碍，任何地方光线都很充足，便于任意布置家具，并适合将空调和照明相结合。但是整体照明耗电量大，在能源紧张的条件下是不经济的，否则就要将整个照度降低（图2-78）。

图2-78　幾樣概念店室内设计（Studio 10）

2. 局部照明

局部照明是指特定视觉工作用的、为照亮某个局部而设置的照明。局部照明是将灯具放在离作业对象很近的地方，仅对很小的区域提供照明。灯光在别墅中的主要作用是强调和突出别墅空间造型，而局部照明在别墅设计中的作用往往是以小见大，不仅能对其空间有照明作用，还能打造光影效果。设计师是灯光设计的导师，要让灯光设计真正高效发挥应有的功能，一定要从局部照明设计着手，保证灯光设计在别墅中妙笔生花。

与整体照明相比，局部照明具有更明确的目的：根据展示设计的需要，最大限度地突出展品，完整地呈现展品的形象。对于不同的展示对象，局部照明有以下几种方式：

（1）展柜照明：封闭式的展柜通常用来陈列较贵重、易损坏或要重点突出的展品。为符合观众的视觉习惯，一般采用顶部照明的方式，光源设在展柜的顶部，光源与展品之间用磨砂玻璃或光栅隔开，以保证光源均匀，如光源为白炽灯，还需设有通风散热装置。如果展柜是矮型的，既可利用俯视透光方式，也可利用底部透光方式来照明，或在柜内安装低压卤钨射灯。这样就必须采用带有遮光板的射灯并仔细调整角度，以减少眩光对观众的干扰。

（2）聚光照明：如果展柜中没有照明设施，需要靠展厅内的灯光来照明，通常用射灯等聚光灯作为光源。采用这种照明方法必须保证展示厅内的射灯位置及角度适当，并且离

图2-79　X-select服装店（季意空间设计）

展柜稍近些，同时调节好照明角度，减少玻璃的反光。任何眩光现象都会影响观众对展品的观察效果，博物馆应尽可能消除观众视野内的各种眩光。对于由光源产生的直接眩光，可以采取控制光线入射角和在灯具上加遮光器的方法来消除直接射入观众眼睛的光线（图2-79）。一般来讲，30°入射角既可以有效地避免眩光，又有助于塑造三维展品的立体感，因此被称为博物馆角度。因为玻璃展柜会产生反射眩光，要根据入射角和反射角的关系进行计算后确定一个无光源反射映像区，将光源发出的光线控制在此区域内，可以确保基本没有反射眩光进入观众的眼睛。对于在展柜的玻璃面上产生的反光和影子，除了调整光源的照射角度外，还要保证周围环境的亮度低于展柜的亮度。

3. 板面照明

墙体和展板及绘画作品等的照明，称为板面照明。这种照明大都为垂直表面的照明，大多采用直接照明的方式。直接照明的方式有两种：一种是采用设在展区上方的射灯，通常可通过安装在展厅天花板下的滑轨来调节灯的位置和角度，以保证灯的照明范围适当，并使灯的照射角度保持在30°左右；另一种是在展板的顶部设置灯檐，内设荧光灯。二者相比，前者聚光效果强烈，适合绘画、图片等艺术作品或其他需要突出的展品；后者光线柔和，适合文字说明等（图2-80）。

4. 展台照明

展台大多陈列实物，一般要求显示其立体的效果，所以最好采用射灯、聚光灯等聚光性较强的照明灯具，通常可以在展台上直接安装射灯，也可以利用展台上方的滑轨射灯。灯光的照射不宜太平均，最好在方向上有所侧重，并以侧逆光强调物体的立体效果。一些大型的展台，也可在内部设置灯光，用来照明台面和展品，或营造特殊的艺术气氛（图2-81）。

5. 气氛照明

气氛照明指用照明的手法渲染环境气氛，创造特定的情调。在展示的空间内，可运用泛光灯、激光灯和霓虹灯等设施，

图2-80　光华之路——中国现代艺术展
（戴璞建筑事务所）

图2-81　止间麓山南书店（水木言设计机构）

通过精心的设计，营造出别样的艺术氛围。采用气氛照明灯光还可消除暗影，在特殊陈列中制造出与众不同的效果。在展厅和橱窗等环境中还可以采用加滤色片的灯具，制造出各种色彩的光源，制造戏剧性的效果。要在陈列范围中用灯光取得戏剧性的效果，设计者必须解决两个问题，即明暗问题和色彩问题（图2-82）。

图2-82　POTENT俱乐部
（Quarta & Armando Architecture Design Research）

处理阴影是照明艺术的一个内容。以模特为例，灯光如从侧上方照射，其面部和颈部便出现阴影，其效果如日常所见：将灯光从人体下侧向上照射，面部则出现投影，其效果让人感觉怪诞，甚至恐怖；将多侧灯光同时照射对象，则可以减弱或消除阴影。根据这一原则，设计者可以利用不同的照明角度，制造出丰富的艺术效果。进行色彩处理，是照明艺术的另一个内容，如果处理得当，就能产生强烈的吸引力。为此，在进行灯光色彩处理时，设计师必须充分考虑有色灯光对展品固有色的影响，尽量不使用与展品或商品色彩呈对比的色光，以避免造成对展品色彩的歪曲。现代展示经常将照明的控制与电脑技术结合起来，根据不同的展示要求，产生不同的照明效果。如用电脑程序控制器来控制灯光，可获得光线渐明渐暗等效果，用以模拟自然界的各种光线效果，为展示效果增色不少。

三、照明设计手法

（一）常用照明设计手法

1. 构图图形的层次感

图形和元素之间的层次感，可以在干扰视觉的同时，突出自身所想体现的主题，这种表现方式往往是比较直接而且有效的方式。这种视觉干扰是在分散欣赏者多余视线的同时，使欣赏者更能注意到这一设计的主题，为这种干扰方式所产生的图形是这个主题的辅助图形。

2. 构图的视觉线牵引

利用色彩或者元素来牵引欣赏者的视觉，让欣赏者随着设计师的思维去思考和观看作品。现存的大多数作品都是运用点、线、面来引导，以图形和元素出现的引导方式的作品比较少见。

3. 色彩诱导

色彩诱导是指利用色彩来吸引欣赏者的注意力。

4. 明暗诱导

利用由光感折射、光感捕捉、动态光感及明暗差异性的一些共性来衬托主题。

5. 瞬间捕捉

利用眼睛感官的瞬间接受来捕捉视觉点。

6. 抓突破点

抓突破点是指突破图形、图像本身的视觉平衡点来达到视觉要求，运用图片素材的本身来寻找设计的突破点，利用图形自身所产生的空间感、光感等一些突出的地方突出设计的主题。

7. 比例大小

依据事物本身的比例关系，在等比的关系上追求视觉上的平衡关系、突破事物本身的等比关系，进而推出自身的视觉重点以求突破。如一些夸张漫画中，一个大头小身子的人物形象，一种夸张地歪曲正常比例的方式，在不经意间往往能收到奇效。

8. 欣赏性

依据欣赏者的接受能力，以及平常所说的感情，利用平时生活的一些元素，充分考虑欣赏者对图形的认可能力，以自然美及突破普通接受能力的残酷美来打动欣赏者的情感，以获得人们对图形的记忆。

9. 视觉幻象

利用视觉幻象的空间感来突出整体设计的视觉中心。

10. 抽象的表现方式

运用色彩的对比突出主题的同时，也起到了一定的娱乐性，这样的作品容易让人有好感，而且比较不容易忘记（图2-83）。

图2-83　Wonderland·花地湾生活馆（峻佳设计）

（二）特殊照明设计手法

在展示照明设计中，往往利用板具或展示道具、某种建筑元素，对展示空间做出某种分隔，以便满足艺术上和展出上的需求。在展示照明设计中，空间分隔的目的和作用：一是按内容和品种划分若干个展区；二是增加变化，避免单调乏味，避免一览无余；三是变换景观，增加层次感，可以引人入胜；四是组织和控制人流，做好不同空间的连接与过渡。概括来讲，空间分隔的元素可分为三大类：一是视线阻断的遮挡，二是通透的分隔，三是可视但不可通的隔断（图2-84）。

图2-84　MOMIC手表品牌集合店（西涛设计工作室）

视觉阻断的遮挡是指利用实墙、板壁、展风或高展柜的背板等，作为空间分隔的元素，被分开的两边自成体系、相对独立，两边直接看不见，隔断不能被穿越，只有用曲径通道将这两部分联系起来。在大中型展览会或博物馆陈列中，这类的分隔是很常见的。

通透的分隔一般是用矮展台或独立式透明玻璃柜、各种罩（挂落）、花格墙、带门洞的隔墙等，来划分展示空间，被分隔的空间彼此视线通透，有的隔断观众还可以穿过，使观众感到空间富有层次感和变化，可以增强参观的兴致，引人入胜。在较小的展示空间中，采用这类通透的分隔，可以做到小中见大，隔而不堵。可视但不可通的隔断是指使用透明有机玻璃或钢化玻璃、金属纱网、镂空花墙等元素，将相关展区（或展厅）分隔开来，从这个厅能看到那个厅的陈列及观众情况，但不能直接通达，各有单独的出入口和参观路线。例如，大型展览会上相邻的两隔展馆或展厅，虽然不能相互通达，但却有吸引观众的作用。

在超大空间的展示艺术设计中，通透的分隔段还有水体、楼梯踏步、坡道、草坪与花坛、桥梁、廊道、花架、树墙、休息区的板凳和地坪的高差铺装等。利用水池（含喷泉、瀑布）或水渠可以分隔展区或展馆；单跑和双跑楼梯、转梯、坡道可以作为两个展场的分界；草坪、草坛及花架不仅可以分隔展区，还可以改善小气候，缓解观众的疲劳；各种桥梁、走道、架空过廊、休息区和板凳都可起到分隔与联系空间的作用；地面高差及不同的地面铺装方式，在视觉和心理上，都具有空间分隔的意义。利用某种特定的空间分隔元素，将一个大的展示空间划分成若干展区、交通区、休息区和售货区，做到空间组合有序、科学合理，眉目清楚，让观众比较容易识别，方便观众参观。作为展示照明设计师，必须熟知空间分隔的手段和措施，并且能熟练地掌握和恰当地运用，才能创造出令人神往的、富有魅力的展示空间环境（图2-85、图2-86）。

图2-85　保利睿思工坊1（时建筑）

图2-86　保利睿思工坊2（时建筑）

（三）展示照明设计中的多媒体运用

多媒体是在20世纪末发展起来的，目的是利用计算机最大限度地服务于个人表达，扩展人类记忆、增加知识和才智及增强创造性。"多媒体"是指利用数字化技术将图像、文本、声音、影像和动画等多种媒介形式集合在一起的媒介形式，数字化技术首先拓展了信息的存储空间，通过特殊的存储介质极大地减少了信息的存储空间。其次，数字化技术拓展了信息传播的形式，可以将文字、图像、音频融为一体，发挥各种媒介的长处，形成了真正意义上的多媒体传播。它一方面可以用于增强信息传播的效果，是全面的综合性的信息，可以表达信息传播中的任何媒体资源；另一方面可以用于交互式传播，特别是数码图像和数码音响的出现，对多媒体产生了重要的影响（图2-87）。

数码技术一方面可以复制文字、图像和声音等资料，使其变为数据，更加便于储存和搬运，并可以随意地对图像等进行改造和拼贴；另一方面可以完全由数码技术直接生成图像，如"电子图像"。多媒体集中了各种媒体的优势，集图、文、影像、声音和互动于一体，极大地扩展了互动传播模式的可能性。多媒体更加强调参与性和互动性，受众可以自由地安排和组合信息，受众可以自己决定"看什么""什么时间看""如何看"，大大提高了信息传递秩序的自由度，信息的传递变得更加方便，更具参与性和互动性。多媒体技术为信息的传播提供了一种强大的、传递多感官体验的信息传播工具，在多媒体的交流环境中，受众又可以通过对媒体的学习过程把自己从一个被动的信息接收者变成一个主动参与者。多媒体技术以其独特的表现力与感染力，结合原有的实物展览方式，不仅能充分展现原实物展品的内涵，而且使具体的展览内容形象、生动、直观地显示出来，激发了大众的主动性、积极性和参与性，提高了宣传质量。

多媒体的应用具有两方面的特点：①展现方式的多样性：充分利用声音、图形、图像、视频、动画和特殊的文字效果

图2-87　UNIFUN成都天府环宇坊（CLOU Architects）

等多种方式来增加陈列布展的内容；②体现技术手段的先进性：透明触摸膜、不规则多点触摸台、定向音响、超大屏幕显示器、图像采集系统等，这些先进设备为多媒体技术的应用打下了坚实的基础。用多媒体技术将各种展览实物制作成各类型的影像资料，如三维、动画等，来表现展品

图2-88　布拉格历史瞬间时空隧道（KOLMO）

的生动原貌并实现展示内容的丰富和扩展，模拟展示知识表达得更加生动、形象，就更有利于普通观众的浏览观赏，丰富了实物展示所缺少的内涵，每一个触摸屏里的内容都是一部小型的百科全书，为一些专业爱好者和学习人员提供了一个很好的资料查询平台。在展现方式上，多媒体的技术不但有声音、图形、图像、视频、动画和文字特殊效果等原有的媒体表现形式，而且有更新的技术和形式多样的媒介（图2-88）。

除了数码技术，展示照明设计中还主要运用了以下几种多媒体技术。

1. 声、光、电技术

展示空间是信息交互的空间，观众观看展览时，在参与和配合的过程中获取信息。声、光、电的传播是把声、光、电的各种技术集成在一起的视觉速度传播，如LED电子屏、光导纤维、同步激光和三维动画，通过叠加或切换，把声、光、电融为一体，产生变化无穷的视觉效果。

2. 360° 幻影成像

360° 幻影成像是一种将三维画面悬浮在实景半空中的成像技术。其利用数码图像技术中的抠像技术处理影视图像，并运用光的系统，使特定的图像与模型场景重叠起来，给观众虚拟的真实感，营造亦幻亦真的氛围，效果奇特，具有强烈的纵深感，真假难辨。形成空中幻象时，可结合实物，实现影像与实物的结合；可以配加触摸屏实现与观众的互动；可以根据要求做成四面窗口，每面最大2~4m²；也可以做成全息幻影舞台，产品立体360°的演示、真人和虚拟人物同台表演等。

3. 触摸传导

通过触摸点击的形式，使展示的媒体，如媒体显示屏，发出的各种光影、数字和符号信息等发生作用，观众可从中观赏信息、参与互动。例如，一些图形的拼接、问卷解答等。触摸媒体技术在展示空间中的应用范围广泛，各种界面的设计和传播系统也日趋成熟和完善。

4. 4D影院

所谓4D影院，从技术角度来讲就是3D被动立体加体感特效。整个4D影院一般由四个单元构成：播放单元、控制管理单元、动感单元与特效单元。这四者通过网络传送时间轴

控制代码，起到联动的作用，构成一个完整的系统，共同刺激观众的视觉、听觉、触觉、感觉等各个感官，再现影片主题所涉及的环境内的各种细节，以及观众在特定环境内的遭遇等，营造出身临其境的整体效果。

它通过超越常规感受的影像，结合声、光、电等特效手法，让观看节目的观众在获得极大视听和感官震撼的同时，把节目内容深刻地印在脑海中，成为愉悦并且难忘的知识内容，同时了解立体视频的制作和播放技术、系统化等方面的知识。由于是通过计算机相关软件建模、渲染，所生成的数字影片能够运用一般摄像机难以到达的机位和拍摄角度，表达内容也多是在高温、高压、危险或不在同一时空等条件限制下，人工拍摄很难实现甚至根本无法实现的事件，如火山爆发、地震、海底探险、森林大火、太空漫游、史前动物恐龙等。随着数字电影技术的发展，数字电影在环境、角色方面的刻画几乎可以乱真。

5. 空气雾幕立体成像

空气雾幕立体成像是一种全新的空气成像设备。该设备是利用海市蜃楼的成像原理，借助空气中存在的微粒呈现光影图像，使用一层很薄的水雾墙代替传统的投影幕，使观众能在该屏幕影像中随意穿梭，达到真人可进入视频画面的虚幻效果。使用雾化设备产生大量人工雾，结合空气流动学原理制造出能产生平面雾气的屏幕，再将投影设备投射在该屏幕上，便可以在空间中形成虚幻立体的影像，给人一种新的立体视觉享受。这种影像给人一种人行画中，画在人中，亦真亦幻，置身仙境，身处瑶池，忽隐忽现的感受。神秘诱人的特性能促进设计者开发一些令人称奇的展示项目，在迷蒙的雾屏上，放映如幻似真的神话故事。

多媒体技术的手段在展示设计中应用时，对展场、展物的表达一定要突出重点，突出主题，合理有效地利用，提高展示的艺术效果，使形式和内容有机地结合在一起。比如在媒体展示触发形式上就有全身感应、双轴镜、手触感应、剪辑成像等多种方式。现有的多媒体展示技术手段一般是采用正面投影结合视频内容播放的方式，但可根据不同的展览形式采用双层投影结合抠像技术、内部投影，结合不规则的多点触摸台及多点触摸技术等，让观众在观看投影内容时还可以操作，通过自己的行为了解不同的知识和得到不同的参观体验（图2-89）。

多媒体技术在展示设计中设置和运用时一定要注意以下几点。

（1）展示方法的生动及直观：多媒体技术可使一些在传统的布展过程中很难表达的内容、枯燥的知识点和无法直接观察到的现象以生动、形象、直观的方法展示出来。

图2-89　Vivinevo香氛艺术馆（SODA建筑师事务所）

（2）展示内容的丰富和扩张：传统的博物馆布展方式由于受限于布展空间，往往能展出的展品仅占极少部分，而大部分则深藏在库房中。多媒体技术辅助实物展出弥补了这方面的缺憾，达到了理想的效果。

（3）观众参与互动：多媒体技术的应用，使知识走下神坛，贴近观众，避免观众看天书似的观赏感受。观众在欣赏展览的同时，还可以与内容互动，做到知识的情节化、空间情趣化，启发观众的好奇心和探索欲，强调参与性和互动性，真正地反映现代展示的作用和意义。

课堂思考：

1. 请结合实例介绍什么是展示照明设计。

2. 举例并分析现实生活中展示照明设计中的动态设计有哪些优势。

3. 请简述展示照明设计的要素，并选择其中某一点要素结合实例谈谈自己的看法。

4. 展示空间的具体形态可以总结为几种？并选择自己感兴趣的一种论述其对展示照明设计过程中的影响。

5. 请结合实例简述一种自己感兴趣的展示照明设备。

6. 展示照明设备的应用要求有哪些？谈一谈你的感悟。

7. 展示照明设计的灯光照明方式有哪些？

8. 请结合实例简述多媒体技术对展示照明设计有哪些影响？

03

展示照明设计计的方法

课程名称：展示照明设计的方法

教学内容：从光的塑造方式出发，认识光的不同特征对展示空间产生的不同影响，学习根据展示环境的主题来进行空间照明设计。

课程时数：8课时

教学目的：通过本章的学习，使学生从形态、色彩、展品等角度了解光的不同特性，掌握不同展示主题空间内照明设计的原则和方法。

教学方法：理论讲授

教学要求：掌握展示照明设计的基础设计程序。

教学重点：

1. 理解展示照明设计中光塑造的多样性。

2. 掌握光的色彩特性及在展示空间的运用原则。

3. 针对不同展示物品的空间照明设计方法。

4. 了解国内外展示照明技术的发展并对优秀设计案例进行学习。

在现代展示空间中，空间装饰的美有很大一部分是依靠光线来表达的。随着经济社会的持续快速发展，人民群众精神文化需求的多层次、多样性的特点日益显现，审美情趣、欣赏习惯、评价标准等都在悄然发生变化，照明设计逐渐转向新的方式，即光的艺术性。而现代科学技术水平的提高、照明理念的更新发展，也为展示照明设计注入了新的思想和新的生命力。现代展示照明设计已经是一种超越了基础照明功能的视觉艺术，光不仅能将展品以更加完美的状态呈现出来，其本身所具有的独一无二的艺术表现力对设计来说具有更加重要的价值。

现代展示设计中，光被看作与空间、色彩、材质具有同等地位的一种设计元素。视觉展示效果的营造是离不开光环境设计的，良好的光环境能为展品添光增色，也能为参观者带来更为愉悦的身心感受（图3-1、图3-2）。照明与展示，形同日月与地球，日落月没，伸手不见五指，一切美丽的形与色全然被黑暗吞没，还谈什么展示。所以，必须对采光与照明予以重视。展示照明设计的要求首先是通过对光源照明方式、光源分布与控制的精心计划，将展品的造型、颜色和肌理质感准确地表达出来，其次充分利用光的表现力为展示活动渲染有主题、有剧情的展示情境。最终目的是人们不仅在展览馆参观了精美的展品，还能感受到主题明确的展示氛围，使展品所承载的内涵和所代表的生活方式等深层次意义更深刻地被参观者认同。

图3-1　草间弥生个人展

图3-2　上海玻璃博物馆

第一节　光的艺术塑造

运用科学合理的照明方式是照明设计中塑造光的基本原则，在空间照明中尤为重要，特别是针对展示空间中光的塑造方式。当今现代展厅中的大部分灯光艺术设计都有两个鲜明的特点，即满足功能性和符合艺术性。在选择光源时，若要满足以上两个特点，就需要具备紫外线比较弱、显色性好、节能环保、光效高的功能。在达到展厅灯光艺术良好效果的同时，还要考虑展厅内光感与环境的统一性、材料标准的满足度、支出的预算等。

展示空间种类繁多且有时兼具多种功能，每一处所需的照明布局与照明方式都不尽相同。与任何其他室内环境一样，必须检查展览空间的照明以提高其视觉质量和舒适度。根据展示空间的实际光环境，进行合理的采光设计，在提高视觉舒适度的同时，大幅度减少人工照明的能耗。这就要求设计者要对采光的效果和有效性进行充分预测。合理而巧妙的灯光布局能与展示空间整体设计风格融为一体，体现出不同类型展示空间所要呈现的文化气质。

正所谓科学设计就是指通过合理的照明布局与照明方式达到最佳的视觉效果，做到科学、合理、高效的展示照明设计是可持续展示照明设计的首要原则，也是最基本的设计原则。照明设计本身就是技术与艺术的结合，它集建筑学、光学、电工学、美学、视觉心理学等多种学科知识于一体。在现代展示空间中，强调照明设计辅助整个室内环境设计并参与空间的整体营销策略。这就要求灯光设计需要体现展示空间中的每盏灯具所在其空间的自身价值，以及对周围环境的影响和协调，创造更加舒适的展示环境。

用心设计出来的展示光环境一定不亚于一部感人肺腑的电影给人带来的情感触动，在给人以视觉享受之后，化为观众情感的催化剂，使人感动，最终达到更高的精神境界，成为永恒的经典，让人沉浸到环境中（图3-3、图3-4）。能到从惊喜到感动到禅悟的展示照明设计才是可持续发展的，好的光环境并不一定以灯光数量取胜，而是能够满足人们对于光环境的生理舒适感及精神带入感的心理需求。

图3-3　阿利耶夫文化中心（扎哈·哈迪德建筑事务所）

图3-4　上海自然博物馆

一、光的塑造原则

在展示艺术的设计中，照明设计有它相对的独立性，它可以将展品更精彩地展示给观众及消费者。设计师可根据展品特性、陈列布局和建筑环境等提出有针对性的采光设计方案，使不同类型展示空间获得适宜的天然光环境，科学合理的展示空间照明设计能够将照明控制在最佳水平,最大限度地体现展品美感与价值。如果想使展览达到预想的效果,就要遵守照明设计的原则要求。

(一)功能性原则

灯光照明设计得合理与否,需要在空间功能的基础上分析处理。空间结构不同、场合不同、照明对象不同,所选择的照明方式及灯具存在差异,照度和亮度也会不同(图3-5、图3-6)。因此,照明设计首先必须符合功能要求,根据展览形式和展览内容选择不同照明方式和灯具,保证照度和亮度。在满足照度的前提下应注重对空间的美化和装饰,增加空间层次,渲染环境氛围,提高展览品质。

图3-5 亮度较暗的高级餐厅

图3-6 亮度较高的服装店

在光塑造的环境中,人的眼睛对环境的明暗、色彩的感觉,是通过视网膜感受到的光线传导到大脑后产生的反应。在不同的环境中,在不同的视觉感受下,会产生不同的心理感受,有时轻松,有时烦闷;有时高亢,有时低迷。光线、照明、环境,这三个方面综合起来则会对人的心理、情绪产生直接的影响(图3-7、图3-8)。这里光线则成为视神经感受的重要条件。空间照明设计主要是解决光的问题,那么要充分利用光的功效,光的角度、距离、方向和光质这些都是可调参数,在充分照明产品和宣传产品、企业时,还要使人在光照的环境中更舒适、更安逸,不易疲劳。

图3-7 光线柔和的珠宝店

图3-8 光线冷峻的洽谈区

（二）统一性原则

在展示照明设计中，光与灯具的造型都应符合这个展示环境空间、气氛的要求，光的照度、色彩、方式、高度、位置都要从整体空间效果考虑，达到空间统一和协调。

展示空间中光的统一性尤为重要。光的统一是指在空间中整理用光的统一，能将互相排斥的紧张力调和起来，使它从属于一种有秩序的主调。人们欣赏空间时，能有一种协调的美的感受，统一不等于"同一"，统一有"静的统一""动的统一"两种。在照明艺术设计中，光要营造出让人舒适的感受，设计者一定要把光的统一放在特别重要的位置上，光的统一，取决于整个展示空间中光的运用和协调，如光波的冷暖、光的明度、色相，包括自然光和人工光的结合（图3-9、图3-10）、照明设备的协调，它们都直接影响空间照明的整体效果。

图3-9　统一色彩的光照空间

图3-10　明亮和谐的展示空间

（三）艺术性原则

空间设计中，光的存在不仅仅是为了照明，还可以通过光的塑造影响观众的心理感受，强化局部注意度、引导观众流动和营造特定的氛围，这也是灯光设计的艺术性。

艺术性原则要求在照明设计中通过灯光变化营造不同的空间氛围，确保其与空间设计风格及造型结构相符合，加强美观性、彰显艺术特征。同时在设计中，应注重层次感的渲染，以增强空间环境的灵活性（图3-11）。

展示空间相对于其他功能性空间来说往往是体量最大的一个，空间造型多样，内部的材质界面、色彩、软装与艺术品种类繁多。这些都需要合适的灯光照明来给予表达和统一整体的空间氛围。在展示设计艺术中采用各种材料与手段，最终是为了醒目，而照明设计亦是为了使展示环境

图3-11　层次感丰富的室内空间

更具艺术效果，吸引消费者对展品的兴趣与注意，因此，在应用光的技巧上，更要讲究光的强弱对比，光的色彩感觉，将光的性能有机地、艺术地体现在展品上，让观众得到艺术的享受，使展品的档次得以提高（图3-12、图3-13）。

图3-12　地方特色鲜明的餐厅

图3-13　光照柔和的买手店

（四）安全性原则

安全感是人进入室内环境后，在场所中停留和进一步活动需要的情感保障。安全性照明能使室内环境用户避免因黑暗造成的危险事故，为用户提供认知环境所需要的大量信息，其中最主要的信息需求包括定向、定时的需求、接触自然的需求、安全和引导的需求等（图3-14、图3-15）。

定向的需求指的是内部空间水平面、等高距离、边界等有关身体所处空间的位置和运动信息，能让人感觉到稳定。确认时间和接触自然是人自带的生物属性需求，因为人具有天生的生物机制，如时钟一样保持昼夜活动节奏，并随着季节气候的变化进行调节，会依据经验对周围的光线进行时段预判。同样，周围的光线条件也会对人进行一种环境反馈，可以影响人的情绪反应，自然光线能给予人们合乎感觉方面的线索，在无法引入自然光线的室内，应该考虑人的这一特性，设置可调节性的照明（图3-16、图3-17）。

未知或不熟悉总会让人感到不安，人

图3-14　具有引导性的灯光设计

图3-15　标志性灯光设计

们对三维物体的感觉不仅来自人的立体视觉，也包括光线的变化和影子，人对昼光下三维物体的形状、大小、位置等外观十分熟悉，均匀变化的亮度梯度看起来更为自然，并使人形成一种知觉模式，安全性照明的光线设计应尽量符合这一知觉模式，如在交通空间将楼梯或扶手与灯光进行组合，照亮空间的同时，让人正确判断空间的走势，引导人在室内的行走方向（图3-18、图3-19）。

空间照明主要用来满足观者视觉观赏需要，最大程度地实现展品的欣赏价值，达到使用功能和审美功能的统一。因此，要根据不同展览用途科学选择照明形式，避免华而不实的装饰，造成光污染（图3-20）。与此同时要做好安全的防触电、防短路措施，选择优质照明产品，保证安全的照明环境。照明的电源、线路、开关的位置一定要可靠安全。要做好线路安全设置和安全措施，电的安全是展示空间的根本。注意电源走线的合理明晰、多用接线盒、绝缘PVC管套、电线接合处要刷漆。

图3-16　室内书店灯光设计

图3-17　仿照自然光的室内设计

图3-18　将楼梯与灯光结合

图3-19　将扶手与灯光结合

图3-20　简约干净的光照空间

（五）极少原则

极少原则就是用最少的灯具达到最好的效果，这不仅节约经费，还方便维护，也更安全可靠。

展示空间的灯光设计是为满足人们的视觉、心理及审美需求，因此，在凸显展示物品特性的同时，应达到与人们心灵上的共鸣，使其更好地感受展品的艺术魅力。根据展厅空间功能要求对照明清晰度合理划分，选择不同的照明设施，以加强展示空间的整体观赏性，减少浪费及污染（图3-21、图3-22）。

图3-21　连州摄影博物馆

图3-22　马尔默艺术博物馆
（Tham & Videgard Arkitekter）

一般来说，商场、服装店等商业展示空间大多采用荧光灯管或筒灯进行基础的空间照明，同时采用射灯、导轨射灯或筒射灯对重要商品或区域进行重点展示照明，另外再加上艺术性的装饰吊灯就能比较完整地呈现出光环境空间了（图3-23、图3-24）。

图3-23　商场展示照明设计

图3-24　餐厅展示照明设计

（六）照度原则

照度是人们识别物体的重要条件。由于人具有向光性，高照度更能吸引人的注意力，因此具有引导视线的作用。而当室内照度降低后，人们会感到亲切和安全。高照度能使人兴奋和活跃，低照度使人轻松和遐想（图3-25、图3-26）。

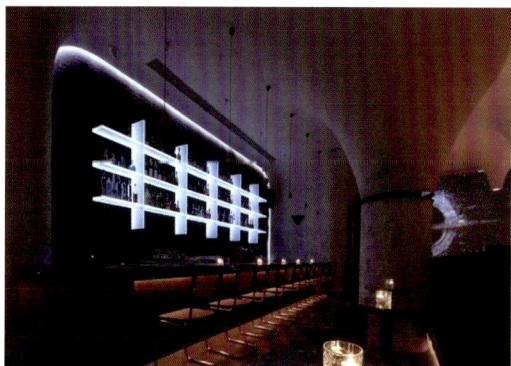

图3-25　低照度的餐厅空间

图3-26　高照度空间

当室内照度继续降低，室内空间会给人以庄严肃穆的联想（图3-27）。太暗的灯光又会产生沉闷的气氛，使人感觉混沌阴暗，容易在心理上产生不适反应，感觉压抑；太亮的灯光会让人紧张。

长期暴露在强光下，会使人视觉敏锐度降低，视力下降。强光会干扰大脑中枢神经系统，使人出现恶心、呕吐、失眠、注意力不集中等症状，并使人情绪低落，心情烦闷。不同的空间可以用不同的照度来表现，不同的照度和空间在心理上的感觉也是不同的。

图3-27　庄严肃穆的德鲁里巷皇家大剧院
（摄影师：Phillip Vile）

通常而言，当室内空间光线比较充足时，会认为空间比实际的要大；而如果室内空间光线较暗时，会认为空间比实际的小。当某一空间的照度高时，它在整个序列中有前进感和空间扩大感；反之，照度低的空间有后退感和空间收缩感。运用这一特性，我们在设计时只需增减空间某部位的照度，就会得到突出重点、掩蔽缺点的效果（图3-28、图3-29）。

图3-28　不同亮度塑造的层次空间

图3-29　高亮度塑造的开阔空间

陈列品不同，要求的照度值也不同，比如食品、杂品、书籍和鲜花等需要100~500 lx的照度（图3-30）；暗色纺线品、珠宝首饰和皮革等需要200~1000 lx的照度（图3-31）；机器家电需要100~200 lx的照度（图3-32）；美术品需要300~500 lx的照度（图3-33）。

图3-30　绍兴Cycle & Cycle面包店

图3-31　香港Valextra精品店（Max Lamb）

图3-32　Gaggenau家电展示概念店

图3-33　苏州虹美术馆

照度的把控在设计中是非常重要的，不仅仅是尺度的度，而更多的是对元素、内容等量的把握；好的设计师懂得度，错误的度不仅会失去设计的艺术表现，也会失去它的功能。

（七）亮度分布原则

光在自然界中，每天都在发生着亮度的变化，白天与黑夜，晴天与阴天，黎明和中午；不同的亮度影响我们视觉、情绪；随着位移的变化我们也在走进走出不同亮度的空间，感受着不同的亮度带来的感官体验。

展示空间内灯具种类与布光方式也是整个灯光设计中考虑最多的空间之一，因为展示空间具有多样性，有不同的展示主题，服务于不同的人，所以需要的灯光照明和灯光照射方式也是多样化的（图3-34、图3-35）。

图3-34 ECCO丹麦制鞋展示空间

图3-35 X11上海淮海路全球旗舰店
（Bloom Design绽放设计）

在展示会上，展出的主题应是视野中最亮的部分。光源、灯具不要引人注目，使观众将注意力放在展品上。需重点突出的展品，常采用局部照明以加强它同周围环境的亮度对比。环境亮度的分布决定观众的视觉适应状况。在照度水平不同的展室之间，尤其在明暗悬殊的展室走廊部分，应设有逐渐过渡的照明区域，使观众由亮

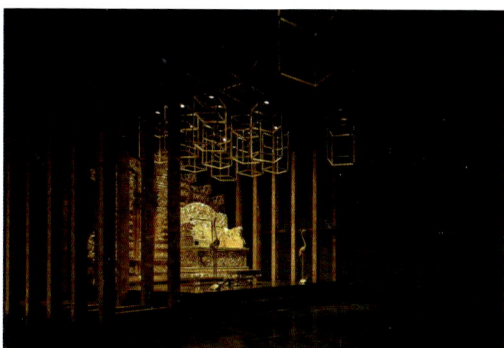

图3-36 武汉金箔文化艺术馆（后象设计事务所）

的环境到暗的空间时不至于有昏暗的感觉，降低观赏兴趣。展品背景亮度和色彩不要喧宾夺主。一般情况下，背景应当无光泽、无色彩装饰（图3-36）。

舒适的照明亮度不仅影响人的视觉感受，还会影响人的空间体验。舒适的照明亮度首先是针对用户视觉特性的照明：第一，人眼对于光线的感知具有一定的范围，亮度过低，则无法令视觉器官产生感觉；亮度过高，会使人产生晃眼、不舒服的感觉，因此，室内环境照明设计应达到最低的限度，并且不应过于明亮。第二，视网膜中心区分布着两种主要的感光细胞：锥状细胞和杆状细胞，二者分别在明、暗环境中起着主要的作用，形成明视觉和暗视觉。对于不同的光环境，人的视觉具有适应性，当从明亮的地方突然进入黑暗的空间，眼睛会暂时变为失明状态，在逐渐适应黑暗后，才能辨别周围事物的轮廓，整个过程一般需要30~40分钟的调节时间，这叫作暗适应。人从黑暗处进入明亮的环境时，会感到非常刺眼，睁不开眼睛，甚至看不清周围的事物，经过约一分钟才能恢复正常的视觉，这种视觉过程称为明适应。

在同一建筑中，我们往往会穿梭于不同的空间，照明设计师应当充分考虑人的适应因素，加强过渡空间的照明处理，确保人的视觉达到健康舒适的程度。

对于由诸多元素构成的室内空间而言，灯光扮演的角色大多为配角，但就整个空间的成果展现来讲，灯光环境却有举足轻重的地位，成功的光环境设计可以塑造一个更出色的

室内空间环境，失败的光环境设计将使整个空间黯然失色。

空间展示的目的是吸引人们的目光。要使展示物品成为目光焦点，灯光设计就要对参观者的行走路线有引导作用，并能给展示的商品提供足够的光源。灯光的明亮程度、灯光的色调是否让人感觉眩晕，使人产生心理或生理上的不适，都是需要思考的问题，甚至要考虑展品呈现的情感共鸣属于哪种风格。

比如，为了呈现宁静温馨的感觉，一般会选择点式的照明方法，最具代表性的是"烛光晚餐"。餐台蜡烛以"点式"光源呈现，让人感觉十分宁静恬淡（图3-37）。如果要起引导作用，可以选择连续的"线式"灯光设计，给人以引领，产生一种运动感，使整体气氛变得活跃。比如，婚礼晚宴时，走向舞台的道路经常会摆放鲜花或灯光（图3-38）。如果要营造温和、包容性强、人情味足的气氛，可以选择"面式"照明，如大礼堂、会议厅等（图3-39）。根据不同场合、不同对象、不同要求选择不同照明方法和照明灯光，保证其亮度，这是灯光设计的功能性原则。

根据不同场合营造不同氛围，设计多种形式的灯光渲染环境，从感官入手增加多种艺术设计，给现场活动带去惊喜、增添乐趣，这是灯光设计在空间展示中的艺术性原则。灯光设计并非灯具越多、耗费资源越多越好，根据不同情况采用"点、线、面"设计类型，遵循合理发挥的原则，根据场景选择合适的灯具，根据主次选择明亮程度不同的灯光，将功能性与审美性结合，避免光的环境污染，这属于灯光设计在空间展示中的经济性原则。在各种灯光设计运用实施的过程中，应保证各路线的完整性、安全性，避免意外的发生，这属于灯光设计在空间展示中的安全性原则。

在展示空间设计中，照明设计是相对独立的，它将精彩的展品展示给客户，展示设计的效果要想达到预期的效果，应遵循科学合理照明设计的设计原则，还要反

图3-37 "点式"光源

图3-38 "线式"灯光设计

图3-39 "面式"灯光设计

复推敲在不同类型的展示空间中的照明设计。现代展示设计中的照明应该满足以下三个基本要求：①提供舒适的照明环境，在适合的照度和保持合理的舒适度的前提下要有足够的亮度。②保证供电系统的安全，减少光线对展品的损害，避免对观众的伤害。③创造空间环境的特征。

二、光的表现类型

光的功能，毋庸置疑，当然是使空间亮起来，能让人们看清周围的世界。在展示空间中，光最为显著的特征——亮度总是最先吸引人们的注意（图3-40）。特定的亮度模式还会给空间使用者的主观印象施加一定的影响。光这种基于亮度模式产生印象的表现类型主要可分为私密类、主次清晰类、休闲类及开阔类等。

（一）私密类

私密类就是在照明的区域中保留个人的空间，并使之处于阴影下，以增加个人私密空间的感受（图3-41）。所以，总体照明度低且不均匀，使用区域比整体环境暗的照明模式，将增加私密的感觉。可以用减少水平照明，增加垂直照明的方式来获得。

局部照明使空间产生明暗变化，这种变化可以视为光对空间的分隔，这种分隔没有实体围合的限制，空间更加灵活、更富人情味。例如，在餐饮空间中，与用餐区域相结合的局部照明不仅照亮了餐桌上的食物，使其更具有诱惑力，更给了用餐者在空间中一个心理上的私人活动领域（图3-42）。

展示空间的灯光照明效果是最能突出展品的虚实关系的，运用明光和隐光能充分地形成虚与实的空间衔接。为获得视觉的平衡，展示空间的设计常运用隐光与明

图3-40　展示空间中光的不同亮度

图3-41　亮度较暗的酒吧空间

图3-42　光亮柔和的餐饮空间

图3-43 "NIO"蔚来旗舰店（Raams建筑事务所）

图3-44 使用自发光体的Logo设计

图3-45 射灯投射的Logo设计

光的虚实结合的手法，来强调主题性展示空间的气氛是必不可少的（图3-43）。

（二）主次清晰类

人对事物的审美首先来自整体印象，这主要取决于视觉要素在形态组合、色彩搭配等方面形成的整体效果。而秩序性原则又强调照明在室内环境中产生的整体关系处理，包括环境中实体与空间的主次关系及照明在空间中的艺术构成。实体与空间的主次关系，在格式塔中又称图底关系，照明产生的强烈对比能使实体从空间中凸显，使视觉内的事物之间形成一种主次构成，进而以轻松愉悦的状态接收信息。例如，商店或办公空间前台的Logo墙面常常运用发光处理将符号信息进行呈现；商品展示区域的重点照明将这一区域或商品从整体空间凸显出来（图3-44、图3-45）。

光的强调是为了弥补空间中平庸单调之感，加强陈列的表现力，激起人们的视神经，引发人们心理上的兴趣。通过光的主次强调能构成展示空间的趣味中心，产生一种强烈而生动的艺术效果（图3-46）。

因此，在展示照明艺术设计中，重点部分多利用光的强调、对比等手段，以达到突出重点展品、烘托主题的目的，一般强调光的做法是改变垂点光照度或光色（图3-47、图3-48）。

投光照明是常用的重点照明方式，有线型、点状投光照明，以及嵌入式、导轨式、表面安装式投光照明。导轨式投光照明设置在天花板顶部，或者吊装架轨，可以在对应展品位置任意调整，拆卸方便，

图3-46 成都Luxemporium概念店设计
（All Design Studio）

图3-47 改变垂点光照度

图3-48 改变光色

也可接智能附件，做一些特殊照明，常用的光源有光纤、金属卤化物灯、LED灯等，现在的投光照明可以做到精准调焦，有旋转色轮，适用不同模式，在现代展示空间中用作局部强调（图3-49）。

带反光板的射灯、壁灯属于次要的、装饰性的照明灯具，有着吸引参观者的功能。洗墙灯、水晶吊灯、落地灯等在博物馆中使用很普遍的灯具逐渐被霓虹灯、LED灯、亚克力灯等现代意义的灯具所取代。现代灯具的功能性强大，可以选取多样的颜色，制成独特的形状，调节控制也方便简洁。光源由开关调节变为电脑程序控制，灯光的表现形式精彩纷呈，为博物馆展示空间内的展台或展柜的造型、色彩、风格提供了多样化的选择（图3-50）。

（三）休闲类

休闲类与私密类的相同点是非均匀的照明，对墙面的不均匀照明会有助于营造放松的气氛。在这种空间中最常用的亮度模式就是间接照明，间接照明可简单理解为见光不见灯的漫反射。

这种间接照明的漫反射光通常利用灯

图3-49 使用投光照明的展示空间

图3-50 主次分明的博物馆展示空间

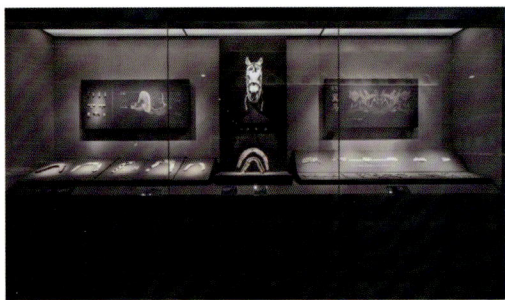

图3-51 使用漫反射的博物馆展柜

图3-52 大量漫反射灯光的服饰店

图3-53 采用重复光照方式的地铁通道

图3-54 "环境光"设计

槽，将灯具隐藏在不可见的结构里，通过对受光面大量地照射，产生如同雾气一般均匀柔和的漫反射（图3-51）。灯槽的正反利用，常常强调了光的形态，也就是利用灯槽搜集光或者发散光，这使光在自由与限定之间整合形态。

休闲类照明模式在空间内照明中被运用得也很多，通过光源反射到受光面照明会使光线柔和、散漫，给身处这个空间中的人一种舒适的视觉缓解。利用大量的漫反射获得较好的亮度变化，可使光变得更加迷人，空间结构变得动感（图3-52）。

照明设备实体强调其与空间环境在造型、风格、色彩上的一致性。有秩序的光影以空间环境和实体为载体，创造出独立的形式美构成，带给人视觉上的愉悦与震撼，光影色彩与环境色彩的统一、协调给人一种整体的色调，光影明暗、色彩节奏的重复和交替表现出了美感，形成一种规律性的装饰美。图3-53是一处通往博物馆的地铁通道，照明灯具和建筑形式都以一种重复性的姿态呈现空间的美感。

当一个空间中的照明设计满足了照度、均匀度和眩光控制等方面所规定的标准，并使用了合适的光源，用户不会感到不舒适，但这并不意味着它是令人愉悦的，很有可能是单调的、平淡乏味的。丰富性照明强调形式美法则中的变化与对比，使空间层次更加丰富，满足用户更多的审美需求。美国照明设计之父理查德·凯利提出光能影响理论，他认为在室内环境中应灵活运用三种照明方式：①使整体空间完全覆盖温馨祥和氛围的"环境光"（图3-54）；

②使被照射对象更加清晰明了的"焦点光"（图3-55）；③让人产生娱乐心情的"闪烁光"（图3-56）。

图3-55 "焦点光"设计

图3-56 "闪烁光"设计

（四）开阔类

人在室内环境中感知的光环境以空间为载体。空间有巨大的情绪感染力，不同的空间形象往往使人产生不同的心理感受和情感触动。宽阔的空间使人的视野向水平方向扩展，给人气势宏大的感觉（图3-57）；高耸的空间使人的视野往垂直方向扩展，给人崇高、肃穆之感（图3-58）；低矮的空间则使人的视野受到限制，给人亲切、朴实之感（图3-59）。光

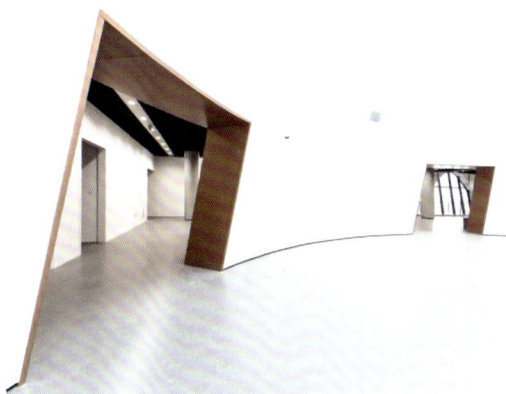

图3-57 宽广型空间照明设计

图3-58 高耸型空间照明

图3-59 低矮型空间照明设计

图3-60　明亮的顶棚灯光设计

图3-61　使用发光顶棚的展示空间

图3-62　格栅顶棚照明设计

图3-63　嘉德艺术中心
（北京市建筑设计研究院有限公司）

线是表现空间的重要媒介，光在塑造空间形象的同时也在间接表达自身的情感。人们所感知的空间形态、色彩等形象其实也是光的形象。

明亮的顶棚及墙面从视觉上来说，可以增加空间的开阔度。均匀的照明也可使房间感觉更大。光源射向顶棚，会让顶棚看上去更显轻盈，空间在视觉上更加开阔（图3-60）。

在净空相对较高类型的展示空间中，如果需要均匀而类似天然光的照明就会使用顶棚照明，通常情况下顶棚照明分为发光顶棚照明（天光日光模拟）和格栅顶棚照明（图3-61、图3-62）。比如，若是顶层展厅，使用智能感光系统使天然光与人工光结合，就可达到展品保护、鉴赏和艺术的要求和效果；如果需要做出时间流动效果的灯光，就可以根据空间经纬度坐标模拟天光的效果，达到稳定的状态。人工光源通常使用可以调节的荧光灯管。荧光灯管常用于空间泛光照明、漫反射照明，这是因为它的光线较为均匀、分散、柔和。相对白炽灯而言，它的能耗低，寿命长，发光效能高，可以提供较好的显色性。

顶棚照明的常用光源是白炽灯，利用磨砂玻璃作为漫射板，白炽灯的光线照射在漫射板上，通过漫射板过滤一部分的光源，将灯光均匀地洒落在展示空间中。顶棚照明的照明光源照度高，其光线也很柔和（图3-63）。

除了发光顶棚照明，格栅顶棚照明也常应用于空间照明，它们之间的不同点在于发光顶棚用的是透明板，格栅顶棚换成了塑料隔板或者金属隔板。这主要是为了使亮度变高，光的效能得到更大的利用，但是相对发光顶棚而言，格栅顶棚均匀度不高，展墙和展品需要辅助照明，在资金允许的情况，格栅栏照明可以设计成可调角度模式，与自然光结合，可以用于各种主题和设计要求的展览（图3-64、图3-65）。

图3-64　杭州石斛酒博物馆（杭州慢珊瑚文旅规划设计有限公司）　　图3-65　HASHTAG咖啡厅（ONOAA STUDIO）

三、光的演绎手法

光本身并不具备形状、形态，但通过一些积极的照明手段和灯具，使光在照亮物体的同时，也展示了显性的形态。所谓"形"是指事物的轮廓所呈现的视觉形式，是静止的；而"态"与空间有着密切的关系，是事物的内在发展方式。因而光既是空间中的主角也是配角，并在每时每刻被动或主动地展现自身的形态。别具一格的显性灯光，清晰的光影形态，将在界面和物体表面呈现独具匠心的艺术表现。倘若空间不具备光的形的属性，那么空间便会缺少一定的层次和美感，变得乏味、单调。因此光的形对展示设计具有积极的促进作用，提升了展示设计的节奏美感与内在品格（图3-66）。

在构成室内环境的诸因素中，灯光是一种能够为人们敏锐地感觉到的因素。它既能形成宁静舒适的气氛（图3-67），又能烘托欢乐、热烈的场面（图3-68），也能制造豪华富丽的气氛（图3-69）。而灯光的静

图3-66　灯光打造的清新展示环境
（扩道建筑设计事务所）

图3-67 安静舒适的展览灯光设计

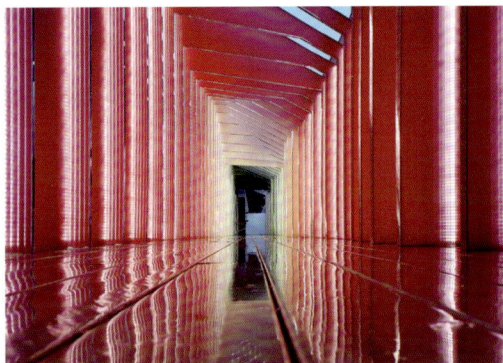

图3-68 光创造的乐趣空间

图3-69 奢华精致的空间氛围

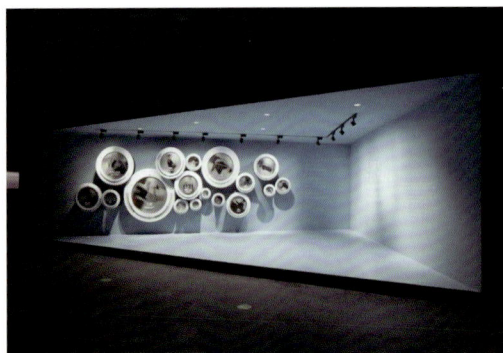

图3-70 因灯光而凸显的墙面

态与流动的表现手法，最易形成这种对光感觉上的差异。

（一）静态光的演绎

灯光的静止是指灯光、灯具固定不动，光照静止不变。不出现闪烁变幻的灯光为静态光。绝大多数室内照明都选择采用静态光，这种照明方式既能充分利用灯光稳定的一面，又能创造出安静、柔和、和谐的舒适环境。

瀑布法是设计师经常使用的静态光演绎方法。瀑布法能用密集的聚光灯进行渲染，让光束照射在展厅内形成墙面，这样空间的墙面就变得生动有趣起来（图3-70），展厅也变得柔和而生动。室内天花板也可以被用作直接或间接光源，也就是自身发光顶面和通过受照而发出的间接照明。发光天花板相当于空间中的直接光源，通常是将灯具直接安装在天花板表面上，或再加上遮光格栅或漫射透镜，使其变成一个大的布满天花的灯具，它可以为室内空间提供极其均匀的照明。

灯具的首要作用是控制光线分布，光会向着各个方向产生辐射。在一些有特殊光照要求的展示空间，如博物馆、美术馆等，要给光源照射较强的自然光和热辐射较大的人工照明光源加上各种控制光线分布的装置，把光线调整到所需要的范围内，确保避免或者减轻眩光对视觉的刺激，以及红外线、紫外线等的辐射对展品的损害。或者采用反射照明，在博物馆中根据展品特点进行特质加工，将光先打在反光罩上再反射到展品上，这也是嵌入式洗墙照明

图3-71　天泽信息展厅

的方式，灯源一般根据展品特性来定，常用的有光带、荧光灯、LED灯。这种照明方式是将发光源的灯具按照一定的安装要求装置在博物馆室内的顶棚上，或者镶嵌在室内吊顶的顶棚内。嵌入式照明需要一定的顶棚深度，否则会令人感觉到压抑（图3-71）。通常在使用吸顶或者嵌入式照明方式时，需要结合反光罩来进行对光线的控制，将发光源通过反光罩透射到博物馆室内的墙面或者博物馆的展品上。吸入式的顶棚照明方式被广泛用于无吊顶的展示空间室内照明，但是这种照明方式，会产生光源不足、照度减少等问题，设计者在设计时应注意。

（二）流动光的演绎

灯光的流动是和静止相对而言的，现代照明设备已经不仅仅只能被打开或者关闭，它可以以多种方式进行亮度、方向、色彩上的改变。为了满足特定空间的功能需要，往往利用人工光显示人或物的动态效果，从而发挥出光的流动表现力。灯光的流动是由灯具运动和光线在时间上的变化（图3-72），以及灯光色彩的变幻而带来的流动效果（图3-73）。灯光的流动具有丰富的艺术表现力，是现代艺术照明设计中常用的艺术表现手法。

图3-72　流动的投影展示效果

图3-73　Skychrome艺术展馆
（Maxim Kashin Architects）

在一些特定的博物馆室内空间。为了丰富墙面的色彩和动感，往往设计出流动的光效，使光环境不单单是静态的展示，也具有动态的艺术效果。

通过转动灯具的角度、位置，可以产生灯光的流动效果。最常见的灯具运动的两种形式为舞台灯光中的追光和舞厅舞池里常用的扫描光，这两种都是通过灯具投光角度的变换而使光束产生空间上的流动效果。利用各种灯光控制器，可以实现灯光的光线任意调节。光线可以在强度和开启上实现灯光序列的效果，先进的灯光控制系统和各种现代设备的运用更是可以轻松地实现光线的流动效果，这种序列效果就形成了灯光光线的流动。

当灯光的色彩以一定的规律和方式进行变化时，仿佛彩虹的流动，带来的或强烈或轻柔的变化而引发人们的艺术感。色彩的变化可以通过调光器实现，如全彩色LED灯就可以通过控制电流的大小实现色彩的变化。不同色彩的灯具在时间上不同程度地混合也可以产生色彩流动的效果（图3-74）。运用照明控制系统在实现色彩的变换方面就更简单方便了。几组不同色彩的灯，相互搭配产生的各种色彩，按照预设的配置方案就可以自动控制灯光的变换而形成流动的色彩效果。

图3-74　LED灯带的色彩变换

图3-75　高低错落的灯具设计

图3-76　上海天文馆新馆
（上海建筑设计研究院有限公司）

无论光源的品种如何，都可以形成节奏与韵律。很多空间采用同一种照明方式和灯具，与室内的结构、构造、整体气氛等共同设计，并且按照几何重复的方式形成了节奏感。手法简洁、整体感很强，同样能得到良好的节律感。灯具本身既可以形成节律；又具有装饰作用。以灯具的造型作为一种装饰，将一定数量的灯具进行排列组合，也可形成动人的节奏与韵律。通过不同高度的组合，形成参差的韵律变化；上密下疏的变化，形成疏密的韵律（图3-75）。犹如音乐上的元素韵律与节拍转换成无形的空间元素，点、线、面也可以塑造出属于空间的节奏。

如果灯光的流动包括各种因素的共同运用，可以想象其效果将是怎样的绚丽而多彩。在现代灯光设计中，除了设计的思想内涵外，科技作为实现的手段也发挥着重要的作用。在照明设计中选择富有表现力的照明手法，通过灯光动与静的形态、光与影的变化、虚与实的对比来实现造型之美（图3-76）。

（三）光演绎的空间

灯光照明充分运用自身艺术表现力，塑造更具艺术感染力的展示环境，渲染展示气氛，烘托展示主题，突出情景照明的展示灯光设计的特点是：情景照明非常富有戏剧性的色彩，视觉冲击力很强，能够深深地打动观众，引起观众情感上的共鸣。这种手法多用来塑造非常主题性的展示气氛（图3-77）。

激光灯是一种特种光源，具有色浓、光匀、亮度高、投射远且面积大等优点，图案利用计算机控制振镜发生高速偏转，从而形成漂亮的文字或图形，可以联用计算机编程控制软件，转换图片和文字。动态激光灯结合气体烟雾常出现一些特别的效果，看上去更具神奇梦幻的感觉，常用于舞台灯光设计，现在也常被用于一些艺术展览照明（图3-78），用来构建一个玄幻的虚空间。

灯具和光源的选择要从形成空间环境整体构成元素出发，其造型特征、光影关系、明亮程度、光色倾向、材质构成均要服从室内空间整体大环境，既具有个性特征，又要成为室内装饰的构成元素。灯光环境的构成元素只有融入装饰设计的整体之中，才能使空间环境协调，不显累赘。灯具的造型、灯槽的造型等灯光构成元素成为环境装饰的一部分，这样光环境才算是室内环境的一个有机组成部分（图3-79、图3-80）。

另外，不同的采光方式也有利于创造气氛，丰富空间层次，调整空间情趣。由于各类室内固定式灯具安装的场所不同，灯具的功率、结构不同，所起的作用也不同，有的作为一般照明，有的作为局部照

图3-77　布拉格"国家回忆"展览

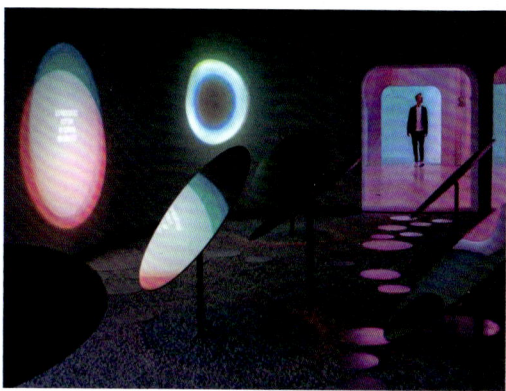

图3-78　"共振"艺术装置棱镜展厅
（Cheil Worldwide、Vave GmbH）

图3-79　BY商店陈列空间

图3-80　BY商店积木熊展示空间

明，有的作为在低温状况下的照明，也有的作为在易爆炸环境条件下的照明等。

合理照明方式的选择可使光强调空间，突出层次，也可使光虚化背景界限，形成深远空间的视觉效果（图3-81）。根据具体需要布置局部照明以强调二次空间领域感，除布置符合具体情况的独立照明灯具外，还可在顶棚设置可移动点射灯来适应各种不同方式下的重点照明等，有的甚至全部采用点射灯照明来取得特殊效果。通过光环境设计，可强化空间序列层次，以不同的照明方式、强弱度及光色渐变可丰富光层次，使光照度序列明确，层次丰富，光色由暖向冷变化有度（图3-82）。利用光线的明暗、强弱和灯具别致的造型可改变空间的形象，弥补空间的不足。

图3-81　苏州蒋家班佛像展览空间

图3-82　"迷木"地板展厅（尔我空间设计研究室）

"线"是视觉艺术表现中的重要元素之一，按照形态可以将"线"分为直线和曲线。而在展示空间中通过把光源塑造成线的形态，可以更好地表达空间形态的方向性和指向性，塑造空间的形状和态势。直线和曲线在空间中的应用会给人不同的心理感受。例如，曲线光源则赋予空间灵动、自由韵味，横向的线性光源具有广阔、豪迈的气魄（图3-83），竖向线性光源则象征挺拔和穿透力。在展厅中，有序高耸的立柱上配合垂直到天花的线光源，把展厅整个氛围衬托得更加威严、肃穆（图3-84）。

图3-83　曲线型光线设计

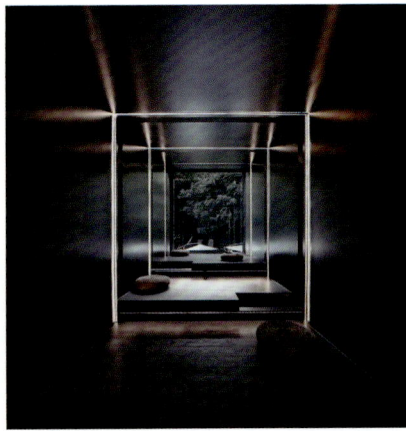

图3-84　直线型光线设计

光在表现空间、强调空间的同时也能"创造"空间。这个空间并非真实存在，而是光感在人心理上产生的领域作用（一个围绕光源而形成的"场"，以光源为中心产生的"虚空间"），人在其中可以穿行无碍，但又能分辨清楚不同的领域，这是光空间的独到之处，这种空间的过渡是自然的、融通的；人的行为是自由的、随意的。而空间的大小、气氛、浓淡等感受又可以通过光的排列、色彩、强弱、形状等来随时随地自由改变，是一种随意的、灵活的、贴切的空间形式，尤其适合展示空间。

尺度是空间实体本身所具有的客观数据。每个人都有一种心理尺度，这往往与视觉形象相关，照明能运用光线塑造空间的视觉效果影响人的心理感受。光线的明暗程度能影响空间的尺度感，同一个空间，光线较为明亮时会比黑暗时给人的感觉要大一些。

柔和的光线能弱化空间的实体边界，产生虚实结合的效果，改变人的心理感受，在低矮的空间中运用光线将顶面与墙面的边界处弱化，减少空间带来的压迫感。灯光弱化了墙和顶的分界线，光线在穹顶上进一步地延续使空间更显轻盈（图3-85）。

空间层次能带给人一种律动感，犹如音乐节奏一般，让人体验不一样的情绪更迭。室内空间中，环境照明给空间一个整体的格调，重点照明使空间在明暗、色彩上产生对比，强调空间细节和重点形象，吸引人的注意力，空间内部的事物因而形成一种位差和等级，丰富空间层次的同时，令人产生兴奋、紧张等不同于整体的情感。例如，家用照明对陈设品、橱窗照明对商品采用单一光源或多光源进行重点塑造，使其成为空间的视觉焦点（图3-86），与周围环境形成主次关系。

在复杂的连续性空间中，不同类型、不同性质的空间采用整体而富有变化的照明方式，通过形态、亮度和色彩的协调与对比，使整体空间形成一个光的序曲，从光的效果来区分空间类型。例如，某大型购物中心的走廊和中庭空间所采用的顶棚照明均使用建筑化照明的方式，与简洁而有变化的石膏吊顶造型相结合，突出装饰形式的同时融入整体空间（图3-87、图3-88）。

图3-85 EMTEK质量大众展厅（众舍设计）

图3-86 商店内的重点照明设计

图3-87　购物中心的中庭空间的灯光设计

图3-88　购物中心的走廊灯光设计

　　光营造的氛围能造就一种特殊的情境，使主体由此产生丰富的联想和奇妙的感受，并在不知不觉中受到这种氛围的情感渲染，无意识地放弃自己在独处中的情绪状况，屈从于这种情感氛围引导的心理状态。

　　室内环境最终使人产生深层次情感触动的是它所铸造的场所精神，照明正是表达这种精神的一种语言，光线以自己独特的语言营造不同的环境氛围来间接表达情感，其中对环境氛围产生主要影响的是光的亮度和色彩。闪烁的光线能激发和鼓舞人心，柔弱的光令人轻松而心旷神怡；许多餐厅、咖啡馆运用暖色光使整个空间具有温暖、欢乐的氛围（图3-89）；娱乐场所运用强烈的多彩照明，如霓虹灯、聚光灯等，使室内的氛围活跃起来（图3-90）。另外，不同用光方式及其象征含义也是诠释室内环境文化氛围的重要因素。

图3-89　人民咖啡馆设计（斗西设计）

图3-90　某酒吧霓虹灯光设计

　　人对神、上帝的崇拜与对阳光的依赖十分相似，通过明暗对比、顶侧窗采光等方式，运用环境中的光以超凡的象征营造崇高神圣的氛围。欧洲传统的教堂总是有意识地利用高侧窗或顶窗采光，来获得自上而下、看似来自天国的神圣的光（图3-91），以烘托内部环境的氛围，如万神庙利用顶部的光线形成的光影象征太阳，令人顿生敬畏（图3-92）。另外，内部环境整体色调对于历史场景的再现模仿，也使教堂的肃穆之感犹存。

图3-91　卡莱尔大教堂的高侧窗设计

图3-92　万神庙内的顶窗采光

进入工业化时代后，人们对自然有了更多的渴望，与自然联系紧密的空间环境让人感到舒适而亲近。运用通透玻璃将自然光线引入环境的同时，也为室内引入了自然景观，伴着清新的空气，人们联想到大自然一切美好的事物，获得全身心的放松；将植物单独引入自然空间或与灯光进行融合，也使室内环境更加清新舒畅（图3-93）。

现代都市生活的快节奏，使人长期处于一种高压、紧张状态，人们越发渴望在工作之余寻求一种宁静平和的环境来慰藉自己的心灵。室内环境明暗互动，明显的亮度差异令事物棱角分明，给人一种紧张和不安定感；均匀扩散的漫射光则有助于表达宁静。在休息或休闲空间中，如茶室，暖黄色光源的运用使整个空间处于一种暖色的格调之下，同时设置较低的亮度，降低大脑皮层的兴奋度，灯光的暖色与亮度的昏暗让整个空间更显宁静，使人产生安定、温馨的感觉（图3-94）。

欢快的氛围总给人的休闲、娱乐带来积极的情绪，空间中跳跃的光形和物影有

图3-93　兰熊鲜奶望京店（Studio 715V）

图3-94　灯光柔和的茶室空间

图3-95 富有动感光线的空间

助于形成欢快的气氛，利用实体、构件将照明光线打碎，如灯罩、植物等，大片的光斑落在人群和空间界面之上，能带动人的心情，形成活跃明朗的空间。色彩斑斓而富有动感的光线在很多娱乐场所经常使用，以一种视觉兴奋来活跃空间氛围，带动人的情感体验（图3-95）。

四、光与影的魅力

照明设计本身就是一门研究光与影的艺术。光产生影，影反映光。光和影在同一空间中才创造了形，并同时形成了光影变幻的丰富气氛。自然界的光影效果是由太阳和月亮来安排的，而室内空间的光影效果主要通过灯光来创造。通过巧妙的艺术照明设计，光影效果可以表现在室内的各界面上。也可利用室内各种陈设物品来共同创造使人神往的艺术效果。如果再配以色彩上、外形上的变化，则其效果更是变幻莫测、蔚为大观（图3-96）。

利用光影是一种利用光的虚实的处理手段，包括以光为主体或以影为主体的表现手法，就是光和影谁做主角的问题，也就是光和影的图底关系。

（一）以光为主体

以光为主体就是以光的投影为表现内容，利用光的外形、轮廓作为表现的主题，主要可以分为以下三种方法。

1. 投影法

利用投影灯或各种图案投射出光的图形，将光作为"图"与较暗的背景形成明暗的对比。现代技术使投影的概念也有所衍生，它还包括图案投影、电影、电视、激光和全息图。投影在室内灯光空间中完全摆脱传统灯具的束缚，以不断变化、不断流动的状态伴随空间需要的变化。还可以表现一种奇异、迷离的视觉效果（图3-97）。

图3-96 利用陈设格栅做出的光影效果

图3-97 投影灯光在室内的效果

2. 镂刻法

镂刻法在背景上刻上有意义的组织或有形式美感的图案、图像、花纹，通过隐藏在背景后的灯光显露出图形的手法。利用图形的美感来增强视觉吸引力，实际上这种手法常被称作"装饰光画"，也是一种以光为主题的光影表现手法。将灯具隐藏在镂有图形纹样的背景材料之后，光从镂空的纹样缝隙里显现出来，就形成了带有艺术感的光的图形（图3-98）。

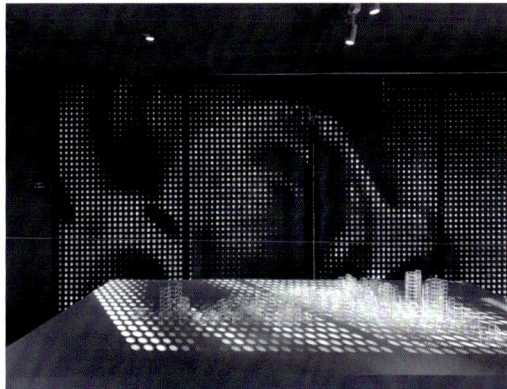

图3-98　多米诺展馆

3. 对比法

通过光的亮度、色彩与背景环境的强烈对比可以产生艺术化的灯光效果。亮度与色彩强烈对比的光照，在室内照明设计中被视为一种干扰因素，常需加以避免和控制。但是在艺术照明设计中，如舞台灯光设计，却有意运用高对比度的灯光、刺激的色彩共同渲染一种异同寻常的气氛，人们通过这种光的强烈视觉刺激得到一种艺术的感受。

（二）以影为主体

以影为主体就是以光的阴影为表现内容，将光以外的阴影作为表现的主题。在多数灯光环境中，光一直扮演着主要的角色，偶尔将光变为配角辅助影的演出，可能会得到意想不到的精彩效果。

1. 剪影法

剪影是舞台灯光中常用的表现手法，这种方法目的是表现物体的轮廓美，将主体安置于明亮的背景前，其本身基本不布光，把主体的色彩、影调、表面结构和表面造型完全隐于人的视觉之外，以轮廓作为表现的主题。

2. 物影法

在投光灯前放置物体或者图案等，与投影方法相似，而表现内容正好相反。通过适当的光照因素，以形成的物体阴影为图，以光为底。物影表现的成功与否主要取决于物体和对投射光的掌握，比如，所用的灯光照度不足，灯光投射方向角度不合理，都会影响阴影的艺术感染力。不能带来形式美感的物体，从一个独特的角度出发，也许就能创造具有艺术感染力的影。

3. 界面法

室内接受界面的表面对阴影的形成也有重要意义，不同的肌理、质感会产生不同的阴影效果，利用接受界面的肌理、质感和造型的变化可以使阴影更有变化。

4. 色彩法

从视知觉倾向上来讲，阴影也有色彩倾向。这种色彩倾向来自光的色彩对比。在舞台灯光中常用的表现手法是给阴影也投上一定量色光，使画面看上去比较透气。而当阴影是完全漆黑时，就造成虚无的气氛，形成一种朦胧的状态，作为背景也有更加突出主体的效果。

图 3-99 Fabrizio Corneli 设计的光影作品

意大利灯光艺术家 Fabrizio Corneli 设计的光影作品图（图 3-99），用射灯在一个由多种材料组织成的物体上投射光线，以光为背景，以影的和谐与美为主题，创造出一幅构思巧妙且动人的光的艺术画。

阴影是室内空间构图的视觉元素，它对室内空间构成起重要作用。阴影的艺术效果主要受以下三点因素的影响。

（1）阴影的形态：各种各样的富有感染力的阴影，是室内构图的视觉元素。影的形态有时会构成一种"图案"，以美化、丰富室内空间。

（2）阴影的面积：大面积的阴影，可以形成肃穆、凝重、低沉、压抑等效果；相反，小面积的阴影，形成明亮的影调，赋予空间轻快、活泼、明朗的气氛。

（3）阴影影响画面的均衡：由于心理的错觉和生活的经验，一般浅色调会使人觉得轻些，而暗色调会使人觉得重些。基于这种原因，阴影在空间中可以起到视觉平衡的作用。阴影一方面可以突出主体，另一方面可以表现画外景物，同时还可以减弱对背景的表现。光与被照物体的距离不同，以及光源投射的高度和照射的角度等不同，产生的阴影的清晰程度不一样，使其具体形象也就是阴影的轮廓线的清晰程度不一样，从而形成各种各样的富有感染力的阴影。

（三）光影的艺术手法

当光与影同时作为表现的主体，以最恰当的比例和形式互相配合时，光和影相得益彰，便能创造出令人赞叹的视觉艺术效果。由于不同种类、不同照度、不同位置的光有着完全不同的表情，利用光和影的效果，不仅可创造出不同情调的气氛，光和影也可构成很美的图像，形成丰富的节奏与韵律。

光影共同为表现内容，如同互为图底的视错觉图形一样，具有独特的视觉魅力。在很多成功的设计案例中，通过将精妙的构思和光影巧妙地搭配，常能带来别具一格的艺术效果。

Fabrizio Corneli 设计的另一件灯光作品 Traumernnen，就是以光和影联袂演出的形式而达到良好效果的（图 3-100）。在该作品中，以树脂和纸等普通材料做成特定的形状，用卤素灯投以适当的角度和强度投射灯光。以树脂做成的物体形状为构图的元素（作为眼和脸）和以其投射下的阴影为构图的元素（形成眉），组合成一幅完整的视觉图形。将光和影共同作为画面的构图因素，利用灯光和阴影互为补充形成的抽象或具象的图形，是一种颇有趣味的表现方式，

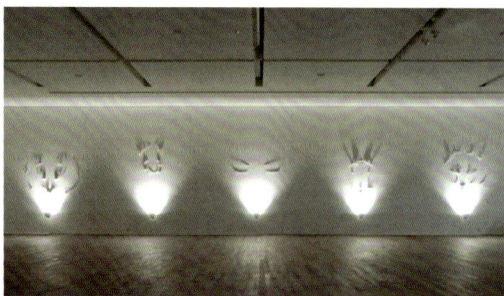

图3-100　Fabrizio Corneli灯光作品Traumernnen

同时，又能寄寓理性的思考。光与影的艺术性就在于其游离于虚实之间，带来视觉美感的同时又能带来哲学的思考。

第二节　光的色彩运用

色彩具有情感性和象征性。色彩通过人的视觉，影响人的思想、感情和行为。如不同的色彩引起冷暖、远近、轻重的感觉。在展示设计中，色彩与灯光是体现展示照明艺术感染力必不可少的一部分。人们观察物体时，视觉神经对色彩反应最快，其次是形状，最后才是表面的质感和细节。色彩是展示中的必备条件，在很大程度上决定了展示的色调。因此，在展示照明设计中更是离不开色彩，而色彩本身是通过反射到人眼中的光而产生的颜色视觉，并对人的心理和生理产生不同的效果。

光通过在色相、明度、彩度上的区别，使整个空间富于变化，又不破坏整体的环境气氛。从而使整个空间富有强烈情感引导、心理暗示、甚至情感的倾诉与情绪的释放等，使参观者在其中既得到视觉上的享受，又能达到精神上的满足。因此灯光色彩的设计需要涉及物理学、心理学及美学等多方面的内容。

一、光的色彩设计原则

在空间色彩的设计中，灯光色彩设计有它相对的独立性，它将展品精彩地展示给观者，将展示空间塑造得更为丰富多彩。因此，要想表现出展示的主题性达到预想的效果，就要遵守光的色彩设计原则。

（一）和谐的色彩运用

色彩的协调意味着色彩三要素（色相、明度和纯度）之间的靠近，从而形成色彩的统

一感。光色最基础的就是冷、暖。室内环境中只用一种色调的光源可达到极为协调的效果，如同单色的渲染，但若想多层次有变化，则可考虑冷暖光同时使用。因此，光的色彩和谐应表现为对比中的和谐、对比中的衬托（其中包括冷暖对比、明暗对比、纯度对比）。

明度对比是因明度差别而形成的色彩对比，明度对比是表现空间层次对比的主要手段。在明度对比所形成的调式中，会给人各种不同的视觉感受，如明度较高、反差较小的调式具有含蓄、清爽、高雅之感，适用于女性用品、婴儿用品的销售空间，能营造一种温馨、洁净、柔和的情调；明度较低、黑白反差较大的调式具有明快、厚重、强烈的感觉，适用于男性用品或新奇浪漫的青年休闲装空间，会给人明朗、活泼、有力的视觉效果（图3-101）。明度对比的强弱应根据具体商品的情况来定，如果一味地强调对比的强度，背景很深，产品整体很亮，虽然有强烈的形象，但也会显得生硬呆板。从灯光照明来看，太强的光照，虽能加强明暗反差，但会使商品的亮部趋于发光体，使商品原来的色彩失真，当然，明度对比太弱，形象也会模糊不清，难以取得良好的视觉感。所以要掌握好明度对比的分寸。

图3-101　不同明度的空间对比

色彩的对比是指色彩明度与彩度的距离疏远。灯光色彩过多的对比，使人眼花缭乱，甚至带来过分刺激感。掌握配色的原理，协调的关系显得尤为重要。缤纷的灯光色彩给室内设计增添了各种气氛，和谐是控制、完善与加强这种气氛的基本手段，一定要认真分析和谐与对比的关系，才能使室内色彩更富于诗般的意境与气氛。但同时也要避免色彩配置得过于平淡、沉闷与单调（图3-102）。

（二）灯光色彩的合理比例

灯光色彩配置必须符合空间构图的需要，充分发挥灯光色彩对空间的美化作用。在进行灯光色彩设计时，首先要定好灯光色彩的主色调。灯光色彩的主色调在室内气氛

图3-102　灯光色彩对比鲜明的空间

中起主导、陪衬、烘托的作用。形成室内灯光色彩主色调的因素很多，主要有灯光色彩的明度、色相、彩度和三者之间的对比度。另外，还要处理好统一与变化的关系，要求在统一的基础上求变化，这样容易取得良好的效果。灯光色彩设计应有主调或基调，冷暖、气氛、环境变化都可以通过主调来体现，对于规模较大的空间来说，主调更应贯穿这个空间，由此产生统一感和整体感，然后在此基础上再根据展品对环境的不同需求，对局部、不同部位进行适当变化。主调的选择是一个决定性的步骤，好比一首优美的曲子，调子是基本的主旋律，而节奏、韵律都是建立在这个基础之上的。因此主调的选定必须与展示活动的主题、风格十分贴切，即设计师希望通过色彩传达给参观者怎样的感受，是典雅还是华丽，是简约还是富丽，是沉静还是活泼，是纯朴还是奢华。

为了取得统一又有变化的效果，大面积的光照范围不宜采用过分鲜艳的色彩，小面积的光照可适当提高色彩的明度和纯度（图3-103）。此外，室内灯光色彩设计要体现稳定感、韵律感和节奏感。为了达到空间色彩的稳定感，常采用上轻下重的色彩关系。灯光色彩的起伏变化，应形成一定的韵律和节奏感（图3-104）。

图3-103　局部彩色灯光的运用

图3-104　灯光营造上轻下重的空间感觉

（三）针对不同空间进行调整

不同的空间有着不同的使用功能，灯光色彩的设计也要随着功能的差异而做相应变化。室内空间可以利用灯光色彩的明暗程度来创造气氛，如使用高明度灯光色彩可获光彩夺目的室内空间气氛（图3-105）；使用低明度的灯光色彩来装饰，则给人一种"隐私性"和温馨之感（图3-106）；纯度较高、色彩鲜艳的灯光可获得一种欢快、活泼与愉快的空间气氛（图3-107）。

图3-105　低明度灯光空间

图3-106　高明度灯光空间

图3-107　高纯度灯光空间

在日常空间照明中，大约有2000~6500K的光色可供支配，人们的感觉适应这个范围。物理上一般会用"色温"来衡量光源的品质。色温越高光色越冷，相反，色温越低光色也就越暖。不同颜色的色光能引起人们对它的不同联想，即便是同一种色光也会因其明度和纯度的不同，给人们带来不同的心理感受。通过照明设计，可以使家具和室内装修的光色更加生动，从而加深人们对生活空间的兴趣。例如，暖黄色可以给人年代久远的印象，发出的光使人产生怀旧感。

不同的光源具有不同的光色，其色温也有所不同（图3-108），白炽灯偏橙、荧光灯偏青、高压钠灯偏黄、高压汞灯偏紫等。人们在日常生活中看到的物体颜色是光投射到物体上的结果，没有光的照射，就没有颜色感觉。光照射到物体上后，一部分光直接在物体表面进行反射，一部分光进入物体中进行折射，根据物体的性质对光谱的波长进行选择性的吸收，没有被吸收的部分向外反射出来，被反射的全部光的特性就是人们感觉到的物体的颜色。

图3-108　不同光色下物体色彩的变化

光的色彩对人们正确辨析物体的颜色有很大的影响，由于人造光源的光谱成分与日光的光谱成分不同，在烛光和人工光源下观看的物体和在日光下观看的同一物体的颜色往往会有很大差别。白色墙面在日光下呈现白色，在红光下呈红色，蓝光下呈蓝色。了解色光照射对表色的作用，在实际运用时可以将一定的色光变化以不同的比例照射在空间界面或实体上，从而获得预期的色彩效果。如舞台上的照明一般，塑造人们所需要的场景氛围，进而影响人在室内环境中的情感和情绪。

色彩有自己的个性，借助光影的效果刺激人的感官和神经，影响人的心理。白色光给人以纯净，蓝色光给人以冷漠、神秘，黄色光给人以华丽和富丽堂皇，红色光给人以热烈奔放，紫色光给人以高贵等，环境基调的不同，光所呈现的意义也不一样，比如在白色背景下，蓝色给人以科技感、静谧、清新幽静的视觉感受，走进去都感觉清凉舒适；但如果在黑暗幽闭的环境中，同时蓝色光的饱和度很高的情况下，就会给人带来难受甚至恐怖、紧张的感觉。

色彩和光都是无形造影的绝好手段，两者的融合会给彼此带来不一样的效果。色彩会因为光的加入而产生变化，而光也是有颜色的，也会因色彩的加入而变化无穷，光与色彩的融合给空间带来更强的辨识性和个性，使空间更为丰满（图3-109）。灯光在展示设计中必不可少，它不仅可以创造出多彩的环境氛围，隐藏展品的不足，同时也可以显示出展品的特点。

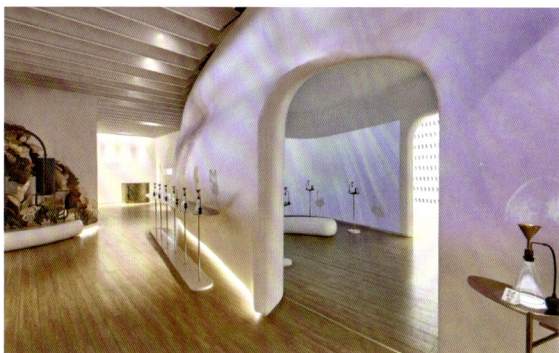

图3-109　融入多媒体技术的香氛展厅空间

二、光的色彩对室内空间色彩的影响

光很奇妙，具体感觉要说清楚的确不易，但是不同色彩的光能给人带来不同的感受，能给环境营造不同的氛围，就像太阳会带来爽朗的清晨和绚丽的黄昏一样。由于光源的材质不同、技术不同，不同的光源会产生不同的效果。室内空间中各个表面的色彩是通过光显示出来的，表面色彩的色相、明度和彩度的对比，本身就可以创造室内环境气氛，在灯光的照射下，表面色彩更是会出现多种多样的变化。在室内设计时往往要考虑建设成本，因此限制了最合适材料的选择。但许多工程实践表明，通过合适的色彩设计，可以降低因这种限制所造成的不利影响，转而利用灯光色彩来构筑空间，反而会达到更好的效果。

对室内色彩的正确评价应该包括三大因素：光源颜色，物体固有色，物体表面反射、折射、投射等系数。各种灯光光源都有其特定的光谱能量分布，发出不同颜色的色光。光源色是影响室内色彩的重要因素。光源色的变化，势必影响装饰材料的色彩。相同色彩的装饰材料由于不同的反射、折射、投射率，也会影响最终的色彩效果。因此，室内环境色彩时常在变化着。

（一）对室内材料固有色的影响

装饰材料固有色会改变光源色。装饰材料表面的色彩与光源的光谱成分有极大的关系。

图3-110　在霓虹光线下呈现不同色彩的室内空间

用于照明的光源色往往是极复杂的。可能是单色光，也可能是复色光。当光源的光谱成分发生变化时，必然影响装饰材料的反射或透射光的光谱成分，从而使装饰材料的表面颜色随着光源色的变化而变化（图3-110）。

物体表面的颜色是它对照射光线中某一种波长的光的反射（或透射）比其他波长的光要强得多，反射（或透射）得最强的波长的光，即为该物体的色彩。一般来说，白色装饰材料，在红光照射下呈现红色，在红光和蓝光的同时照射下呈现品红色。彩色装饰材料在特定光源照射下，会呈现消色。例如，在白光下为绿色的材料，在暗室的红灯照射下就几乎成为黑色的装饰材料了，因为绿色装饰材料只反射绿光，而红灯中没有绿光的成分，装饰材料表面在红光照射下不能反射出绿色的光，红光又都被吸收了，因此显出黑色。利用这个道理，设计师可以用某一色光的补色控制这一色光。如果控制绿色，可以通过调节品红颜料层的浓度来控制其反射（透射）率，以达到合适的强度。由于各装饰材料的性质不同，其反射与透射光的参数不同，其变化也会不同。

由于光的色彩具有透明性和无实物特性，会造成光色彩间的混合，从而会产生另外色彩的光，这就是色光的混合。这与颜料的混合有着相似之处，但也有一定的不同。普通颜料的颜色混合为减法，混合的颜色越多，颜色明度和纯度会越低，颜色就越灰越脏；而色光的颜色混合为加法，即色光混合得越多，得到的光色明度和纯度越高，颜色就越鲜艳。这一原理在舞美设计中有着很强的应用性，比如舞台的光色基本是运用光的三原色的混合来达到呈现各种颜色的效果，比如红光与绿光混合可以得到黄光，红光和蓝光混合可得到紫色光，三原色光相混合可以得到白色光；又比如红光打在演员白色的衣服上，衣服呈现红色，而打在蓝色衣服上，衣服呈现品红色等。在档案馆展陈空间中，装修材料、展示品中蕴含很多色彩，所以可以利用色光的混合原理，利用空间中本身存在的颜色和光色的混合来达到想要的效果。

同样的颜色在不同的光线角度、不同色彩的光照强度下，出现在视觉中的色彩表现力是不一样的。光环境的设计本意是锦上添花，所以在设计时更要与室内设计相结合，与室内色彩相结合，取得更好的艺术效果。

（二）室内材料固有色对光色彩的反影响

材料的固有色其实也是由光和材料表面吸收属性共同决定的，所以，对材料表面色彩的评价应该是结合灯光色彩和其固有色。当彩色的灯光照亮彩色的墙面的时候，最终人们看到的色彩是这两种不同性质的色彩相互作用的结果。

材质有冷暖的属性，给人温暖和冰冷的感觉。光的色彩同样有冷暖，产生不同的温度感。补色的冷暖对比，应用在同一物体表面的对应方位时，更能拉开物体的结构关系，层次分明。

根据空间内材料的固有色彩，需要通过控制光的色彩，来保持空间中展品的固有色彩，或提升褪色展品的原有色彩，甚至是为色弱的展品着色等。采取有效的色彩对比，如色相对比、冷暖对比、明度对比等来突出展品的主体地位。为营造怀旧的氛围，对复制的或褪色的展品，可以将光色附加在物体表面，深化视觉感染力，更显怀旧的感觉和气氛，准确地传达展品的时代感和归属感（图3-111）。为突出展品在复杂的空间环境中存在感，可以用动感、变化、浓烈的光色，让原本暗淡的展示环境别有一番风味（图3-112）。因此，光的色彩显性的正反作用十分突出，可以渲染气氛，也能破坏原真性。

图3-111　伯克自然博物馆（Olson Kundig Architects）

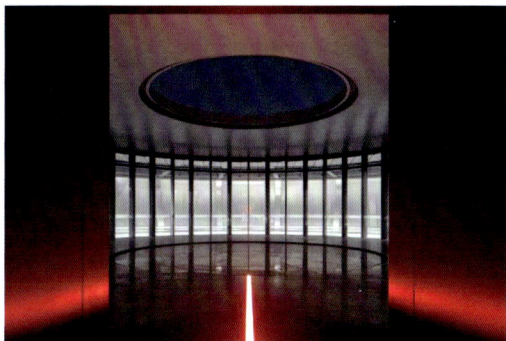

图3-112　首钢三高炉博物馆

（三）光的色彩与材料的结合演绎

除了灯光的色相、明度和彩度，材料表面的反射率、吸收率和透光率等性质也决定着其固有色。

不同的光色给人带来不同的美感和情绪的影响，可利用光色对空间进行意境营造，使其与人内心产生共鸣，实现情感的传递，达到氛围的艺术渲染效果。环境氛围的烘托需要通过光环境的设计来实现，光是人类技术对于室内环境的改良过程中不可或缺的元素。在追求美的空间中，如果需要在短期内提升人的情感反应，就需要明暗反差大、光线动感强烈，并采用独特的光的造型。

人们对色彩环境的认识是建立在视觉的基础上的。室内空间色彩的多样性源于灯光的色彩投射。不同的光源产生的光色效果是不同的。人们按照一定的规律去组合各种色彩，创造出新的色彩效果。展示照明中色彩设计的根本问题是色彩的搭配与展示活动目的是否一致。

气氛看不见也摸不着，却又存在于空间场所之中，如同具有魔力的磁场，作用于人的内心。就对空间的烘托渲染而言，光的色彩变化与照度层次起到了决定作用。贫乏的场所体验，会给观众带来失落的情绪，甚至会使观众提前退场，这都会给展示设计带来巨大的打击。气氛由主题确定，科技展的光效需要充满未来感的科技之光，历史馆则需要具有厚重感的历史之光；食品展会需要将食物展品烘托得更加美味诱人，医疗展会更需注重整洁健康的光环境；商品展示则依据不同的品牌内容来确定光环境的基调。总之，恰当地渲染展示主题的气氛尤为重要，展示的成功与否将由此决定。

通过光环境的照度、分布、色彩等因素的设计来表达思想和体现空间，营造一种可以让人赏心悦目的艺术氛围，凸显艺术感染力。光环境设计其实就是设计光照与人之间的关系与影响，以人为本的光环境把光与环境推向了艺术的高度，让光焕发出无限的魅力。光的色彩设计是照明艺术氛围营造的一种必然趋势。

光利用亮度和色彩创造和影响环境，光的刺激可以左右人的感情，敞亮房间和黑暗房间相比可以给予大众更多的视觉体验，然而需要和空间所表现的特点相符合，太过强烈的炫光也会影响环境。合适且柔和的光可以激励人心，其中柔和的光可以让人放松身心。房间内的气氛会因为光色差异而产生变化，酒吧、餐厅与娱乐场所一般采用过重的暖色调，如粉红、浅紫色等，卧室内一般使用暖色调，凸显房间的温柔惬意。

不同的灯光色彩在灯罩（透明或者半透明的材料）的笼罩下，会使整个室内空间的光色变得很有感觉。在某些国外餐厅的空间设计中，光环境中既没有整体照明，也没有重点照明（尤其桌、椅），而只是运用了一些微弱的烛光照明，或者说是点光来进行辅助照明，星星点点地照亮并渲染了空间气氛，如桥本夕纪夫蓝色光餐厅（图3-113）。不同气候下，周围环境的影响及建筑的风格对比之下，多彩照明设计要求也会比较强烈，然而为了在适当的时机增加一些热闹的节日气氛，在空间设计中也常常会用到一些红色、绿色的装饰灯来点缀，这些装饰灯有时也会起到隔断的作用，同时也增加了欢乐的气氛。

利用光环境对展陈空间的意境营造是一种很重要的方法，光营造的氛围对于人的心理和艺术感染力的塑造有着很重要的影响，应该对光的变化进行利用最大化，如利用光的色彩、色调、层次、造型及范围等光影构成，创造出富有情感的展陈环境。

光环境设计就是要利用光影的大小面积、光照形式、光照色彩及光对于一些元素的简单塑造来对整体环境进行烘托，还要善于利用一些新颖的表现技巧，对氛围进行戏剧性创造，比如利用电脑控制变换光色、多媒体技术等手段，加强空间表现力

图3-113 桥本夕纪夫蓝色光餐厅

（图3-114）。

色彩照明在商业展示空间中，最主要的区域是信息的展示地区，最重要的照明是对展品陈列的照明。应该根据展品的不同类型、不同特性，选择不同色彩的照明方式。需明亮照明的商品，如电器产品类属于立体式商品，需要扩散性能好，无阴影的照明，同时需要仔细观看细部，因此需要采用高明度的照明。该类商品的材质、造型色彩、款式丰富，需照明器与照度直接结合，所以应考虑使用灯具的功效和装饰形式。

图书、音像资料类展品需要有充分的垂直面照度，可选用荧光灯的全扩散式照明，应避免书架内产生眩光，整体书架的上下层应具有同样的照度（图3-115）。需显示产品色彩的商品，如美容化妆品，首先需要有清洁明亮的照明效果，其次，化妆品购物需要有试妆的程序在内，对于照明的显色性要求很高，在设计中应使用产生自然光色的白炽灯照明，使效果更自然（图3-116）。

服饰类商品的色彩和面料的质地在服装展示中是非常重要的，宜采用白炽灯照明，或用天然色日光灯搭配灯泡，产生自然色光，使其商品光色、质感更为纯正（图3-117）。

皮具类商品需要着重体现其色泽以及质地，因此也应采用明亮自然的光泽来表现（图3-118）。花卉类商品因光源对花的色泽、质感表现起至关重要的作用，为了突出花卉的色彩，可采用色光灯照明，并配合投光射灯，提高光的色泽，还可利用光照控制鲜花的开放时间（图3-119）。

图3-114　Infinity伦敦展览空间（Studio XAG）

图3-115　南之山古腾堡星汉书店
（未韬建筑事务所，Giorgio成于思）

图3-116　日本复合式商店Beauty Library
（Nendo工作室）

图3-117　Muse By精品旗舰店（Michaelis Boyd）

图3-118　素人皮具店（神奇建筑研究室）

图3-119　TABLEAU花店（Studio David Thulstrup）

尽管用自然光能够表现出体量、空间和质感并给人以无限启迪，但是随着科学技术的发展，建筑物的尺度、体量、空间造型的灵活性越来越大，自然光有时已不能满足人们视觉能见度的要求，或在塑造室内环境时已显得不够用了。这时就需要靠人工光源给予补充。

在今天的室内设计中，人工光源发挥着越来越重要的作用，而且不仅仅停留在满足照明要求的水平上，而是有着满足人们在精神上和心理上的要求这样更深层次的内涵，人工光环境的设计相对来说灵活性更大，因为利用新的技术和手段可改变、调整光源的大小、色相、强弱，限定或调整光照范围，从而达到限定空间、调整空间，甚至创造有特定意义空间的目的。同时，光形、光色本身也极具装饰魅力，光对色彩、材质的表现，以及对塑造室内环境也起着重要的作用。

室内色调给人的视觉感受主要是通过装饰材料的选择运用加以体现的，合理地运用装饰材料的质感，利用它们的材质美是室内设计的原则之一，物体通过光反映质感，不同的材料具有不同的色彩和光泽，室内设计时色彩若不依附于形和材料，就会产生虚假的不真实感觉，所以我们不能把色彩设计作为一个孤立的问题，而必须将材料的形状和质感贯穿于室内设计的全部过程中（图3-120）。

图3-120　日本大阪W酒店（Nikken Sekkei、安藤忠雄）

现代工业的发展和新材料的出现，以及人们文化生活水平的提高，使人们选择室内材料和光的色彩的自由度也有所提高，但这并不意味着使用的材料种类越多越好，同样，灯光设计、运用过于单一的空间，也未必能给人愉快舒适的感觉。要根据室内使用功能，正确地采用材料、设计灯光。

三、光的色彩在室内空间中的演绎

照明光源的颜色是展示照明设计的基础，把握好光的色彩可以更好地表现室内空间的环境氛围。同一物体使用不同颜色的光照在上面就会使人产生不一样的视觉效果，对人的心理也会产生不一样的影响。光是人们探究室内空间，建立视觉层次的强大媒介。所以不同的空间类型，对光的颜色要求会有所不同。在展示照明设计中，照明光源的色彩往往是丰富多彩的。光的颜色并不是除了冷色调就是暖色调，大多是冷暖相结合一起使用，丰富室内空间的层次性（图3-121）。

图3-121　冷暖光相结合的空间照明设计

一般情况下，鲜艳、饱和度高、照度充足的光会给人带来健康、舒适、明亮的感觉，而照度不足、饱和度不高、光色浑浊的光会给人造成消极的影响。因此在选择光源的色彩时，既要保证光源具备足够的照度，又要突出空间的主题性。

（一）引导式

灯光色彩可以引导人的视线，通过孤立的色调，相邻色调的高度明暗对比，饱和或较淡的色彩配置，以及模糊和清晰的虚实搭配，可以吸引人的视线。利用这些条件使人们的注意力集中，从而可以起到引导空间的作用（图3-122）。

现在照明设计开始考虑对整体室内环境风格与特色的创造，并以此来展示品牌，也就是强调照明设计要辅助整个室内环境设计参与到商业空间的整体营销策略中来。

展示空间中的每一个灯具，空间自身的外观造型风格、照明方式、所在的空间位置及其在空间环境中所扮演的角色等，都要考虑到商业展示的整体策划

图3-122　安至熵场照明设计（栋栖设计）

需要。展示照明与色彩结合后则能够显示出时间、情感、性格及展示中的商品特性。例如，如果展品被深红色的灯光所照射，则有助于强调快节奏下的紧张感；而用冷色光如蓝色照射展品则会产生一种冰冷的感觉。比如，有的专卖店整体是非常洁白的展示环境，就是由于顶部使用了霓虹灯的彩光，显得十分典雅又富有生机（图3-123）；有的则在博览会中采用一面展板上使用不同色彩的彩光投影设计，成为该展示空间中的亮点，吸引观众去一探究竟（图3-124）。

由于空间需要表达品牌的形象特色，所以整个室内设计包括照明设计都需要有个性化、风格化的特色手法。整体照明中光源的色温与照度决定了空间的气氛。例如，日光色的高色温光源照在低照度的空间里就容易产生阴冷的氛围，如果整体照度不能提高的话，低色温光源有必要适当地增加和改善重点突出的照明和闪烁照明。即使是这样，高色温照明对高级餐厅来说也几乎是不能接受的。

图3-123　专卖店的霓虹灯设计

（二）划分式

室内光对于照明环境气氛会产生层次效果。当光色对比大时，无论光色或亮度都会显现出层次，利用这种效果，可以使室内光环境出现相应的变化。运用色彩划分空间是室内设计中划分空间的一种常见手法。运用灯光色彩的差异将大空间划分成不同区域，这样就能使大的空间在心理上产生区域和层次（图3-125）。或者将几

图3-124　2019年北京世界园艺博览会

个分散的空间用同一种色彩，使其保持在心理感觉上的连续（图3-126）。在进行照明设计过程中，需要明确应用光的实际功能，依托必要的强弱对比来凸显出别样的色彩表达，并且借助性能的展示来彰显出整体的空间层次感。

图3-125　Wutopia lab五周年微展（范文兵）

图3-126　不在方艺术空间（垣建筑设计工作室）

展示照明与色彩结合能够暗示出时间、情感、性格及展示的商品特性。例如，如果展品被深红色的灯光照射，则有助于强调快节奏下的紧张感；被冷色光，如蓝色照射的话，

则会产生一种冰冷的感觉。色彩的缓慢渐变效果可以反映和强调商品的档次变化。强烈的暖色光有助于强调展示的热烈气氛；明亮的灯光则让人充满快乐向上的情感；聚光灯则会产生硬边的光束，可以有效地将展示的某一区域与其他区域进行隔离；安排在不同区域的侧光，可允许顾客移入和移出焦点区，以改变展示的构图；耀眼的霓虹灯和强烈的顶光可以产生宏大的场面。

　　进行色彩处理，是照明艺术的另一个内容。设计师可以利用冷色调的光模仿月光的自然效果，也可以用暖色调制造出炎热的阳光或炽热的火光效果。光可以突出物象，也可以隐蔽物象。对于无法移动或缩放的空间、形体，设计师可以用灯光去强化或弱化它们。独具匠心的照明设计能引人关注并使顾客长久地停留在展示空间内或参与到展示空间环境中。动态的用光可以让空间充满活力，变化的用光可以丰富空间层次、改变空间比例、明确空间导向、强调展示重点和中心，产生特殊的视觉效果，营造独特的环境气氛；利用不同色彩光源所产生的阴影和明暗层次对比，可以降低物体的单薄感，强调物体的立体感，增加空间的整体吸引力。通过对整体照明和重点照明等各种层次的照明的巧妙安排，能清晰地划分出不同的空间区域，将需要传达的中心和重点烘托出来。

　　所以在不同的展示空间之间，应通过灯光照明的过渡来达到整个大环境的视觉层次感，并让观者在这个视觉环境中能够通过这种丰富、层次化且明暗分明的照明效果产生心理、情绪上的变化，给人舒适、安逸的环境氛围，从而在合理的灯光角度、距离来对展品进行充分而主体分明的展示。

（三）渲染式

　　气氛的渲染是很微妙的空间艺术处理方法。环境气氛可以是装饰性的，也可以是自然的，还可以是抽象的。这里所指的气氛是色彩搭配与人的生理、心理的关系。为了使人产生联想或暗示某种特定的环境，可以用装饰性的灯光色彩来突出光与影。人们在实际生活中对周围环境照明的反应，是根深蒂固的，水面阳光的金光闪耀，傍晚的泛着蓝灰光的宁静暮色，以及深夜林中的黑暗阴森，这些都是气氛和色彩发生相近联系的结果。阳光是透射一切的橙黄色光的炎热，黑暗可能是暗紫光的神秘或蓝光的虚幻，照明之所以能引导人发生联想，原因就在于色彩创造了这种条件，构成这种联想的气氛。冷暖调的色彩与灯光设计融合，更有利于表达空间整体氛围感。

　　可以用色温渲染色彩。色温不同，光源照射到展品上，展品也会变得不同。设计师运用灯光的色温来渲染装饰气氛以此来达到自己的设计目的。因为色温低的光源偏暖，会给人以温暖；色温高的光源显得冰冷，让人有凉爽的感觉（图3-127）。红、橙、黄色的低色温光源，给人以热情、温暖、兴奋、动态之感（图3-128）。在接待大厅处，采用较大面积的低色温光源照明，可渲染一种温暖舒适、热情亲切的气氛。蓝、绿、紫色的高色温光源，创造出宁静、凉爽、幽雅、安详的气氛。对于舞厅、酒吧等充满刺激而忘我的空间，采用冷、暖色光有机结合的布置，色彩明度为暗深色的照明，色调强烈而有动态感，利用旋转变化和五彩缤纷的灯光颜色，渲染一种异常奔放、扑朔迷离的气氛。色温的变化规律使展厅色彩感和层次感因色温的不同设置而变得丰富生动。设计师理想的配色方案就是如何正确处理协调灯光色彩的统一，以及如何运用协调灯光的搭配及色彩的变化规律。

图3-127　高色温的展示空间

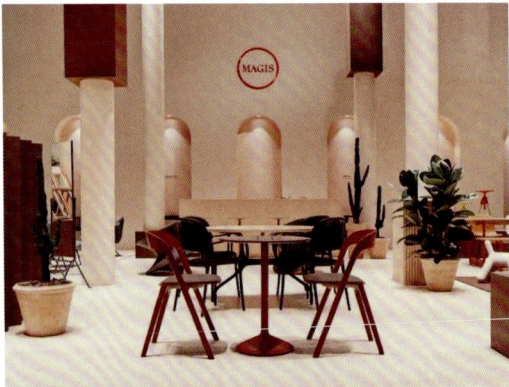

图3-128　低色温的展示空间

四、光的色彩对人的影响效应

色彩是设计中最具表现力和感染力的因素，它通过人们的视觉感受产生一系列的生理、心理和类似物理的效应，形成丰富的联想、深刻的寓意和象征。光色是最容易唤起观众情绪的武器，它影响着人们的视觉感观、行为、记忆，甚至生理、心理的健康，由于不同的色调表情和象征性是不同的，同一空间可以呈现不同的视觉感受。

（一）光的色彩物理效应

光源的辐射和物体的反射是属于物理学范畴的，而大脑和眼睛却是生理学研究的内容，但是色彩永远是以物理学为基础的。视觉的物理效应是指视觉对色彩的反应随外在环境而改变。视觉受色彩的明度及纯度的影响，会产生冷暖、胀缩、动静等不同感受与联想。

光色的冷暖感是物理光与人的视觉经验及心理联想而形成的作用于人内心的感觉。光色的冷暖感主要取决于色温的高低。红、橙、黄色的低色温光源，给人以热情、温暖、兴奋、动态之感（图3-129），从而使人产生暖的联想；高色温的光色，如青光、蓝光、紫光等，会使人联想到水、蓝天，从而使人产生冷的感觉（图3-130）。人对光色的各种感觉中，首先感觉到的是冷暖感。

图3-129　低色温灯光的展示空间

图3-130　高色温灯光的展示空间

　　光色的胀缩感是一种错觉，色光的明度和彩度的不同是形成胀缩感的主要因素。低色温具有缩小和接近感，高色温具有开阔和致远感。在设计时就可以利用这一特性来满足人的不同心理需求。住宅内照明光色的选择，需顾及室内空间的高度。高度低时，选用低色温光源，会造成缩小和压抑感，形成不舒适的环境；采用高色温光源，则可形成一种室内空间被扩大了的感觉，从而在一定程度上弥补了物理空间的不足。

　　光色的动静感是人的情绪在视觉上的反映。红、橙、黄光给人以兴奋感，青、蓝光给人以沉静感，而绿和紫属于中性，介乎两种感觉之间。白色及照度高的光给人以紧张感。动静感也来源于人们的联想，它与光色对心理产生作用有密切关系。光色的动静感与空间气氛和意境也有着紧密的关系。光色的运用应服务于主题，在进行色调设计时，光色的动静感效果是必不可少的思考因素（图3-131）。

图3-131　深圳设计博物馆

（二）光的色彩心理效应

　　色彩感觉包含着人对色彩的心理和生理作用的反映，使人产生一系列的对比与联想。色彩的心理作用就如约翰·伊顿在他的《色彩艺术》中写的那样："色彩就是力量，就是对我们起正面或反面影响的辐射能量，无论我们对他觉察与否。艺术家利用有色玻璃的各种色彩创造神秘的艺术气氛，它能把崇拜者的冥想转化到一个精神境界中去，色彩效果不仅应该在视觉上，而且应该在心理上得到体会和理解。"

　　光色由视觉辨识，但却能影响人们的心理，作用于感情，乃至左右人们的精神与情绪。灯光色彩就本质而言，并无感情，而是经过人们在生活中积累的普遍经验的作用，形成人们对色彩的心理感受。色彩的心理效应主要表现在它能给人以联想。色彩给人的联想可以是具体的，也可以是抽象的。

光的色彩是能够渲染空间气氛，而且是其中的一个重要的因素。我们知道光的色彩能够刺激并影响人的情绪，一般来讲，亮的房间比暗的房间刺激效果会更强一些，然而这种具有刺激性灯光的色彩必须要和空间设计所应具有的主题性气氛一致。

空间中的光色加强，或者是光的相对亮度减弱，会给人亲切温暖的感觉。例如，许多餐厅、咖啡馆和娱乐场所的室内空间光环境设计，需要不同的光色变化来配合这些空间所需要的气氛，因此设计时常常会运用加重的暖色（粉红色、浅紫色等）光（图3-132）。暖色光会使人的肤色显得更加健康，使人感到整个空间创意氛围很温暖。例如，家庭的卧室也常常采用暖色光。而冷色光，如青色、绿色等（图3-133）会使人有凉爽的感觉。

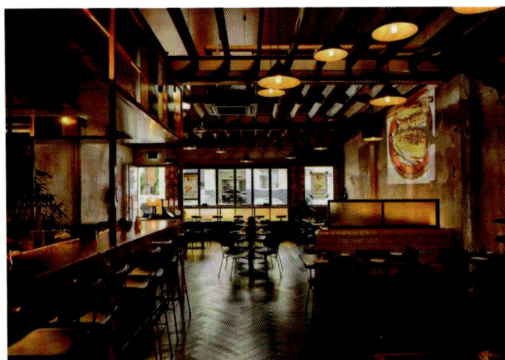

图3-132　澳大利亚火鸟餐厅（Ewert Leaf）

图3-133　"STAY WITH ME"凳椅展

反之，夸张的灯光色彩是对环境的一种破坏，也是一种对人心理及情绪的影响因素。有关调查资料中表明，空间中闪烁不断的光线会使人体内维生素A遭到破坏，从而导致视力下降。不仅如此，这种光线中夹杂的射线能够杀死人体内的白细胞，从而使人体的免疫功能下降。另外，适度的光线能够激发和鼓舞人的内心深处，柔弱的光会令人的身心轻松且心旷神怡。表3-1为色彩对人的心理的影响。

表3-1　色彩对人的心理的影响

色彩	心理
橙色	诱发食欲，帮助恢复健康和钙的吸收
黄色	可刺激神经和消化系统
绿色	有益于消化和身体平衡，有镇定作用
蓝色	能降低脉搏跳动频率，调整体内平衡
紫色	对运动神经和心脏系统有压抑作用
红色	刺激和兴奋神经系统，增加肾上腺素分泌和促进血液循环

由于人们的年龄、性别、经历、修养、性格、情绪及民族传统、宗教信仰、地区风俗、环境的不同，人们对光色的心理反应也不尽相同，所以不能把光色的心理反应绝对化。不同的空间与环境，不同的人物与内心，在光色的感受和处理上都应该有不同的方式和手法。

因此，进行室内照明设计时，应注意空间环境条件，并根据室内空间的功能要求，合理确定光源色彩，以获得满足功能要求的最佳艺术效果。

（三）光的色彩生理效应

人们周围环境配色的优劣，除了对视觉美感有影响外，还会影响人的情绪及工作效率。

当一个人在一个红色的室内环境中工作时，虽然因红色容易使人兴奋、血压升高、心跳加速、思维活跃，能刺激工作人员加紧工作，但出错率也会随着时间的延伸而增加。而以红色调装饰餐厅，则有刺激顾客食欲的作用（图3-134）。与红色相比，蓝色则能起到镇静的作用。在一个诊所的墙面上涂满蓝色，就可以转移和扰乱病人的中枢神经对痛感的注意力。绿色是一种柔和、舒适的色彩，能消除视觉疲劳，使人神清气爽，心旷神怡（图3-135）。黄色和橙色可刺激胃口，增加食欲；赭石色对低血压患者有一定的积极影响，紫罗兰色墙壁可降低噪声。这些都是由于色彩的刺激而引起生理的适应性问题。

图3-134 Biggy餐厅

图3-135 马略卡岛的洞穴吧台

第三节 光与物的结合

在光环境设计中，物体的外部形态或造型，物体的色彩，物体的表面材质或整体材质都会赋予其表现力。光投射到物体上，一部分被物体吸收，另一部分被物体反射，而产生了影，物体有着不同的面，其在空间中也占有不同的位置，各个面的材质不同，高低起伏不同，向光性的不同，因此对光的吸收与反射情况也不同。在设计过程中，为了表现设计师的情感或者是寄物以情，有时是通过"光"来对物体形象特点进行塑造的。

一、光对物体形态的塑造

物的形象只有在光的作用下才能被视觉感知，而立体造型的感知须依赖凹凸表面的明暗差异。正确地设光（指光量、光的性质和方向）能加强建筑造型的三维立体感，提升艺术效果，反之则导致形象平淡或歪曲。均质泛照的空间仿佛多云的阴天，单调乏味的视觉效果会引起视觉疲劳，恰当的光线照明使空间变得更有特点，更生动有趣，更具有立体感。

（一）不同类型物体的光照需求

无论大型展会、商业店面，还是博物馆、艺术馆等展示空间，展品都是其中最具价值的物件。甚至可以说大多的展览形成源自展品价值的附加，展品价值主要包括艺术价值、历史价值、商业价值等，通过不同的价值体现将各种展品推向各自展示的舞台。光的运用则会提升对展品形态、色彩、质感、细节的塑造，进而促进展览有效表达优质的展示效果，提升展览品质（图3-136）。

图3-136 卡塔尔国家博物馆（让·努维尔事务所）

在所有展品类型中，文物的照明通常需要更多的功能考虑，以防止对文物的辐射与侵蚀，保护文物在受损坏程度最小的前提下满足观众的观赏需求，然后才是从文物的大小、色彩、样式等角度来考虑柜内的光环境设置（图3-137）。

图3-137 米兰瓷器展览空间（Tom Postma Design）

商业展品的本身价值通常比艺术品和文物要低，其主要起到商业推广的展示作用，引导消费。设计师通常将展品与时尚元素结合来设计展示橱柜，满足消费者的审美需求，促进购买的欲望（图3-138）。

光的塑造艺术展品时更加注重艺术形式和展品本身，注重个性的表达；但前提是满足对艺术品的基本欣赏功能，再对艺术展品美学价值进行塑造（图3-139）。

观众更喜欢提供一定对比度的照明布

图3-138 梦想成真眼镜深圳旗舰店（乔玺空间设计）

置，而具有高对比度或几乎没有对比度的
配置则被评估为不那么令人愉快、不那么
有趣并且不太适合增强艺术品的美感。因
此在展示空间设计中，照明设计至关重要，
尤其是在商业展览活动中，灯光的好坏直
接决定了展示效果的优劣。出色的灯光设
计不仅可以烘托空间氛围，还有助于彰显
和突出展示的主体形象。展览照明的重点
是展品，利用照明提供必要的视觉条件，
以此塑造展品形象、保证观赏效果。

图3-139　上海时装周展览空间（芝作室）

（二）光对物体形态的塑造方法

形状、姿态是形态的基本要素，不同的展品通过多样的形态讲述着不同的故事，激发
人们对美的遐想和追求。光对形态的呈现有着丰富的视觉效果，不同的角度、亮度，以及
光的混合使用都会带来不同的状态。对展品的轮廓与层次的识别来源于光与影的配合，在
光与影的综合作用下出现黑白灰的明暗梯度，形成了轮廓与边界，并具有三维的立体效果；
明确的外形需要在对比的背景下产生，有利于展品形态更加出众、确定。

形态可以说是诸多视觉要素中最重要的部分，没有颜色和质感的形态，在特定环境中
依然可见，但如果失去形的色彩和材质则会一团糟，让人们分辨不出是什么事物。因而光
在展品照明设计中是首要解决的任务，以展品的色彩和质感来决定光照的强度，才能以最
佳的视觉效果完善造型。

展品照明的视角发生变化，人对展品的感觉也会随之产生奇特的心理变化。比如，人
们识别面部形态通常是依靠顶光的照射；一旦光从下巴的方向朝额头照射，便会打破人们
的视觉习惯，在惊悚、恐怖电影的艺术化处理时，经常以这样的光效改变人的面部效果，
产生诡异、惊恐、刺激的形态。利用这一点夸大光的表现力，来提升特殊展品的个性化照
明需要，甚至以动态的方式，多方位、多角度地变化光效，使同一展品产生戏剧化的丰富
变化。

这也就是说形态的塑造主要依靠光对物体照射形成的对比度。对比度的定义为：物体
亮度与背景或环境亮度的比值。通常情况下，物体都是通过对比而被看见的。亮度的对比
强弱对形体的立体感影响较大，当展品的亮度大于背景的亮度时，可使被照物从背景或周
围环境中凸显出来，明确目标、凸现展品。而立体感和明暗的亮度比与展品表面的反射比
成正比。对于三维展品来说，需要通过不同角度的直接重点照明和漫反射结合来实现。在
博物馆展示照明中常用的"黑屋点灯"和"白盒子"展示空间，就是空间照明和重点照明

的典型说明，通过空间灯光对比度来强调物体的形象特征，展现物品的精彩之处，对点光源的光束进行约束，产生光束区域，照射在视觉的重点，呈现光影立体感，暗环境和亮环境产生的观展情绪也不一样，展示灯光设计师可以根据展示内容设计灯光情境，调动观众的观展情绪。

展示照明随着展品的类别、展示方式和照明技术的发展，必然会产生新的照明方法。目前，光对物体形态的塑造的基本方法有：

1. 垂直照明

垂直照明为参观者提供明亮的视觉感受，使人产生开放宽敞的印象。它可为大型展品提供光照，也可成为展品的背景光照。这种照明的投射方向与展品的角度很小，可充分地体现展品的质感。垂直照明在灯具的选用和安装方式上具有多样性，是照明设计师重要的设计方式。

2. 水平照明

在展示空间中运用水平照明可凸显整体展示效果。水平照明可使用嵌入式灯具、双聚焦灯、投射式灯具，其中嵌入式灯具可用于吊顶式展示空间少量装设；双聚焦灯可达到最大的照明范围；投射式灯具可运用于水平轨道上。

3. 方向性照明

方向性照明可重点凸显展品，突出展品的细节部分或塑造展品的立体感。灯具可装在柜内，也可装在天顶。嵌入式灯具也是方向性照明常选用的灯具。

二、光对物体色彩的塑造

色彩是最具表现力和感染力的视觉效应，通过色相、明度、饱和度等色彩要素传达给人不同的感受。根据展品的色彩，设计师需要控制光色来保持展品的固有色彩，或提升褪色展品的原有色彩，甚至是为色弱的展品着色等。

采取有效的色彩对比，如色相对比、冷暖对比、明度对比等来突出展品的主体地位。为营造怀旧的氛围，或展示复制或褪色展品，可用光色附加在物体表面，深化视觉感染力，更显怀旧的感觉和气氛，准确地传达展品的时代感和归属感。为突出展品在复杂的空间环境中的存在感，可用动感、变化、浓烈的光色，让原本暗淡的展品别有一番风味。因此，光色显性的正反作用十分突出，可以渲染气氛，也能破坏原真性。

（一）光塑造物体色彩的基本原理

显色性是指展品色调逼真的程度。光源的显色性是指不同照明光源对于其照射物体的色彩呈现程度，显色指数高的光源使参观者看到的颜色与自然光的色彩相差不大；显色指数低的人造光源对色彩的再现力较差，参观者看到的颜色与自然光相差很多。

在经过系列规范有效的灯光设计之后，展品自身的呈现效果就会有一定程度的完善。并且对于商品而言，其要素就是色彩和质感。通常情况下，暖色调的合理应用能让其最终呈现效果有所提升；光线反射可以让有一定光泽属性的物体获得更为充分的展示，并且将其从特定的情景背景之中剥离，突出强调其属性特质。一般来说，自然光源和人造光源，都可以让人准确地识别物体的色调，因此是选择自然光源还是人造光源就必须根据展厅的环境和展品来确定（图3-140、图3-141）。

图3-140　TAP创意手作品牌店（SAWADEESIGN）

图3-141　Naive理想国

（二）光对物体色彩的塑造方法

布展人员应当避免玻璃展示柜内部光源直接投射到观众眼中，以免使观众无法实现对艺术品的细致观察，可以通过在玻璃展示柜中预先安置遮光板避免这一情况的出现。具体来看，针对展品表面具有光泽的情况，方向性的入射光将会在展品表面出现镜面发射，这种光线一旦射进观察者的视线范围中，将会导致展品视觉上减小，导致展品色彩及形象难以真实地被反映出来。

视觉接收取决于亮度和颜色，因此展示空间的展品背景也在影响着展示效果，影响着观者的眼睛接收状态。展品背景的颜色取决于展品，甚至取决于展品的颜色，但是又要区别于展品，做到展品和背景之间的平衡、统一。展品与背景之间的对比不宜过大，有颜色的背景能够吸引人们的视线，但是选择展品背景颜色需要合理运用互补色或者同类色（图3-142）。太过夺目的展示背景颜色，会抢夺视线，无法衬托展品，所以需要根据整体的展览内容和物品筛选和测试展品背景，来中和主题、展品及观展视觉饱满的关系。

墙面和展板及绘画作品等的照明，基本都是垂直表面的照明，宜采用板面照明的方式。可以在展区上方布置射灯，一般安装在

图3-142　舒梵家具展示店（Nothing Design）

滑动轨道上面以便调节位置和角度，确保灯照的范围和效果；或者在吊顶上设置灯槽，内置灯带。二者相比，前者效果较好，适合需要重点突出的展品、艺术作品、书画等；后者由于光线较为柔和，适合一些图片和文字说明等（图3-143、图3-144）。

上海博物馆中国历代钱币馆对灯光显色性把握就恰到好处（图3-145）。浅灰色的色调非常协调地衬托着古币，这种灰可以避免古币表面光的折射，大大缓解光源对颜色的影响，更能复原古币的原色性。

图3-143 墙面展品照明

图3-144 墙面文字照明

三、光对物体材质的塑造

任何物品的存在都依赖材料作为物质基础，材料具有不同的肌理，它给人的印象是触觉与视觉带来的心理现象，材质本身的独特美感和性格与特定物品的形态、色彩统一融合，在光的作用下，产生综合的心理感受。材料的性格特征具有相对性，在光的作用下会发生变化，可以自然、亲近，也会粗犷、疏远。

材质有冷暖的属性，给人温暖和冰冷

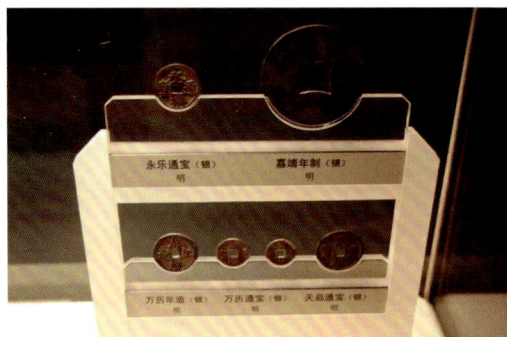

图3-145 上海博物馆钱币馆

的感觉。光的色温同样由于颜色的冷暖，产生不同的温度感。补色的冷暖对比，应用在同一物体表面的对应方位时，更能拉开物体的结构关系，使层次感更加分明。

（一）不同材质的光属性

材质本身对光具有不同的敏感度，即对光的反射产生不同的量，粗糙的物体表面不易形成光的二次反射，光可被物体表面吸收；而光滑的物体表面，不易吸收光，更多的光被反射出去，影响周边的光环境。以白瓷器表面和木材表面为例，釉色鲜亮的白瓷，少量的光照即可使展示柜体内的光环境均匀饱满而透亮，过多的光反而会使照度过高，看不清釉面的图案（图3-146）；木材则需要更多的光照，以弥补材质和色彩对光的吸收，甚至要以均匀的漫反射作为基础光，聚光灯作为重点艺术光，才能满足对木材质肌理的刻画表现（图3-147）。

图3-146　吕瓦登公主瓷器博物馆
（i29 interior architects）

图3-147　曲阜古建筑博物馆

展品的材质和肌理不同，对光源也有不同要求，如丝、纤维、油画、棉、竹器等对照明光线较敏感，宜选用紫外线少且显色性好的光源，既能表现展品的质感和真实性又不会对展品产生威胁。

（二）光对物体材质的塑造方法

灯光照射在不用材质上所呈现的变化也是不同的，这样通过材质搭配就可以营造出客户想要的环境和氛围。在搭配光源时，透过石材、壁纸、玻璃、木材等表面材质将光线分散开，可以让空间更具特色。

光照之于空间与实体材料之于空间的关系是一样的，即光只是一种手段，照明设计的目的应该是塑造空间的视觉意象。认知是整体的、不可分割的，人们不会脱离所处空间和环境去体验照度、亮度和均匀性等孤立的物理指标，因此，照明研究和设计人员必须把"光"元素融入空间环境，并把营造空间环境的整体体验作为目标和出发点。

在经过系列规范有效的灯光设计之后，展品自身的呈现效果就会有一定程度的完善。并且对于商品而言，其最为关键的要素条件就是色彩和质感，通常情况下暖色调的合理应用能让其最终呈现效果有所提高；此外，光线反射可以让存在一定光泽属性的物体获得更为充分的展示，并且将其从特定的情景背景之中剥离，突出强调其属性特质。与此同时，为了能充分展示其实际内涵，需要明确光线应用带来的特定情景氛围。

冷色的光线有利于表现金属材质冷峻现代的科技感（图3-148），暖色的光线配合木质材料可体现温馨舒适的亲切感（图3-149）。同样的石材在特定的空间配合不同冷暖的光感，也会表现出截然不同的风格特征：或田园，或现代，或地域性。由此可见，光的冷暖对材质的影响，不仅在于表面，更在于其风格化的表达，以及情感的推动。

不同的材质具有不同的软硬度，适用

图3-148　Graz历史博物馆（INNOCAD）

图3-149　南岸美村乡村生态博物馆（东南大学建筑运算与应用研究所，东南大学建筑设计研究院有限公司）

图3-150　万科南头古城展览（万社设计）

图3-151　Justin Morin的织物展览

于不同的场所空间。具有斧痕的假石，配合形体明确的光线更显材料的有力、粗犷（图3-150）；软包、织物等材料在柔和光线照射下更显亲和、舒适（图3-151）。

在现代设计中，人们对材料的理解更多地赋予了风格化的理解，即田园风格、现代风格、后现代风格等，材质的运用对风格的表达起到了一定的符号象征意义。材质的美感能够得到升华，光的配合无疑起到了极其重要的作用。

斑驳粗糙的材质，一般以石材、木材、混凝土等天然或仿天然材料为主，其美感就是在于粗糙的表现。具有较强动态感的、变化轻盈的空间场所，光滑的材质运用是必不可少的，光滑材质的平滑表面使材料具有特殊的美感，深受后现代主义、解构主义大师们的喜爱。光滑的材料更有利于光的漫反射，同时光的漫反射促进了空间的灵动、轻盈。英国设计大师扎哈·哈迪德设计的北京建外银河SOHO，建筑整体的室内外空间均用光滑的人造石处理，使富有变化的漫反射光环境变得柔和，让空间更加具有漂浮感。

材质表面的质感和色彩倾向，传达出不同的冷暖信号，在空间中经由界面的围合，产生丰富的冷暖层次，给人不同的心理感受。白光对材质的冷暖有较少的干扰，更多地保留了材料原有的感觉。而有色的光线，其色温对材质冷暖情感的表现也具有一定的烘托作用。

合理的重点局部照明不仅可以增加照度，而且可以营造出空间的多种层次，重点加强需要消费者注意的地方，削弱次要地方，使室内空间用光有清晰的主次关系，以便更好地营造氛围。物体的局部照明，对其立体感和质感有很大的塑造作用。光源照射物体的表面，如果经适当的处理，使用合适的反射和必要的阴影，可以使一些小的装饰品富有魅力，展示物体的立体感，使展品栩栩如生；同时光线对物体表面的照射由于明暗不同，阴影不同，凹凸不平而展现出物体的粗糙、细腻，从而表现材料的真实特征，显示其质感。

在展示空间中，以展品为中心载体，在特定空间和地域内，提供一个良好的氛围，给观看者与展品交流对话的机会。传递展品信息和观展人群接受信息是展示空间照明设计的核心目的，所以以展品基本信息——形、色、质、态为基础，将光与展品传达的设计要素分为：对比度、均匀度、显色性能、展品背景、防止眩光五个方面。

四、避免物体眩光

光线作为人与空间的主要媒介，具有心理、生理和美学作用。光线的改变影响人的大脑皮层的反映，由此可见，光对免疫和变应性反应有影响。眩光是指由与整个视野范围内的总体亮度相比过于亮的光源、窗等，直接或间接地被看到而形成的（图3-152）。

图3-152　不良眩光现象

现有的展示灯光设计中避免眩光的方法有两种。一种是使用特殊处理的展柜玻璃，将玻璃上面的部位根据灯光、展品、人的视线来做磨砂处理；另一种是控制光线的入射角并在灯具上加上遮光器，或者使用防眩光的格栅，在光源灯具上加上柔光透镜、蜂网片、收光罩、防眩筒等。

由于博物馆一类的展示空间内一般存在大面积采光窗和玻璃展柜，应合理选择采光窗玻璃面积，这不仅确保展厅内的光舒适，还能实现一个可持续的光环境，减少特定区域的眩光影响。

人们看展的时候，经常能看到玻璃的反光，这也是眩光的一种，称为反射眩光。观赏陈列在不是内部照明的展柜中的物体时，视觉经常会被外部光源、照亮的展品或其他物品所干扰，从而影响观赏体验。为避免眩光，常采用如下方法。

对于悬挂的二维展品来说，若人的视线高度为1.6m（下限），画面中心离地面为1.6（下限），大画面的倾斜度应控制在0.03以下，小画面的倾斜度应为0.15~0.03，那么人与展品的距离为长边的1.5倍时，就可以防止眩光。

对于三维展品来说，因为可能会涉及多盏灯的照射，通常情况下30°的入射角既可以塑造展品的立体感，又可以有效地防止眩光，这也被称为博物馆角度。

除了调整光源的照射角度外，还要保证周围环境的亮度低于展柜中的亮度，以便有效防止玻璃产生的二次反射眩光。二次反射眩光主要是由于观众自身或周围物品的亮度高于画面亮度，以致在玻璃面上反射映像而出现的眩光。避免或减弱二次反射眩光的方法是控制观众和周围物品的亮度，使之低于画面亮度。另外需要注意的是，眩光与高光不同。高光是由珠宝或金属物品的光泽反射形成的高亮度的点或图案。高光是用来表现展品的材质的，而眩光会影响人的观赏视觉。

展品完美细节的体现离不开优质的光环境衬托，简单满足看的需求是不够的，怎样能看得美，看得巧，看得观众在长期驻足之后仍有可看的地方，就不那么容易了。一般人对展品的第一眼就是整体的大效果，大致得到外形、色彩、质感的综合感受；第二眼看的就是细看，看细节、看内涵、看品质，反复推敲得出对展品的评价，这对商业展示来说，意味着观众是否愿意消费。细节决定成败，而展品的细节在展示中得到体现，需要精心设计光环境，让展品最精彩的部分得到强调，形成耐看、细致、精巧的细节美（图3-153~图3-156）。

图3-153　光线明亮、清晰的汽车博物馆

图3-154　光线柔和的布料展厅

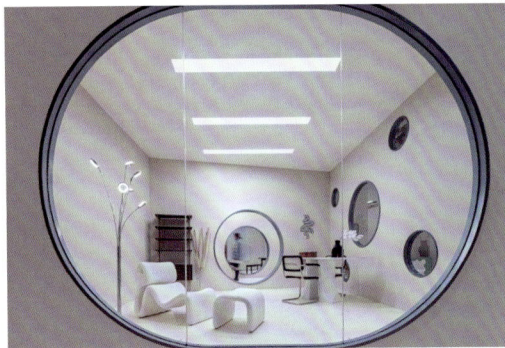

图3-155　柔美温馨的家具展厅

图3-156　光与展品完美结合的手表展馆

课堂思考：

1. 观察光在不同类型展示空间内的表现形式，以实地拍摄的形式记录，制作PPT进行说明。

2. 光照射在不同的物体材质上，获得的效果也不同。尝试准备三种不同的材质，用手电筒进行照射，观察光的变化。

3. 请思考至少三种不同展示空间类型在灯光色调、灯具选择、营造氛围等方面的异同，总结它们各自具有哪些特点，分析其差异原因。

4. 尝试通过建模来模拟某品牌专卖店空间，观察在不同色调光的照射下会呈现出何种效果。

5. 任意选择不同材质的两样展品，通过不同的打光角度，观察两样展品在同样灯光下表现的差异性。

6. 对比文物类博物馆和商业展示空间两者在灯光强度、灯光色调、灯光布置方式上的不同之处，分析其原因。

扫一扫可见
第三章补充内容

04

第四章

展示照明
设计实践

课程名称：展示照明设计实践

教学内容：从实践的角度解读照明设计方法，侧重不同
空间的设计及规范要求，详解案例的内容和
不同空间的照明设计方法。

课程时数：24

教学目的：使学生们明确空间类型的区分、不同空间的
照明质量要求、不同类型的照明设计方法和
优秀案例的借鉴。

教学方法：理论讲授、实践练习。

教学要求：掌握不同空间的照明设计要求与方法。

教学重点：

1. 空间类型区分与规定要求。

2. 不同类型灯具使用特点与优缺点。

3. 不同空间类型的相应设计方法。

第一节　会展与展陈照明设计

一、会展与展陈分类及规范要求

有关会展与展陈的定义与内涵在第一章已有所阐述，此处就不再赘述，下面将对展陈与会展的分类与相关规定进行详细介绍。

会展是指围绕特定主题，多人在特定时空的集聚交流活动，狭义的会展仅指展览会和会议；广义的会展是会议、展览会和节事活动的统称。会议、展览会、博览会、交易会、展销会、展示会等是会展活动的基本形式，世界博览会为最典型的会展活动。会展具有强大的经济功能，包括联系和交易功能、整合营销功能、调节供需功能、技术扩散功能、产业联动功能、促进经济一体化等（图4-1）。

图4-1　中国国际展览中心

展览会是为了展示产品和技术、拓展渠道、促进销售、传播品牌而进行的一种宣传活动。在实际应用中，展览会名称相当繁杂。在中文里，展览会名称有博览会、展览会、展览、展销会、博览展销会、看样定货会、展览交流会、交易会、贸易洽谈会、展示会、展评会、样品陈列、庙会、集市等。另外，还有一些展览会使用非专业名称。比如，日（如澳大利亚全国农业日）、周（如柏林国际绿色周）、市场（如亚特兰大国际地毯市场）、中心（如汉诺威办公室、信息、电信世界中心）等。加上这些非专业的名称，展览会的名称就更多了。展览会名称虽然繁多，但其基本词是有限的，比如中文里的集市、庙会、展览会、博览会，其他名称都是这些基本词派生出来的。

目前与会展设计有关的主要规范和标准有：《会展建筑电气设计规范》（JGJ 333—2014）、《展览建筑设计规范》（JGJ 218—2010）、《建筑照明设计标准》（GB 50034—2013）。其余相关的设计规范和标准有《民用建筑电气设计规范》（JGJ 16—2008）；《建筑照明设计标准》（GB 50034—2013）；《民用建筑照明设计标准》（GBJ 133—1990）。

在会展与展陈的照明设计中，设计师需要注意空间内的明暗差异，那么人眼能感觉到多大程度的明暗差别呢？一般来说，当明暗照度对比达到3∶1时，人们的眼睛才会感觉到（图4-2）。但是，由于空间中还会涉及颜色和材质等因素，要让人明显地感觉到亮度的变化，还需要有更大的明暗对比。在展示空间中，为了使商品更加引人注目，需要在局部施加强烈的照明（图4-3）。

图4-2　哈尔滨圣索菲亚大教堂内部

图4-3　2020年中国国际家居展内部

在某些位置上，光线明暗的差异具有向导的作用（图4-4）。人的眼睛好像天生的照相机一样，有天生的由暗处朝向亮处的本能。在一个空间序列中，可以通过交替地创造出戏剧性的明暗关系变化，从而创造出提高人们通往目的地的期待感的效果。而运用光线设计的明暗的图案和人们的活动流线相配合，就能使人们在光的引导下自然而然地走向目标。

从普通观察者的立场来看，光线越强，看得越清楚。事实上并非如此，在白天，人们倾向于靠近窗口，以借助昼光的优势。在夜晚，人们开灯，如果可以调光，则将灯光调节到视觉所需的照度水平。很明显，照度水平非常重要，但如果只有这个数值又会忽略对整个空间的感觉需求（图4-5）。

图4-4　具有导向性的灯光

图4-5　具有较大亮度差的空间

（一）会展与展陈照明的质量要求

1. 照度和均匀度

对于平面展品而言，最低照度与平均照度之比不应小于0.8，但对于高度大于1.4m的平面展品而言，则要求最低照度与平均照度之比不小于0.4。只有一般照明的陈列室，要求地面最低照度与平均照度之比不小于0.7。

展品与其背景的亮度比不宜大于3：1。在展馆入口处，应设过渡区，区内的照度水平需满足视觉暗适应的要求。在陈列对光特别敏感的物体的低照度展室，应设置视觉适应的过渡区。

2. 眩光限制

在观众观看展品的视场，不应有来自光源或窗户的直接眩光，或来自各种表面的反射眩光。观众或其他物品在光泽面（如展柜玻璃，或画框玻璃）上产生的映像不能妨碍观众观赏展品。对表面有光泽的展品，在各处的辉度上差异不能过大，否则人们就不得不在短时间内多次重复明暗适应的过程，致使眼睛陷于疲劳状态。所以，在做灯光照明设计时，可以用柔和的灯光去照亮整个环境，而对于想要表现的单个物体（树木、水景、雕塑等），则采用个别的聚光点来突出，这不失为上佳的方法。

任何眩光现象都会影响观众对展品的细致观察，尽可能消除观众视野内的各种眩光是会展与展陈照明设计必须做到的。对于由光源产生的直接眩光，可以采取控制光线入射角和在灯具上加遮光器的方法，消除直接射入观众眼睛的光线。对于因玻璃展柜产生的反射眩光，要根据入射角和反射角的关系进行计算后确定一个无光源反射映像区，将光源发出的光线控制在此区域内，可以确保基本没有反射眩光进入观众的眼睛。对于在展柜的玻璃面上产生的反光和影子，除了调整光源的照射角度外，还要保证周围环境的亮度低于展柜中的亮度（图4-6）。

图4-6 环境照明亮度低于展品的重点照明亮度

3. 眩光类型及其解决途径

（1）直射眩光：直射眩光有两种，一是失能眩光，它会损害视觉功能，造成视觉可见度下降；二是不舒适眩光，它是引起人们不舒适感觉的眩光，不舒适眩光会随着时间推移而加重人的不舒适感，其程度只能通过主观评价来估计。在室内照明的实践中，不舒适眩光出现的概率要比失能眩光多，而且控制不舒适眩光的措施，通常也能用来控制失能眩光，在实际照明环境中，对眩光程度的感受与下列几种因素有关。一是房间面积过大，吊顶会有一部分进入人的视觉范围内，势必会使人看到灯具，如发光顶棚就是这种极端的情况，这时应把顶部的亮度限制在500cd/m²内。与垂直线呈45°角或大于45°角方向可以看见光源的灯具，应该被遮挡起来（图4-7）。为避免直射眩光，可采用以下两种灯具：一种是采用半透明的漫射板改善灯具发光面，使其亮度降低（图4-8）；另一种是用反射器、格片，或者反射器加格片组合来遮挡光源，使人无法直接看到光源。

图4-7　较高的灯具产生眩光的可能性较低

图4-8　低矮的照明需设置遮挡

（2）反射眩光和光幕反射：反射眩光是指受遮挡而看不见的光源，有可能会在光滑的工作面上或附近的镜反射中看到，特别是在作业面相对于光源的位置不正确时。光幕反射是指在工作面上出现的反射光影，其反射清晰度并不高，所反射的发光体是模糊的，就像一层由光组成的幕布，使物体细部变得模糊。这种使物体可见度减小的反射称为光幕反射。反射眩光也是一种影响视觉的眩光。这种眩光的实例是下射式灯具被光滑的表面反射后产生的影像。反射眩光对于人及产生反射的墙或走廊的相关行为可能没有妨碍，但它能削弱人对墙的知觉。最典型的反射眩光实例是录像屏幕表面的眩光，使屏幕上的影像和屏幕表面之间的对比程度降低（图4-9）。另一个实例便是在任何光滑的表面上，光源与表面间产生反射并导致不可接受的对比，绘画表面通常如此。如果不想使视觉识别能力减弱，理解光源和表面之间的关系是很重要的。

反射眩光可能的解决途径：①使反射光不在人的视觉范围之内，光的入射方向可以和观看方向相同。在复杂的环境中，有许多不同方位的展示点，以部分展示点或面来设计总体照明就很难满足所有的展示点和面的照明需求。这时，低亮度的灯具不仅有助于减少出现眩光的机会，还可另外增加局部照明，以满足各个展示方位所需的照度。②产生眩光的另一个原因是视觉范围内不合理的亮度分布。周围环境的亮度（顶棚、墙面、地面等）与照明器的亮度形成强烈的对比，就会产生眩光，对比数值越大，产生眩光的可能

图4-9　在地面使用粗糙材质降低眩光的可能性

性就越大，尤其是顶棚。可以采用半直接型照明、半间接型照明、漫射照明或吊灯、吸顶灯等，以增加顶部的亮度，并使整个空间布光均匀（图4-10、图4-11）。一般情况下，照明器安装得越高，产生眩光的可能性就越小。与光源一起产生的眩光，如装饰性的枝形吊灯，是可以接受的。

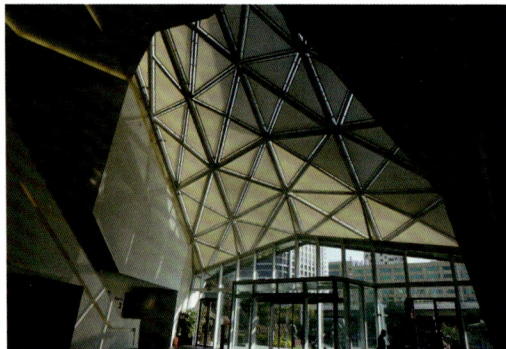

图4-10 设计具有斜度的透光玻璃

图4-11 用半透明的发光板阻挡直射光源

（二）会展与展陈照明的亮度要求

1. 照明光源与灯具

在陈列绘画、彩色织物、多色展品等对辨色要求高的场所，应采用一般显色指数（Ra）不低于90的光源作照明光源。对辨色要求不高的场所，可采用一般显色指数不低于60的光源作照明光源。对于立体的展品，应表现其立体感。立体感应通过定向照明与漫射照明的结合来实现（表4-1）。

表4-1 不同光源的显色指数与色温

光源名称	一般显色指数	相关色温（K）
白炽灯（500W）	95以上	2900
卤钨灯（500W）	95以上	2700
荧光灯（日光色40W）	70~80	6600
高压汞灯（400W）	30~40	5000
高压钠灯（400W）	20~25	1900

应根据陈列对象及环境对照明的要求选择灯具或采用经专门设计的灯具。

自然光是颜色的参照物，因为所有其他形式的光线都或多或少地改变了所看到的颜色。在昼光下看到的颜色被认为是真正的颜色。照明工程师与设计师在设计室内照明时要想圆满地解决可能出现的各种问题，就需要对色彩及其在室内的作用有基本的了解（表4-2）。

表4-2　不同色温的颜色特征与适用场所

相关色温（K）	颜色特征	适用场所
<3300	暖	多功能厅、宴会厅和大会堂
3300~5300	中间	展厅、会议室、办公室、登陆厅、公共大厅和商店
>5300	冷	电子信息系统机房等

2.亮度的限界

日常经验和实验室的研究表明，人的眼睛能够适应一定范围的亮度（明适应和暗适应）。在这个亮度范围内人眼的辨别力没有严重的损失，也不会感到不舒适。这种亮度范围的界限是由眼睛的适应性决定的。不能把物体从黑暗的背景中区别出来的最低亮度，称为"黑限"。物体表面过亮，使人产生不舒适的感觉时，称为"亮限"。研究表明，当物体的亮度与背景的亮度比值成正比时，识别灵敏度会达到最大值（人对物体的识别），信息的损失达到最小值。当物体亮度与背景亮度的比值小于1/5或大于5时，人的识别灵敏度会减小到最大值的一半以上。在不同的环境中，最佳照度值基本相同，但被观察物体表面的最佳亮度与其表面的反射比有关。如果反射比低，则可以认为被观察物体表面令人满意的亮度必然低于较高反射的物体表面亮度。设计师经常提到的照明理论就是反射比降低一半时，照度应提高一倍。

3.最佳墙面亮度

展厅的墙面宜用中性色和无光泽的饰面，其反射比不宜大于0.6。地面宜用无光泽的饰面，其反射比不宜大于0.3。顶棚宜用无光泽的饰面，其反射比不宜大于0.8。实验证明，灰色、蓝色、蓝绿色和红色墙面的最佳亮度随反射比的增加而增加，而黄色墙面的情况则相反。就常用的照度范围500~1000 lx来说，普通墙的亮度应该在50~100cd/m²。

4.最佳顶棚亮度

顶棚的最佳亮度除了由顶棚灯具表面的亮度决定，还取决于顶棚的高度。当顶棚足够高，以至于在视觉范围之外时，它的高度对人的舒适感没有太大的影响。这时，顶棚的亮度可以单纯根据实际需要来选择。顶棚高度较低，使灯具暴露在视觉范围以内，如顶棚高度在3m左右，它的亮度应该有所设计和选择，避免眩光对人的影响。增加顶棚亮度可选用向上照明的灯具。当顶部灯具是完全嵌入式时，顶棚如单纯依靠地面的反射光照亮，就很难达到推荐的亮度。选用适当的灯具，使顶棚有尽可能高的反射比，可使顶棚亮度达到最佳。

5.陈列照明

墙面陈列照明宜采用定向性照明，应把光源布置在"无光源反射映像区"。立体展品陈列照明应采用定向性照明和漫射照明相结合的方法，并以定向性照明为主，定向性照明和漫射照明的光源的色温应一致或接近。

展柜陈列照明，展柜内光源所产生的热量不应滞留在展柜中。观众不应直接看见展柜中或展柜外的光源，不应在展框的玻璃面上产生光源的反射眩光，应将观众或其他物体的映像降到最低限度。

这部分规范要求是会展与展陈照明设计使用的，同样适用于艺术照明设计、展示庆典活动照明设计、特装展台照明设计和商业空间照明设计。

二、会展与展陈照明设计基本要求

一般情况下，公众常常会陷入一个误区，认为展览会中照明设计不如博物馆空间及商业空间的照明设计重要，这种观点有待商榷。从上海举办的2010年世博会来看，设计师在各个展馆中运用的照明设计大大超过历届世博会，这说明了展览会中照明设计的重要性。在进行展览会的展示设计时，照明作为展览会设计的重要因素，在设计过程中也逐渐被设计师、举办者、公众所重视。

在人工照明还未普及的时期，展览会只能安排在白天举行，利用天然光达到展示空间的照明要求，如第一届世界博览会。利用天然光尽管能够满足公众的观展要求，但由于进入展示空间内部的光线会随时间的变化而难以控制，所以给展示空间照明环境的营造带来了一定的困难。当人工照明在展览会的照明设计中普遍运用后，展览会的照明进入了可控时代。人工照明不仅可以方便地按照举办者及设计师的意图发挥作用，而且丰富了展示空间照明环境的层次，随着照明技术的发展及展会设计概念的创新，越来越多的照明新技术被运用到展览会的展示照明中，使展览会的照明环境变得更加精彩。当然，在人工照明广泛运用的大背景下，一定要将节能的照明设计理念贯穿设计的始终。

（一）灵活多变

会展的主要功能并不是直接销售商品，而是推广产品、接受订单、发布企业信息、宣传企业形象，同时也收集第一手反馈资料。会展举办的周期非常短，绝大多数都只有几天到一两个星期，具有短期性和临时性的特点。会展举行期间，同一行业的众多参展企业同时发布同类信息，要想在如此大的信息量中获得更多关注就必须在形象上引人注意，才能够从展厅中脱颖而出。因此，会展照明设计主要解决的问题是：构筑承载灯具的结构体系，用优质的重点照明表现产品，以独特而鲜明的照明情境吸引观众的注意（图4-12、图4-13）。

所有展览场馆都会提供基本的环境照明，因此会展照明设计的基本任务是用重点照明表现产品和其他视觉信息。由于展览现场有很多不确定因素，比如来自"邻居"的光污染和不确定的电箱位置，因此要求重点照明具有良好的适应性。这主要表现在两个方面：一

图4-12 与结构融合在一起的灯具

图4-13 与展位结构结合的灯具

是光源有良好的适用性，要求光源发出的光体积感强，显色性良好，以确保照明效果不容易被环境中的光污染扰乱；二是灯具有良好的适应性，可以自由调节照明位置和照射方向，以保证当现场出现意想不到的情况时能迅速作出调整。

（二）一主多辅

会展空间是一个综合各要素的整体，设计师应遵循统一原则，才能形成设计风格。首先，光与灯具的造型应符合相应展示环境空间、气氛的要求，照明系统照度、色彩、方式、位置都要从整体空间效果去考虑，使空间统一协调；其次，应注重以介质为主体的视觉设计。在照明设计上，应以一个光源为主，多种照明方式为辅。

展示设计与视觉艺术的最佳结合就是通过点、线、面、色彩和整体照明系统等表现语言营造一个成功的展示空间，这个空间传递信息准确、功能分明，并能够给人丰富的想象空间和强烈的视觉印象。

展览场馆本身提供的环境照明有两种形式，一种是自然光，一种是人工照明。由人工光源提供的环境照明比较容易控制，个性独特鲜明、富有戏剧性色彩的照明效果容易实现（图4-14）。以自然光照亮环境的场馆整体亮度高，加上自然光又不容易控制，预

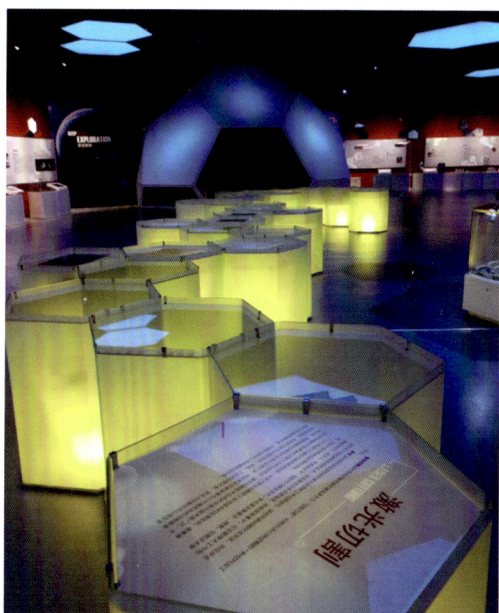

图4-14 多种照明方式

期的照明效果很容易在现场被削弱。在这种情况下，要想保证照明设计的预期效果，需要采取措施降低展示区域内的环境亮度，创造一个亮度较低的基础照明，比如，用织物覆盖顶棚等方式（图4-15）。

图4-15　长春水文化园区中的展厅

（三）复合便捷

展览场馆留给企业进行现场搭建的时间很短，一般要求在1~3天之内搭建完毕，拆除时间更短，半天到一天时间就要拆除干净。为了加快施工速度，嵌入展柜和空间结构的灯具应尽量在工厂里安装完成，现场安装的灯具多为表面吸附式、悬吊式或导轨式的安装方式。目前，有一种将导轨和桁架体系整合在一起的承载结构，安装灯具更加方便，同时对灯光的控制也更方便。

在眩光控制方面，由于展示现场的不确定因素太多，无法预先估算直接眩光的方向和反射眩光的位置，因此大多在灯具上安装可以灵活调节挡板位置的外附式遮光器，通过现场调节消除眩光干扰。对于材料反射系数极高的展品，可以采用反光板照明，用经过漫反射的柔和光线均匀地照亮展品，避免产生过多的眩光。此外，用透光膜制作的造型天花板也可以提供柔和均匀的光源（图4-16），避免眩光。

图4-16　透光膜天花造型

（四）特色鲜明

展览场馆本身是一个大的空间，举办展览时这个大空间被划分成多个小地块租给参展企业，所有的展出环境都由企业临时搭建。会展照明设计的根本任务是其与空间、结构、色彩等设计元素一起，在大空间中塑造出一块领域明确、形象独特的企业专有展示区。由于是在室内空间中进行的二次空间限定，会展设计最大的特点是没有顶盖，而灯具绝大部分是装在顶部的，所以在设计时必须考虑灯具的安装问题，设置必要的结构物承载灯具。

所有的会展都有一个明确的展览主题，这些主题因产品的内涵意义而产生，会展主题的包容性和针对性很强，有时是商品的一个概括，有时是针对消费。综观形形色色的会展，其主要的目标就是促进交流，扩大消费。会展主题使观众能一目了然地了解该展览的性质、特点和目标。例如，计算机博览会（3CEXPO），常被赋予"未来的梦""明天的幻想"等主题；家具展示会展的主题常为"绿色的环保""给你温馨的家"等。主题反映并明确了会展的目的和意义。

会展的另一个重要作用是发布信息，展览举行期间，同一领域的企业同时发布同类信息，而对铺天盖地的类似信息，观众很快会觉得疲劳，希望尽快找到自己真正关心的产品和企业。面对这一情况，企业必须让自己的形象在展场中脱颖而出。这两方面的需求，要求展示照明设计既要与企业的商业定位联系在一起，准确展现企业形象，又要具有独特而鲜明的视觉效果，能吸引目标观众群的更多关注。

为了加强注目性，会展照明设计多以独特而鲜明的视觉效果为设计目标。视觉冲击力强的彩色光、动态光、光影艺术等在会展中出现的频率都很高。可以说在整个展示设计领域，会展照明设计的视觉效果最强烈、最富有戏剧性色彩（图4-17、图4-18）。

图4-17　具有特色的展示照明1

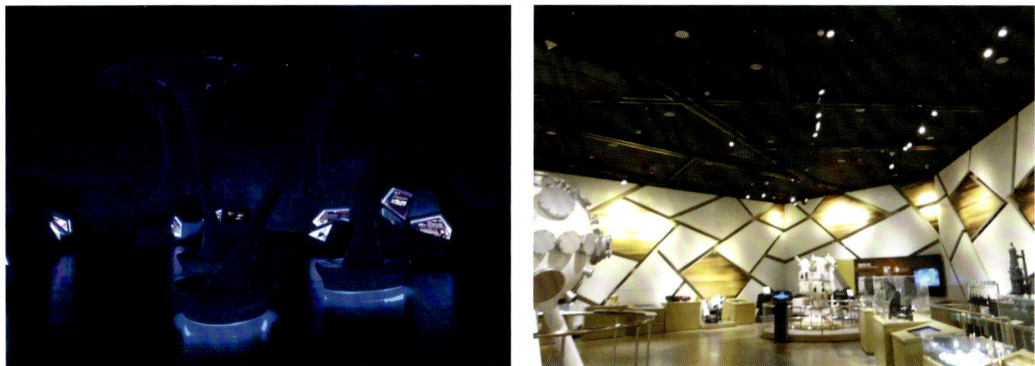

图4-18　具有特色的展示照明2

三、会展与展陈照明设计方法

（一）均匀环境照明

由于举办展览会的建筑空间通常会很高，而环境照明一般都会放在顶棚的桁架节点上，因此环境照明灯具与展品距离会很大。为了节约用电，在满足环境照度的前提下，应尽量减少环境照明灯具的安装数量和功率密度；同时为了提高空间再举办不同展览会的适应能力，应尽量保持环境照明的灯具在顶棚上均匀布置。环境照明光源主要有高压钠灯和荧光灯。

（1）高压钠灯：高压钠灯常被用于工厂和街道。建筑规模较大、照度要求较高的展览会空间，也经常选用高压钠灯作为照明光源。高压钠灯是一种高强度气体放电灯泡，使用时发出金白色光。它具有发光效率高、耗电少、寿命长、透雾能力强和不诱虫等优点，高显色高压钠灯广泛应用于展览厅、体育馆、娱乐场、百货商店等场所。

（2）荧光灯：展览会的建筑相对较低时，荧光灯也是较好的展览会环境照明光源。荧光灯的发光效率高，一般为45lm/W左右，比白炽灯的发光效率高3倍左右；发光表面亮度低、光线柔和，可避免出现强烈的眩光；光色好且品种多，根据不同的荧光物质成分会产生不同的光色，可以制成接近天然光光色的荧光灯。

（二）精准重点照明

由于展览会所在空间净空较高的缘故，重点照明的设置往往不放在顶棚上，而是与展示道具结合使用。应确保重点照明的光源投射准确，以保证充当重点照明的光源能够照射到展品上。

重点照明是指配合基本环境照明，在特定环节或局部所做的补充照明方式。通常包括橱窗、陈设架及柜台的照明。采用重点照明，使展品突出，以吸引顾客。重点照明的照度，依展品的种类、形态、大小、展示方式等而定，而且应与空间内基本照明平衡。重点照明的照度，一般取基本照明的3~6倍。投射灯是常用的重点照明灯具，其投光位置在物体前面斜上方向。光源中轨道灯可能是最常见的形式，因其具有可调性且能适应不断变化的展示要求，如展品空间位置上的变化、装饰的变化。另外，聚光灯也是常用的重点照明灯具。当展示环境比较暗时或比较单调时可以采用重点照明，使展品在其衬托下显得异常地明亮细致，这样塑造展品可以获得特别的关注，还可以把参展者的注意力全部集中到重点照明的展品上，从而突出展示主题（图4-19）。

图4-19　重点照明

重点照明光源主要有金属卤化物灯、紧凑型荧光灯。

（1）金属卤化物灯：金属卤化物灯简称金卤灯，是在荧光高压汞灯的基础上发展起来的一种节能光源。它的构造和发光原理与荧光高压汞灯相似，区别在于金属卤化物灯内添加了某些金属卤化物，可以提高光效，改善光色，是展览会室内重点照明的理想光源。

（2）紧凑型荧光灯：紧凑型荧光灯也可作为展览会的重点照明光源，只是这种光源往往以线光源的形式出现，这种光源实际上是一种节能型荧光灯，它的发光原理与荧光灯相同，区别在于以三基色荧光粉代替了普通荧光灯使用的卤磷化物荧光粉，从而增加了光源的显色性和使用寿命。

（三）适当装饰照明

展示照明设计中局部重点照明以高亮度和高对比度（与环境照明相比而言）的光来塑造展品形象，使展品和环境主次分明，在会展空间中凸显出来，迅速获得参观者的注意，并留下深刻的印象。

利用装饰照明来渲染展览会的气氛，使整个展示空间能够与展览会的展示主题一致，展览会中的装饰照明往往也采用低照度的光源，对于充当装饰照明的灯具外观的要求远远高于对其光线分布的要求，并要与展览会的视觉中心风格协调。装饰照明常用外形美观的灯具，个性化的排列方式，又或者是通过多媒体、光影来塑造特定视觉效果，主要目的是活跃商业展示空间的气氛，加深顾客的印象。

烘托展示氛围主要是指利用光塑造品牌形象或企业形象。情景照明本身就具有非常戏剧性的色彩，视觉冲击力很强，能够深刻地打动参展者，更易引起参展者感情上的共鸣，所以在用来塑造品牌形象或企业形象时是非常好的选择。展示设计与视觉艺术的最佳结合就是通过点、线、面、色彩和照明等表现语言营造一个成功的展示空间，这个空间传递信息准确、功能分明，并能够给人丰富的想象空间和强烈的视觉印象（图4-20）。

图4-20 装饰照明

（四）明确安全照明

国内外已出台一系列规范，对与可视性相关的应急疏散标识的类型、内容、设置间距与高度等均提出设置要求。例如，中国的《建筑设计防火规范》（GB 50016—2014）、《展览建筑设计规范》（JGJ 218—2010）、《消防应急照明和疏散指示系统》（GB 17945—2010）、《消防应急照明和疏散指示系统技术标准》（GB 51309—2018），美国的NFPA—101（2018版）等。应急疏散标识布局按照规定多设在展厅墙面低处或安全出口门上、左右两侧。展厅布置前，空旷的展厅内可以很直接地看到布置在墙面或安全出口处的应急疏散标识，但展厅布置后，部分应急疏散标识被展台等障碍物遮挡，出现标识位置不突出，不易识别，人视野无法直接看到应急疏散标识等情况。对于特大型会展建筑（总展览面积超10万 m^2），现行规范已难以满足要求，在消防性能化设计过程中对疏散场景的模拟，通常是以展厅内无展览布置状态为主，而展台布置后会增加实际疏散路径距离与人员识别标识的反应时间，导致实际状况下的人员安全疏散时间超过模拟的疏散时间，出现人员不能安全疏散的情况。

展览馆必须设置安全照明以应对特殊事件的发生。设置安全照明就是为了在紧急情况下引导公众疏散。充当安全照明功能的灯具按照出入口及观展路线清晰勾画出公众的疏散路径，并重点照射有效的疏散路径。要让疏散路径上的照度高于周边环境，便于公众沿疏散路径到达安全地带。

举办展览会的建筑空间规模相对较大，而展示布局的均质性会增添公众观展过程中不辨方位的烦恼，因此在大型展示空间中，如何帮助公众快速熟悉观展环境以便顺利到达指定位置，就成了设计需要解决的问题。帮助公众进行环境识别定位的方法很多，其中利用照明来强化展览会的空间形态，使公众快速了解所处空间环境从而引导公众到达目标位置，安全疏散，这也是照明设计要考虑的重要内容（图4-21）。

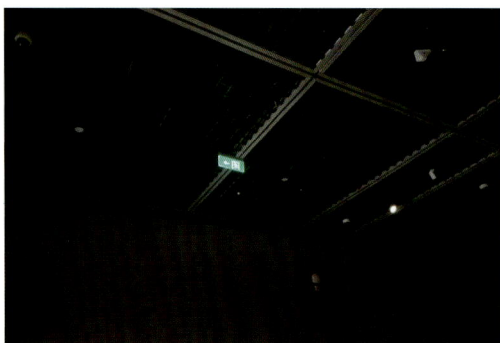

图4-21　安全照明

综上所述，会展照明设计的方法是：构筑安装与拆卸方便的结构体系承载灯具，以便灵活适应各种情况的高质量的重点照明表现产品，用独特鲜明的照明情境塑造戏剧性的视觉体验，吸引更多关注。同时作为公共场所要特别注意安全照明的设计与使用，保证公共安全。

第二节　博物馆照明设计

一、博物馆分类及规范要求

博物馆是收集、保管、研究和陈列、展览有关自然、历史、文化、艺术、科学、技术和人类文化遗产等的实物或标本的场所，并对那些有科学性、历史性或艺术价值的物品进行分类，具有为公众提供知识、教育和欣赏，以及休闲娱乐的功能。照明环境对于博物馆的重要性如同音质对于音乐厅设计的重要性。博物馆内照明环境设计得合适与否，直接影响博物馆内部空间的观展效果，因此，做好展示空间的照明环境设计是博物馆展示设计成败的关键。博物馆光效设计主要解决的问题是：保护展品在展出期间不受或少受照明带来的损害，真实地呈现展品，营造舒适的视觉环境。

（一）博物馆的分类

博物馆主要有两种分类方式。其一是根据展览种类分类，主要分为综合类博物馆、社会科学类博物馆、自然科学类博物馆。综合类博物馆如故宫博物院、中国国家博物馆、首都博物馆等，社会科学类博物馆又可分为历史类博物馆、文化艺术类博物馆，人物纪念类博物馆、民族民俗类博物馆及文物保管所，自然科学类博物馆又可分为自然科学类博物馆和科学技术类博物馆。博物馆的建筑形式主要有三种：一是根据特定的主题和环境进行专门设计的，二是直接利用一般性展览馆改造的，三是利用其他建筑进行改造设立的。近年来，随着人民物质生活水平的提高，广大群众对精神文化的需求也越来越丰富，人们重新认识了博物馆的价值，越来越多的观众走进了博物馆。

其二是根据博物馆的藏品和基本陈列内容作为划分依据，或是以它的经费来源和服务对象来划分，一般情况下分为艺术博物馆、历史博物馆、科学博物馆和特殊博物馆四大类。艺术博物馆包括绘画博物馆、雕刻博物馆、装饰艺术博物馆、实用艺术博物馆和工业艺术博物馆，也有把民俗博物馆和原始艺术博物馆包括进去的。有些艺术博物馆还展示现代艺术，如电影、戏剧和音乐等。世界著名的艺术博物馆有卢浮宫博物馆、大都会艺术博物馆、俄罗斯国立艾尔米塔什博物馆等。历史博物馆包括国家历史、文化历史的博物馆，在考古遗址、历史名胜或古战场上修建起来的博物馆也属此类。中国国家博物馆、墨西哥国立人类学博物馆、秘鲁国立人类考古学博物馆是著名的历史类博物馆。科学博物馆包括自然历史博物馆，内容涉及天体、植物、动物、矿物等自然科学，实用科学和技术科学的博物馆也属此类，如英国自然历史博物馆、美国自然历史博物馆、巴黎发现宫等。特殊博物馆包括露天博物馆、儿童博物馆、乡土博物馆，后者的内容涉及这个地区的自然、历史和艺术。著名的有布鲁克林儿童博物馆、斯坎森露天博物馆等。

（二）相关规定

目前与博物馆照明设计相关的规定与标准如下：《用电安全导则》（GB/T 13869—2017）、《低压配电设计规范》（GB 50054—2011）、《建筑物防雷设计规范》（GB 50057—2010）、《建筑物防雷工程施工与质量验收规范》GB 50601—2010）、《博物馆照明设计规范》（GB/T 23863—2009）、《民用建筑电气设计规范》（GB 51348—2019）、《博物馆建筑设计规范》（JGJ 66—2015）。因相关规范在博物馆的照明设计中十分重要，且具体内容较多，故下面笔者对此进行详细说明。

二、博物馆照明环境质量要求

由于在进行博物馆展示照明设计时既要考虑为公众提供良好的照明环境，同时也要从保护展品的角度出发对光源与灯具进行选择，因此对博物馆的照明环境质量要求就要从公众与展品两方面去进行考虑。

（一）展品对照明环境质量的要求

1. 展品的照明要求

博物馆的照明环境质量要求需根据展品的特点而定。根据展品对光的敏感程度，一般将展品大致分为三种：对光特别敏感的展品、对光敏感的展品、对光不敏感的展品，不同光敏性展品照明基本要求如表4-3所示。

表4-3　不同光敏性展品照明基本要求

光敏性	展品类别	照度推荐值（lx）	色温（K）
对光不敏感	金属、石材、玻璃、陶瓷、珠宝、搪瓷、珐琅等	≤300	≤6500
对光敏感	竹器、木器、藤器、漆器、骨器、油画、壁画、角制品、天然皮革、动物标本等	≤180	≤4000
对光特别敏感	纸质书画、纺织品、印制品、树胶彩画、染色皮革、植物标本等	≤50	≤2900

对对光特别敏感的展品进行照明环境设计时，必须对照射光源的紫外辐射与红外辐射加以限制，并且尽可能通过减少照射时间来保护展品，同时展出这类展品的空间尽量选择较低的照度。由于光照还会影响展品周围环境的温度与湿度，所以对于可翻页的展品如书籍，则要经常更换光照页面，以进行整体保护。出土文物也属于对光特别敏感的展品，由于长期埋在地下，强烈的光照会使之很快变质，因此可采用低电压的电灯光源或光导纤维照明，再辅以普通照明。地毯、服饰品等也对光非常敏感，因为材料本身和染料都易受光损伤，为防止其因光的热效应而损坏变质，展品环境的温度和湿度都要加以控制。总之，在展出对光特别敏感的展品时，一定要降低周围环境的照明，以确保视觉重点落在展品上。

家具、乐器、钟表、油画等都属中等敏感类展品，展出这类展品的空间一般也选择较低的照度。家具和乐器等木制展品，如果放在强度较高的光照下，表面颜色会变化很快，另外光照引起的环境温度和湿度变化会致使展品弯曲、开裂，所以展示空间的环境照明不宜过亮。钟表这类含有润滑油的展品，要避免因强烈的红外线照射而产生的蒸发，尽量采用相对较冷的光源来进行照明，如低电压冷光束灯。在对光敏感的展品进行照明设计时，应考虑在不影响公众观展的前提下尽量控制光照强度，如果环境照明光源为自然光时，应采取紫外辐射控制措施，并确保闭馆时通过遮挡采光口等方法，使展品少受光源照射。

对光照不敏感的展品如石头、金属、陶瓷、玻璃等，由于光照对它们的损害不大，所以主要从展示效果及公众观展要求角度考虑，做到环境照明均匀，重点照明能强化展品特点即可。展出这类展品的空间可以选择相对高一些的照度。例如，对于陶瓷展品而言，为了显示其外形、结构、透明度，最好将它们放置在一个低照度的背景中，再采用柔和的光线对其进行重点照明。对于玻璃制品，应将展品背景做暗，用重点照明来强调其展品特征。对于雕刻的玻璃制品及珠宝等，要用重点照明强调展品晶莹剔透的效果，但要注意重点照明的光束不要太强，以免产生眩光。光纤适用于照明珠宝类展品，它能产生很好的照明效果。对于金属制品，可用小角度入射光照明以增强效果。在对光照不敏感的展品进行照明设计时，一定要明确的是，即使从保护展品的角度对光照没有限制，但从光的热效应和人眼的承受能力上考虑，仍要对光照进行限制。

（1）紫外辐射与红外辐射：光源对展品的损伤是不可避免的，但可选择紫外辐射弱的光源来减少对展品的损害。各种光源的紫外线含量取决于其光谱能量的分布，建议最大紫外线输出为75μW/m的光源作为博物馆照明光源。在实际设计过程中，常采用滤光片来去除光线中的高能辐射。滤去紫外线辐射对展示陈列品没有影响，因紫外线对人眼来说是不可见光，不影响色觉。现在已有减少320~400nm这一区域紫外线的镀膜玻璃滤色片，并已有带镀膜滤色片的灯。自然光中也含有大量的紫外线，应在窗户或天窗上安置滤色片。常规玻璃、透明或半透明塑料只能吸收自然光中的部分紫外辐射，因此必须使用附加的紫外滤色片，某些化学物质几乎能全部吸收紫外辐射，而且不会使光的传播与光色受很大影响，这些紫外线吸收剂可以与聚合物薄膜、油漆结合在一起，提供有效的防护，并可不同程度地吸收紫外线。

（2）照度值：展品的受损程度与照度成正比，照度越小，展品损害越小。由于在考虑展品受损的同时还要照顾到前来观展的公众对室内照度的需要，所以必须设定一个合适的照度值来满足两者之间的要求。我们无法用科学公式来平衡最佳视觉照度与保护所需照度，只能根据实验来测定。由于不同展品对展厅内的照度要求不同，在进行照度设计时，最大照度的选取必须根据展品能承受损坏的大小来决定。

对光特别敏感的展品，如丝织品、服装、水彩画、挂帷、印刷品、手稿、小画像、乳胶漆作的画、墙纸、树胶水彩画、染色的毛皮，以及大部分天然历史展品，如植物标本、毛皮与羽毛等，要求展厅内的最高照度不能超过50 lx，最大累积照度不应大于150000 lx。

对光敏感的展品，如油画、壁画、书法、毛皮、牛角、骨头、木材与喷漆等，要求展厅内的最高照度在200 lx以下，最小照度100 lx左右，最大累积照度不应大于6000000 lx。

对光不敏感的展品，如金属、石头、玻璃、陶瓷和瓷釉等，要求展厅内的最高照度在300 lx左右，最小照度150 lx左右，最大累积照度不受限制。

（3）照射时间：展品的照射时间应该有所控制，且必须保证闭馆后关闭照明设施。若展品对光敏感，应在展示空间内设计相应的传感器，自动控制照明电源开关，以减少光线对展品的照射时间。或是选择感应调光设施，在公众离开时将光调至30%照度值，公众观展时再由30%渐变到100%照度值。

2. 良好的光色

采用什么颜色的光源，要考虑展品与环境的需要，光源的颜色应当能够对展品进行最佳的补偿。在照明设计中，通常选用色温与显色指数来描述光源的颜色特性。

（1）色温：博物馆内对色温的要求主要取决于展品的类型，对光不敏感的展品，如金属、石材、玻璃、陶瓷、珠宝、搪瓷、珐琅等，色温要求一般大于300K，而小于6500K；对光较敏感的展品，如竹制品、木器、藤器、漆器、骨器、油画、壁画、牛角制品、天然皮革、动物标本等，色温要求是一般是大于180K，而小于4000K；对光特别敏感的展品，如纸质书画、纺织品、印刷品、树胶彩画、染色皮革、植物标本等，色温要求一般大于50K，而小于2900K。一般情况下，博物馆内作为照明光源的色温应超过3300K。当然，这里给定的色温规定数值是源自我国的博物馆建筑设计规范，对于具体光源的色温还是应该视展示照明的具体需要而定。

（2）显色指数：利用显色性的差异，也可以加强展品的展出效果，但这一方法需要慎用，常应用于对色彩要求不高的展品展示，以避免展品在光照下发生大的色彩偏差。如同用不同的照度来达到所需的特定对比度一样，显色性也可进行类似的处理，当展品和背景采用不同色彩的光束照明时，对比效果会更加明显，当然显色性的差异应控制在一定范围内。展示设计师应该知道，光源色调越暖，则人眼分辨色温的能力越弱，不同光源照射到展品上，显示出其与日光照射下不同的色彩效果。正如背景的亮度会影响视力一样，色彩也有相同的影响能力。色彩强烈的背景会使眼睛感觉这种色彩饱和，从而在展品上强调它的互补色，如用一种很强的紫色背景照明会使公众将白色展品看成浅黄色。

在展出绘画、彩色织物、多色展品等对辨色要求高的展品时，应采用显色指数不低于80的光源作为照明光源；对辨色要求不高的场所，可采用显色指数不低于60的光源作为照明光源。从显色指数上看，白炽灯和荧光灯是目前博物馆普遍采用的人工照明光源，这是因为白炽灯能使展品生动鲜明，而且它的紫外线含量极低。荧光灯的亮度低，发光效率高，而且紫外线含量也远比天然光低得多。这两种灯的品种、规格多，便于设计人员选择。高强度气体放电灯只在特殊情况下，如在展厅空间较高、展品对颜色要求不高时才可采用，此时要注意减少其紫外辐射和控制眩光，在采用卤钨灯进行照射时，应采取有效的散热及安全防火措施。

（3）照度值与色温的匹配：国际博物馆协会要求照度值应与色温相匹配，照度较高时选用高色温光源，照度较低时选用低色温光源。我国尚没有相关标准，可行业内却往往采用高色温、高照度，低色温、低照度的设计方法。有学者认为光源的照度与色温之间没有明确关联性。但经验表明，在相同照度下，采用显色性好的光源，公众会觉得亮度高；采用显色性差的光源，则感觉亮度低。因此，如从公众感觉出发，在使用显色性较差的光源时，则应采取提高照度的方式。

（二）公众对照明环境质量的要求

1. 对照度的要求

公众很难用正常视觉来判定空间内的照度值，但可通过光照射在展品或环境材料上呈现的亮度来衡量照度是否合适。人眼由于适应状态的不同，即使展品有相同的亮度，实际感觉到的主观亮度也会有所不同，眼睛的适应亮度越低，展品的感觉就越亮。因此在进行展示照明设计时，必须照顾到人眼的这一特点，以满足观展要求。例如，通过设置视觉适应的过渡区把观众的适应亮度压低，使50 lx的展示空间看起来仍然明亮。

在进行博物馆室内照明设计时，要照顾到公众的视觉适应能力及心理感受力。公众在观展过程中会通过自身的视觉适应能力来适应博物馆不同空间的亮度，由于博物馆各空间内照度会不同程度地偏离其平均值，这就要求公众不断调整视觉以适应不同照度的变化。照度过大的地方会出现眩光，使公众难以看清展品，因此在进行博物馆展示照明设计时，除了根据展品所需来确定空间的照度，还需从观展角度出发，对博物馆不同空间的照度进行设定，以满足视觉暗适应的要求，从而减少公众视觉的疲劳。

公众到博物馆观展，必然会从明亮的室外（其水平照度可能高达100000 lx）进入相对较暗的展示空间（照度为50~300 lx），这时需要设置视觉适应过渡空间。一般由门厅或过厅来承担博物馆的视觉过渡空间，这类空间的照度值一般不小于500 lx，并最好能根据需要而随时可以调节。如果由室外到室内没有一个过渡区域，就不能满足公众视觉暗适应的要求，就无法给公众提供一个好的照明环境（图4-22、图4-23）。

图4-22　从入口到展厅的过渡空间1

图4-23　从入口到展厅的过渡空间2

博物馆的展示空间往往是由多个展厅构成，各展厅之间可能因为展品的不同而设置的照度不同，公众在不同照度的展厅之间走动时，所见的亮度就有一个变化的范围和变化的方向问题。例如，从低亮度到高亮度或从高亮度到低亮度，这时人眼需要通过自身调整来适应亮度的变化。由于人眼所能适应的亮度变化范围有一个界限，而且从低亮度到高亮度比从高亮度到低亮度所需要的适应时间短，因此在布展时，除了要考虑展陈文本安排的顺序外，也要依据人眼适应亮度的规律，在展线上将较低亮度的展室与中等亮度的展室相连。

2. 对照度均匀度的要求

为了突出展品，常采用局部照明的手法以加强展品同周围环境的照度对比。从公众在观展过程中的视觉适应状况考虑，应控制好展厅内的照度均匀度，以防止展品与周边环境的照度对比过强，影响观展。博物馆展示空间内的照度由展品决定，而博物馆内辅助空间的照度值一般有如下规定：藏品库区如藏品库房为75 lx，周转库房为50 lx，藏品提看库为150 lx；观众服务区如售票处为300 lx，存物处为150 lx，纪念品出售处为300 lx，食品区为150 lx；公用房如办公室为300 lx，休息处为100 lx，行政用房为100 lx，厕所、盥洗间为100 lx。当然，这些照度值仅作参考，在进行设计时应根据具体情况进行调整。

三、博物馆展示照明设计基本要求

不同类型的博物馆，尽管收藏和陈列的展品不同，但在对展示空间进行照明设计时，都需要符合博物馆照明设计的原则与要求。博物馆内部空间的照明设计既要能够保证为公众提供良好的视觉环境，同时更要从保护展品的角度出发，对光源、灯具、照明控制等进行选择，对展示空间内光的照度、显色指数、色温与照度匹配、均匀性、立体感、对比度、眩光等因素加以考虑，在最大程度上减少光学辐射对展品的损害，从而达到既有利于观赏展品，又能够保护展品的目的。当然，除了能提供良好的视觉环境与保护展品外，在进行展示照明设计时，还要满足安全可靠、经济适用、技术先进、节约能源、维修方便等要求。

（一）基础保护

既要为公众提供良好的视觉环境，同时又要考虑到如何降低光学辐射（紫外辐射、红外辐射、可见光辐射）对展品的损害，这是博物馆照明设计与其他室内照明环境设计最大的区别。博物馆中的藏品大多因为历史悠久而变得非常脆弱，电磁辐射、微生物侵袭、潮湿、受热都会令其产生不可挽救的损坏。展出期间，藏品受到的最大伤害来自照明，可见光、红外线、紫外线都会使展品受损害。紫外线的危害是最大的，容易引起有机物的化学反应，使某些展品产生严重的褪色。红外线产生的热辐射会提高展品的温度，使展品表面干燥，产生裂纹或变质。当展出环境中的湿度很高的时候，这些反应也会加快。因此，尽可能减少展品在展出期间受到的照明损害是博物馆照明设计的基本原则（图4-24、图4-25）。

物体自身的化学成分决定了展品是否容易受到损害，应根据展品材料的光敏性选择合适的照明方式。例如，瓷器稳定性高，对于展出环境要求较低，仅需满足照明与安全要求即可，可以用高色温的光源在高照明水平下进行展出；而古代字画、织物、青铜器等在安全基础上，还需要运用科技手段对温度、湿度及展出环境进行较为精确的调控，可以用低色温的光源在低照明水平下进行展出。

光对展品的损害程度还与光在展品上的曝光量（照度与时间的乘积）成正比。所以，对于光敏性特别强的展品，如书画、织物、壁画等，还应采取措施尽量减少曝光时间。例如，用人员流动传感器控制灯具，无人参观时将照度始终保持在最低限度，有观众参观时

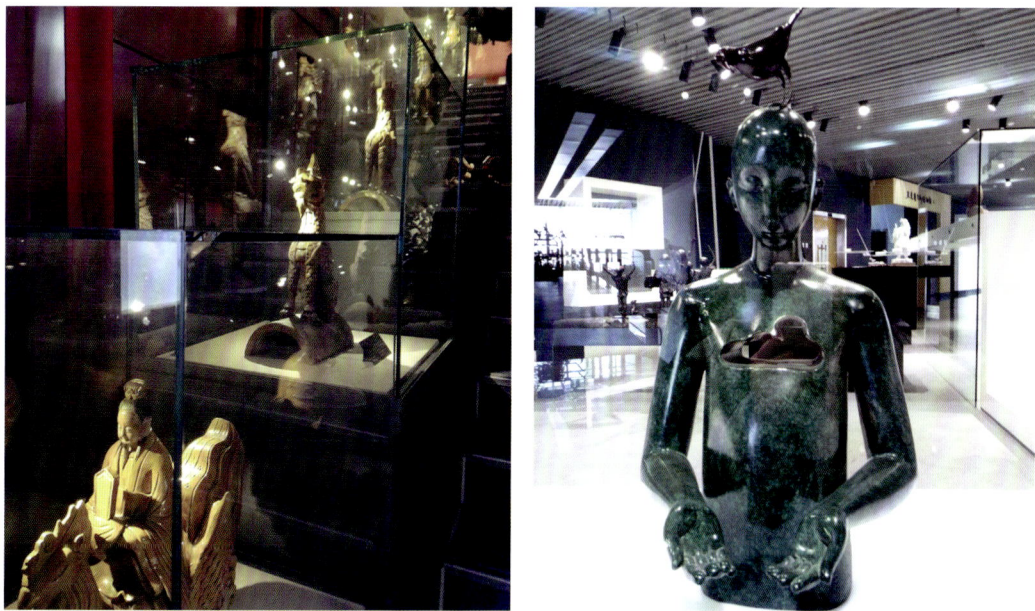

图4-24 不同展品的照明方式1

图4-25　不同展品的照明方式2

自动提高照度，观众离开后照度又自动降低；定期更换展品，非展出期间让展品处于理想的环境中"休养生息"，如将展品保存在特制的展柜中或特别设计的展室里等。

（二）真实直观

照明效果首先不应该忽视自然光源的实用和装饰价值。透过玻璃窗射入室内的阳光，将天空变幻的色彩和气氛送入室内（展示空间），使之生机盎然。同时，部分空间需对漫射的自然光进行适当控制，使之符合设计要求和预期目标。灯光照明在一定程度上可以改变空间效果，起到弥补空间不足的作用。过大、过高的博物馆空间，可采用大吊灯、组合吊灯或组合灯架等形式来降低空间、控制空间，以改变空间形象。而顶部偏低矮的空间，如选用满天星发光顶棚等形式照明，即可获得深远的感觉，以弥补空间的缺憾。根据博物馆空间功能的需要，可采用不同区域的光照处理，强调空间的分离，在大空间中获得相对安静的局部空间（图4-26、图4-27）。

图4-26　自然光源的应用1

图4-27　自然光源的应用2

　　人们对能够走进博物馆的展品普遍怀有敬仰之心，参观时总希望能够尽可能详细地观察。因此，全方位地呈现展品，清晰而真实地展现展品的形状、质地、色彩、制作工艺等细节是博物馆照明设计的中心任务。

　　全方位呈现展品需要根据展品的特点选择照明方式。例如，二维展品可选择亮度均匀的垂直照明或水平照明，以使展品全部稳定地呈现出来（图4-28）；三维展品可选择从不同角度照射光线，通过控制受光面和背光面的明暗比值，使展品呈现出丰满的立体感。在具体实施时，可以选择几个集中光配合，也可以选择漫射光和集中光配合。为了将展品的真实色彩还原出来，要求光源具有非常优良的显色性，显色指数一般要大于90。在色温方面，最好选择接近日光色的中性白色光源（图4-29、图4-30）。

　　博物馆中的展品普遍具有很高的审美价值，照明设计除了要将它们的真实面貌呈现出来之外，还要将它们的艺术性充分地表现出来。在这一点上有两方面值得关注：一是从物质层面直接展现展品的视觉艺术特点，如陶瓷展品和玉石工艺品可以用漫射光从底部进行辅助照射，塑造温润的质感；晶莹剔透的展品可以通过塑造炫目的反光展现其特点。二是从精神层面展

图4-28　二维展品的照明方式

图4-29　三维展品的照明方式1

图4-30　三维展品的照明方式2

现展品深层次的艺术价值。

对于立体展品，应着重表现其立体感。重点照明能够很好地表现展品的立体感，但它需要与环境照明配合来完成，重点照明和环境照明光源的色温应相近。一般情况下，在立体展品的侧前上方40°~60°的位置以投射灯作为重点照明对展品进行照射，并使重点照明的照度为环境照度的2~5倍（如展品是青铜材质或其他暗色材质，重点照明的照度为环境照度的5~10倍）时，则展品的立体感较好。但如果重点照明的照度与环境照度的对比过强，则会导致展品的阴影部分缺乏细节，这时需在适当位置增设一个低照度的投射光作为补光，在充分表现展品立体感的前提下使展品具有很好的细节。

（三）光影艺术

光与影是一个事物的两个方面，总是成对出现。有光必有影，有影必有光。阴影能够表现出物体或空间的立体感、进深感及时间感，有时甚至成为有效的装饰手段。同样尺寸的空间在不同光影效果下有着不同的空间感（图4-31）。

不同的阴影呈现出不同的效果。例如，从头顶直接向下照射的光，阴影浓重，对比强烈，表现出冷漠、严肃、阴森的视觉效果；半直接照明的光从斜上方照射，突出了脸部轮廓，变化微妙，比较真实地表现出立体感和质感；长久以来，人类已经习惯了光（日光）从斜上方照射到头上，以及由此而产生的影子。因此，当人造光源的位置低于人的头部时，所产生的阴影会让人感觉很不适应，甚至感到害怕（图4-32）。但这种非常规的照明方式有时可以创造出奇特的效果，如恐怖、愤怒、怪异等。

"设计空间就是设计光亮"。正是因为有了光，人眼才能感受物体、感受世界。因此，"光环境"可以说是"实体空间"的视觉转化器，是连接视觉与"实体空间"的中间层次，但又游离于"实体空间"，具有相对独立性。正是这种相对独立性，使"光环境"获得了自我表现的可能性，在空间视觉设计中实现光与空间设计一体化，从设计方法和技术手段上保证空间中亮度对比与构成的实现。如果说建筑是凝固的音乐，那么光和影就在合奏着一支无声的交响曲。

在博物馆展览中，对历史上某个时代具有代表性的场景进行复原与再现的活动越来

图4-31 光影空间的表现1

图4-32 光影空间的表现2

越常见。设计师可以通过灯光的配合来产生一种抽象的效果，表现幻想或者奇妙的景象，也可以通过灯光来营造刺激、有趣、感人、恐怖的场景。这种环境气氛的表达，主要依据人们对生活的长期敏锐观察和积累。生活经验越丰富，平时积累越多，那么照明中的色彩对环境气氛的描绘与再现就越真实、巧妙，人工痕迹就越少。博物馆中的场景复原能引导人产生联想，幻想前人所经历过的场景与岁月，原因之一就是灯光能够创造各种各样迷人、神秘、舒适的环境，构成种种能引发人们去联想的神奇的灯光环境气氛（图4-33、图4-34）。

图4-33 光影空间的表现3

图4-34 光影空间的表现4

展示照明与色彩结合后能够暗示出时间、情感、性格及其展示中的展品特性。例如，如果展示区域被深红色的灯光照射，则有助于强调快节奏下的紧张感，在表现工艺制造过程中较为适用；用冷色光如蓝色光照射展示区域的话，则会产生一种冰冷的感觉。色彩的缓慢渐变效果可以反映出时代的变迁。强烈的暖色光有助于强调展品的热烈气氛；明亮的灯光则让人充满快乐向上的感觉；聚光灯则会产生硬边的光束，可以有效地将展示的某一区域与其他区域隔离开来；安排在不同区域上的侧光，可允许观者移入和移出焦点区，以改变展示的构图；在展厅中所应用的霓虹灯和强烈的顶光可以塑造出宏大场面的视觉效果。

（四）体验舒适

在进行博物馆照明设计时，不能只从技术层面去考虑、遵从一些照明质量与参数的规定。单一的照明技术处理一般不能实现展示空间所需的照明效果，应结合展示艺术手法及公众生理、心理感受去综合设计。提供良好的视觉环境是博物馆进行照明设计的内容之一，要营造出与展示主题相符的照明环境，光线的明暗、照射面积、展现的色彩应符合公众的生理与心理需要，让公众在观展过程中获得愉悦的感受。

任何眩光现象都会影响观众对展品的细致观察，尽可能消除观众视野内的各种眩光是博物馆照明设计必须做到的。对于由光源产生的直接眩光，可以采取控制光线入射角度和在灯具上加遮光器的方法，消除直接射入观众眼睛的光线。一般来讲，30°入射角既可以有效避免眩光，还有助于塑造三维展品的立体感，因此被称为博物馆角度。对于因玻璃展柜产生的反射眩光，要根据入射角和反射角的关系进行计算后确定一个无光源反射映像区，将光源发出的光线控制在此区域内，可以确保基本没有反射眩光进入观众的眼睛。消除展柜玻璃面上的反光和阴影的方法有两种，一是调整光源的照射角度，二是保证周围环境的亮度低于展柜中的亮度（图4-35）。

图4-35　减少眩光的照明设计

在进行博物馆照明设计时，不仅要从保护展品及公众观展角度出发，还要将节能的观念贯彻始终。节能的观念体现在照明能源的有效利用上。首先，在设计之初就应充分利用天然光，尽可能将天然采光与人工照明结合在一起，这样不仅节约照明能源，对观众来讲，还可以提高展示空间的舒适性。其次，一定要通过技术方法控制光照范围，确保光源有效地照射到展品上；再次，在选择光源、灯具、镇流器等照明组件时，尽可能选择能效较高的产品，尽管一次性投资较大，但会为后期的运营及维护省更大的开销；还有，在照明设计过程中要配置合理的控制设备，以便在运营过程中，根据具体情况灵活地调暗或关闭部分光源。

节能无处不在，最大限度地利用竖直表面的反射也是高效的照明设计方法。设计师在进行展示空间照明设计时，不仅为展品展出、公众观展提供合适的光环境，还将节能的概念贯彻到照明的设计理念中，就会设计出适用、经济、美观的照明环境。

四、博物馆照明设计方法

在进行博物馆照明设计时，应依据展陈文本、展品信息、环境状况、公众层次等前期调研资料来开展照明设计工作。首先，应根据展品信息及环境状况确定合适的亮度图式和环境照明方式。其次，应围绕展示空间内的展线和展示空间节点进行重点照明及安全照明布置。再次，从整体照明环境氛围营造上设置装饰性照明。最后，在施工过程中调整展示空间照明环境质量。

（一）确定展示空间照明环境的亮度图式（体）

亮度图式是从照明的角度让观众去感受空间的整体印象。亮度图式一般可分为低亮度图式、中亮度图式、高亮度图式。在博物馆展示空间照明设计时采用哪种亮度图式，要将前期调研信息综合考虑后再确定，既要考虑有利于展品的保护，又要照顾到观众的视觉需求，还要从节能及后期维护的角度去进行论证。亮度图式的选择是确定展示空间照明环境的基调，在此基础上来探讨环境照明、重点照明采取何种方式来实现。

环境照明是为了满足展示空间最基本的照度需求而设置的，环境照明的功能是让观众能够感知空间与展品，博物馆内要求环境照明提供均匀分布的光线，环境照明在有些照明设计中也称一般照明。博物馆的环境照明既可由天然光构成，也由人工光源构成。由于天然光中的紫外辐射会损害展品，且很难控制，所以在进行博物馆环境照明设计时，往往应采用人工光源构建环境照明。环境照明主要是为使用者提供的，方便使用者感知博物馆内部的空间、展品的存在及在博物馆内部活动，这里使用者的概念既包括观众，也包括工作人员。当然在进行环境照明设计时，除了要考虑展品、使用者的功能需求，也要照顾到整个展示空间照明环境的视觉效果（图4-36、图4-37）。

环境照明非常注重照度分布的均质性，因为环境照明对于博物馆的整个照明设计来讲只是一个铺垫，而这个铺垫在展示空间环境内要求均匀。就像手绘室内效果图时，要先渲染上一种深浅适度的颜色，这层颜色在渲染时必须是均匀的，然后在这

图4-36　亮度图式范例1

图4-37　亮度图式范例2

个色调的基础上再进行室内环境的细部勾画。环境照度均匀度主要是由环境照明灯具的空间均匀分布决定的，因此在布置环境光的照明灯具时，应尽量采用等间距布局，而不必过多考虑与平面展品布局的一一对应。均匀的环境照明有利于提高展示空间更换展品展示的能力。在博物馆照明设计规范中对展示空间照度均匀度有如下规定：对于平面展品，最低照度与平均照度之比不应小于0.8，但对于高度大于1.4米的平面展品，则要求最低照度与平均照度之比不应小于0.4；如只有环境照明的展示空间，地面最低照度与平均照度之比不应小于0.7。

自然光进入博物馆展厅，除了会引起展厅温度上升之外，还会产生直接眩光和光斑、照度分布极不均匀、不稳定等问题。自然光中的紫外线含量也很高，会使展品受到损害，利用百叶窗、格栅、窗帘或别的遮挡物可以阻止自然光直接进入陈列室。另外，在窗玻璃上涂一层吸收紫外线的涂料、贴一层吸收紫外线的薄膜，在天窗下加一层吸收紫外线的塑料，或直接采用吸收紫外线的玻璃，都可以达到减少自然光中的紫外线的目的。如用自然光作为环境照明光源，要尽可能采用天窗采光，因为天窗采光在避免直接眩光和反射眩光方面及不占用墙面等方面比侧窗采光要好。由于自然光在展厅内部产生的照度水平随时间、地点、气候而发生变化，在阴雨天或我国北方地区的冬、春季的早晚，展厅内的照度水平可能低于标准。因此，除被核定公布为重点文物保护单位并规定不准引入电气线路的木结构展厅外，都必须设置人工照明作为自然光的补充。

环境照明方面，可以采用在展厅顶棚上直接安装光源，也可以通过反射式灯具照射顶棚，将顶棚作为间接光源来为空间所需环境照明。当顶棚作为间接光源使用时，顶棚表面材料应采用反光饰面，如白色涂料或具有较好反光性能的板材，当然设计师也可以利用灯具照射空白墙面，让墙面成为间接光源，为空间提供环境照明。采用何种类型的环境照明，要在把握博物馆展示空间亮度图式的基础上，进行环境照明类型的选择。以下是几种常见的环境照明布局形式。

1. 在顶棚上安装直接照射的灯具

最常见的环境照明形式就是在顶棚上直接安装向下照射的灯具。常用的灯具有嵌入式灯具、吸顶式灯具、格栅式灯具、导轨式灯具、悬挂式灯具等，可以通过控制灯具的间距来保证环境照明的均质性。

2. 发光天棚

发光天棚可以为展示空间提供环境照明，并能使空间变得开阔。发光天棚是将顶棚模拟成自然光的一种照明处理形式，即在顶棚上安装漫反射器，漫反射器就是灯光片一类的介质，光源通过漫反射器产生均匀的光线向下照射。发光天棚适合高亮度图式的展示空间。为了防止眩光，发光天棚往往需要降低亮度，发光天棚提供环境照度的形式很少用在展示空间中，而常用于门厅、过厅、走廊等辅助空间。

3. 悬挂反射灯具

悬挂反射灯具是一种将向上照射的照明灯具悬挂在顶棚下方，通过灯具将顶棚照亮从而为空间提供环境照明的方法，悬挂反射灯具适合在中亮度图式的展示空间中使用。

4. 暗藏灯槽

暗藏灯槽可以将灯槽内光源发出的光线反射到顶棚，以为空间提供环境照明。暗藏灯槽提供的光线比较柔和，使观众有一种空间开阔的感觉。暗藏灯槽适合在中亮度图式的展示空间中使用。随着灯槽离顶棚距离的增大，顶棚上的光线的均质性会提高。

5. 壁槽照明

壁槽照明是为了获得墙面自上而下渐变的平滑光线，因此充当壁槽照明的往往是线光源。通过将灯具安装在凹入顶棚的灯槽或窗帘盒板后，光源会因灯槽或窗帘盒板的遮挡形成一条连续的线光源自上而下照射，由于是连续的线光源，所以壁槽照明在墙面形成的光线与掠射光形成的光线不同，掠射光形成的是不均匀的光线，而壁槽照明形成的是水平向的均匀光，这种均匀光自上而下是逐渐减弱的，壁槽照明这一照明方式适合在低亮度图式和中亮度图式的展示空间中使用。

（二）利用装饰照明来营造展示氛围（面）

装饰照明也称场景照明，其目的就是渲染环境气氛及强化展示主题，同时为展示空间提供一些亮点。博物馆内部的装饰照明采用低照度的光源。充当装饰照明的灯具，外观要与展示空间环境的风格一致。

在展厅内进行装饰照明设计时，常利用装饰照明手法来营造一个特定时段、场景下的环境，从而为展品的展出做好铺垫。特别是当博物馆采用复原场景进行展示时，装饰照明的作用显得尤为重要。在展厅内适当做些装饰照明，既可以为展示空间提供亮点，也可进一步强化展示空间的设计主题（图4-38、图4-39）。除了采用场景模拟展示方式外，一般情况下装饰照明不会出现在展示展品的展厅内，往往出现在辅助空间处，如出入口、走廊、休息区、服务区等。

图4-38 装饰照明案例1

图4-39　装饰照明案例2

　　从博物馆照明设计程序来看，可以简单地归纳为从"体"到"线"，再到"点"，最后又回到"体"的设计过程。亮度图式的确定是从博物馆的整体角度来确定展示空间照明环境的基调；重点照明及安全照明设计是对一条或几条观展线路进行光线分布设计，且重点照明进一步强化展示空间节点，从一些重要的展示节点来打破展示空间的节奏；装饰照明用来营造展示氛围，又回到整体角度对展示空间照明环境做进一步调整。

　　常见的装饰照明灯具有如下三种。

1. 壁灯

　　壁灯常作为空间的装饰照明灯具。壁灯可以产生定向光或漫反射光，它除了对垂直墙面进行照明外，还为顶棚及地板提供照明。同时壁灯有助于强调某一特定位置，因此往往也会在出入口、楼梯处、交通转折处设置，以引导公众观展。

2. 枝形吊灯

　　枝形吊灯本身就具有一定的装饰性，它与壁灯在作为装饰灯具时往往都不用在真正的展示空间，而是用在非展示用的辅助空间，差别在于枝形吊灯更多地安装在辅助空间的中心位置，如大厅、过厅的中心，而壁灯在空间中的作用显然没有枝形吊灯重要。当枝形吊灯作为装饰照明灯具时，应注意不要让枝形吊灯成为空间中眩光的来源。

3. 建筑化照明灯具

　　利用灯具与建筑装修结合构成的照明方式称为建筑化照明。建筑化照明也具有一定的装饰效果，利用顶棚的造型与灯具结合来强化博物馆内的风格，这种形式的装饰照明往往应用在博物馆的入口大厅。

　　博物馆展示照明设计的构思过程只是对展示照明效果的一种推断，是否能够实现，受到诸多因素的限制，既有环境条件、施工技术的限制，也受到光源、灯具选择的限制，同时博物馆方相关人员的干涉也会起到一定作用，因此只有在将方案变成现实的施工过程中，从每一个关键环节进行控制，才能确保设计构想的真正实施，从而为展品展示、为公众观展提供更为合理、舒适、美观的博物馆展示空间照明环境。

（三）围绕展线进行重点照明及安全照明设计（线）

博物馆展示空间设计的一个重要内容是确定公众观展时行走的路线，简称展线。所有的展品都围绕着展线进行展示。展线不只有一条，它需要依据展示空间的具体情况、展陈文本及展品类型等因素进行布置。但不论展线是一条还是多条，在进行照明设计时都需要将重点照明沿展线布置。这是因为展品就是围绕展线布置的，由于重点照明的存在，沿展线的路径照度比周围环境的照度高一些。同时，由于博物馆内部的安全疏散通道往往也是由出入口与展线连接构成的，所以沿展线也要设置安全照明系统，并在出入口利用照度的提升加以强化。

博物馆的安全照明系统是为了在出现意外情况时引导观众安全疏散。安全照明灯具需根据公众在展示空间内部的分布而清晰勾画出疏散路径，通过使疏散路径上的照度高于周边环境，引导观众快速到达室外安全地带。考虑火灾会引起大量烟雾的出现，在疏散路径靠近地板处另设一套辅助安全照明系统，以帮助观众在发生火灾时在这套照明系统指引下逃离受灾区。

在疏散路径上布置灯具时，宁可采用输出功率小的灯具，也要排列密集一些，这样可以提供均匀的照度，避免将灯具间距安排过大。在安全照明光源色彩的使用上，尽量使用白光照明。由安全照明提供的照度也有一个最小值控制，0.5 lx的平均照度就能为观众提供一个逃离房间的可见环境，沿着疏散通道的平均照度不要低于5 lx，在出口处的照度应给予加强，出口照度值不要低于10 lx。另外在可能引起危险的区域如走廊的交叉口、地面标高发生变化处、楼梯的起始端、改变方向的拐点及存在潜在障碍物的地方，也要增加环境照度以提醒观众。

不是只有安全照明系统才起到帮助观众安全疏散的作用。在进行环境照明、重点照明设计时，在满足观众观展要求的前提下，也要从引导观众安全疏散的角度去进行照明设计。例如，在走廊布置灯具时，让灯光照射在垂直墙面上要优于照射在地面上，对走廊起始点进行强化照明也可为交通流线增加一些方向性的暗示；在楼梯间的照明布置应以展示楼梯的真实情况为主，使观众在使用楼梯时能够清楚看到踏步的边缘，楼梯踏步表面的照明水平应当超出周边环境的照度，对楼梯进行照明时最好从顶部向下投射光线，使楼梯每一级的前缘正下方都投有阴影，从而通过突出每一级的边缘来强调踏步的外形；同样，在对展示空间已有建筑元素如柱子等进行灯光强化，也可加深观众对空间形态的印象，以帮助观众了解所在空间形态，以利于出现紧急情况时确定自身所处位置，快速疏散。

做好应急照明也是安全照明所需考虑的。当出现供电故障时，需要启动应急照明系统为空间提供照明环境，应急照明系统的电力供应依赖于独立单元电池或是备用发电机供电，应急照明系统应在出现事故的10s内启动，因此在配置应急照明光源时应优先采用启动较快的光源。

（四）重点照明进一步强化展示空间节点（点）

从展示空间的划分来看，展品的展示空间是由"点"与"线"共同构成的。所谓的"线"就是指展线，而"点"是指根据展陈文本的需要，在展线的特定位置上设置的展示空间节点，这些空间节点是展示空间内的视觉中心，因此是照明需要重点处理的地方。展示空间节点的照明设计相对复杂，不仅要考虑此处展品与背景的照度对比度，还要考虑此处展品的形态如何表现，细节是否清晰，阴影是否过暗等问题，故此往往采用几组重点照明对这样的空间节点进行强化。

重点照明也称局部照明，通过采用高于环境亮度（照度）的指向性光线，来突出展示环境中的重点区域或展品，从而引起观众的关注。重点照明主要是针对展品的展示，根据博物馆选择的照明亮度图式、布展方式、展品的类型来选择具体的重点照明方式。只有恰当地配置与环境照明比例、合理地选择光源与灯具、有效地控制投射角度与溢光等，才能营造出理想的展示空间照明效果。进行重点照明设计时，首先，要从展品保护方面出发，不合适的照明会对博物馆的展品尤其是珍贵的文物造成一定的光辐射损伤，过度的光照会使书画、古籍等纸质文物及丝绸文物酥化、变色，也会使陶瓷、壁画等文物的色泽变淡。其次，配置重点照明时要尽可能地凸显展品的特性，重点照明必须逼真地还原展品的器型、质地、纹饰、色泽等，凸显展品的细节特征，让公众能全方位地准确感受展品，这就对重点照明光源的照度、显色性、对比度等有一定要求。再次，还要考虑重点照明的照射方向，避免眩光的产生。最后，重点照明设计也要做到"绿色照明"，即考虑到能源损耗、初次投资和后期投资等，尽量节省能源和健康环保。

充分展现展品的形状、颜色和纹理，这是重点照明的任务。但还要注意与环境照明的协调，毕竟展示空间的整体效果比单一展品的展示效果更重要。因此，在设置重点照明时，要考虑与环境照明达到一种平衡，这种平衡不只是指呈现在公众视野中的亮度，还包括色彩、照射角度、覆盖范围等。与环境照明的协调是设置重点照明必须遵循的规律。

1. 照度对比

设计重点照明需要考虑照射目标对象与周边环境照度的对比，适当的对比才能将展品从背景环境中衬托出来。在具体设计过程中除了考虑光的照度对比，还应将展品材料的光学性质考虑进去，即便相同照度的光，照射在不同材料上面，给公众的亮度感受是不同的，这是因为亮度是落在展品上的照度和它的反射度共同决定的。

2. 选择合理的光束角

光束角是从光束中心线向外辐射的度量值，光束角是光束中心线与光强降低至中心线最大光强的50%的光束的夹角。投光类灯具根据其光束的宽窄分为窄光束、中等光束、宽光束。一般而言，当光束角小于20°时，就称为窄光束；光束角在20°～40°时，就称为中等光束；光束角大于40°时，就称为宽光束。光束角的数据通常由灯具生产厂家提供。

3. 选择好配光曲线

任何光源或灯具在处于工作状态时都会向周围空间投射光通量，可以通俗地理解为光线投射，用光线的长短来表征某一方向的发光强度，把这些能够表示不同方向、发光强度的光线的终端连在一起，就会形成一个封闭的光强体，利用一个通过光强体垂直轴线的平面对这一光强体进行切割，在这一垂直平面上就会得到一个闭合的交线，此交线以"极坐标"的形式绘制到垂直平面上，就是灯具的配光曲线。灯具的配光曲线是选择重点照明灯具的主要依据，因为配光曲线能够控制光源照射展品的形态。

4. 投射角度

相同展品在不同投射角度光的照射下会产生不同的效果。进行重点照明设计时要做到投射方向准确，才能够突出展示的层次，增强展品与环境的对比，同时也避免直接眩光。投射角度准确不仅是让投射光将目标展品照亮，还要利用投射的光将展品的特色展示出来。由于博物馆内展品既有立体展品与平面展品之分，又有大幅展品与小件展品之别，所以投射灯的照射角度在设置时也不尽相同，必须通过分析展品的特点设置重点照明的投射角度，从而达到突出展品价值的目的。

5. 重点照明的形式

（1）垂直展面照明：垂直展面的重点照明常采用投射光较好的灯具充当，通过将光线集中到墙面的展品上，以引起观众的注意力，同时让展品清晰地呈现在观众面前。在采用垂直展面照明时应注意展品与照明之间的呼应关系。如果墙面展示的是大幅展品，则需对墙面照度均匀度加以控制，使观众不会因光线的不均匀影响对展品的观赏。例如，当墙面展品不大且由多个组成时，则需注意重点照明的投射范围要能完整地覆盖展品，并确保每幅展品都会有一盏投射灯与之对应，让观众能够看清每一幅作品。常见的垂直展面照明形式有洗墙、掠射灯、独立射灯等。

（2）立体展品照明：立体展品一般都会放置在展台上（大型的立体展品除外，如兵马俑军阵的展示）。对于摆放在展台上的展品，首先要保证一定的照度，使其轮廓清晰，以提高安全性，避免观众碰到展台；其次，在对立体展品进行重点照明时，一定要选定立体展品的主方向进行光线投射，这样才能让观众有一个良好的观展视角。但除了这一主方向外，还要照顾到其他方向的观展体验，所以立体展品的重点照明很少是单一的投射光，往往是由一组投射灯进行照射，在这组投射灯中有主光源与补光之分，做到投射光的主次分明，就会充分地展现立体展品的魅力。

（3）展柜照明：展柜是博物馆常用的展示形式。由于很多展品都很珍贵，为了保护展品免受损害与偷盗，需把展品放到展柜中展示。由于展柜往往采用玻璃制成，这时为了看清展品，需要对展柜进行重点照明。在展柜重点照明应设法使展柜中的亮度比展柜外周围环境的亮度高5~10倍，因此要在展柜内设置光源，这时要注意尽量将光源设在观众的观展视野之外，以免产生直接眩光。另外，也可采用压低顶棚和周围环境照度的方法，让展品更突出，如用格栅做顶棚，或顶棚采用灰色或黑色饰面等。为使观众免受外来光线产生的反射眩光影响，展柜应采用无反射的玻璃，并将较低的展柜正面玻璃正向做倾斜处理（图4-40）。

图4-40　重点照明方式

第三节　商业空间照明设计

一、商业空间概述

商业空间在营造整体空间环境时往往是有目的性的，采用有意识的设计手法，打造合理有效的室内外效果、功能实用性和便利性，在设计中充分考虑商品的特性，展示商品特点。商业空间的设计重点在于向用户展现出其品牌价值，以获得期望的销售成果，同时为消费者提供良好的视觉效果、心理满足感，从而产生初步购买欲望。

光作为生存必不可少的要素，它的作用一直受到人们的重视，尤其在现代社会，人们已深入地了解自然光在日常生活中对人的生理及心理所产生的深远影响。光让世界鲜亮生动，给人们带来生机、温暖和希望，其在商业空间照明设计的重要性同样是毋庸置疑的，它对于提升空间功能、营造空间氛围、强化环境特色等具有重要意义（图4-41）。虽然消费者的购买意愿由文化、社会、个人等因素构成，但在很大程度上也取决于销售环境的优劣。

图4-41　商业空间内部（上海陆家嘴中心）

（一）商业空间的分类

商业空间因消费模式和空间诉求的差异，产生了多种商业空间照明设计。从消费的角度来看，商业空间大致可以分为两种模式：商品销售类商业空间和体验式商业空间。商品

销售类商业空间强调以商品营销为主要经营内容，为消费者提供商品和服务（图4-42），如超市、化妆品专卖店、服装专卖店等。而体验式商业空间注重环境的塑造，强调为消费者提供美好的身心感受，如饮食、娱乐、休闲等场所的商业空间。

对于一般商品销售类商业空间而言，其空间环境照明应明亮宜人，使商品生动呈现

图4-42　商品销售类商业空间（上海陆家嘴中心）

在消费者眼中，吸引消费者驻足，进而激发出消费者的购买欲望。商品销售类商业空间因行业的不同，其空间照明设计也会有所不同，如服饰类商业空间往往采用整体照明与重点照明结合的照明系统，并辅以装饰照明营造空间氛围，同时突出商品特征。对于体验式商业空间，其空间环境的照明设计关系着消费者的情感体验（图4-43）。例如，餐饮空间的光线要设计得柔和舒适，光色暖而显色性良好，满足对食物的功能性照明，同时体现商业空间的风格和特色，为消费者提供一个绝佳舒适的就餐环境。商业空间的照明要与商品类型及空间形象匹配，不同的商业空间应采用不同的照明方案，通过精心设计营造出独特的空

图4-43 体验式商业空间（Astet studio）

间环境，从而更直接地塑造其商业形象，同时回应消费者的情感需求。

照明作为商业空间设计的重要手段，在突出商品特征、引导消费、完善空间功能、营造趣味性和戏剧性的视觉效果及空间氛围等方面发挥着独特的作用，商业空间的类型和定位决定了该空间展示照明设计的方向。高品质的照明能够展示商品的最佳效果，体现品牌特色，营造出和谐的环境，引导消费者进入空间中，将消费者的注意力吸引到商品上，进一步激发消费者的购买动机，满足消费者及工作人员店内店外走动时的安全要求。

（二）设计方法

由于不同的商业空间在功能上的差异性和特殊性，需要采取不同形式的展示照明设计，下面对商业空间中的照明设计方法进行分类说明。

1. 采光

商业展示空间的采光一般分为自然采光与人工照明，但是由于商业空间建筑本身的特点，为了满足各种展示功能的需求，避免自然采光的不均匀，商业空间中以人工照明为主，自然采光为辅。

2. 光线照度

光线照度应满足消费者在眼睛无明显疲劳的条件下观看的基本要求，并且能确保消费者准确识别商品颜色和相应细节，商品的表面照度一般为200~2000 lx，光敏性的商品表面照度最低不小于120 lx。

同时，整个空间的照度要均匀，墙面应补充足够的垂直照明，这样商品之间的受光和投影可避免相互影响，也不干扰消费者的视线。商品表面照度与空间一般照度之比不宜小于3∶1，内部空间一般照度与整体环境照度之比不宜小于2∶1。

3. 照明照度

进深大的商业空间应加强空间深处的照明，进口和深处须采用明亮的照明。假设商业空间中的平均照度为L，则店内照度为1.5~2L，橱窗照度为2~4L，深处陈列照度为2~3L，柜台照度为2~4L，商品重点展示区照度为3~5L，一般陈列架、陈列台照度为1.5~2L。大中型商业空间必须安装事故照明以供继续营业，其照度不应低于一般照度。

4. 光源选用

应根据商品类别和展示设计的需要选择人工光源，注意照明设备的显色性、发光效率、照度稳定性、紫外线含量及投光类型，并调整色温、照度、光色对比度，合理选择以表达特定的光色和氛围，强调商品的质感和色彩等。

5. 避免眩光

商业空间中必须限制光源的亮度，避免光线直射消费者和眩光。当光源照度远高于一般照度时，应采取遮光措施，使光源漫射或降低光源亮度。在玻璃柜内放置商品时，应保证柜内商品照度高于一般照度的20%，使玻璃柜上不出现镜像。

二、商业空间照明设计的基本要求

商业空间的照明要求应基于不同商业空间的照明目的和空间诉求，分别根据商品的价格、空间的类型和目标客户群的特点来设定。在进行商业空间展示照明设计时，应尽可能使用简洁而有效的照明手法凸显商品的视觉效果，吸引消费者，以此促进商品销售。同时在照明方案的构思及照明设备的选择上要考虑到照明效果，从节能的角度来审视照明方案。因此，在进行商业空间照明设计时应遵循以下四个基本要求。

（一）空间布局分明

商业空间的整体照明布局不仅要做到简洁，还要做到层次分明，这样才能营造出有效的空间照明环境。商业空间中的照明类似于舞台表演场景中的照明，以光线表现场景中的主角和配角，通过光线强化功能分区。空间整体采用基础照明，重点照明用在主要展示区，能够让消费者看清商品的细部，柔和的光线往往用在一些辅助性区域，如服务区、休息区、库房等，在主要展示区应提高灯光的强度，在一般区域满足基本的照度即可，这样就会使商业空间中的照明布局主次分明，富有节奏，并且可以有效地控制照明成本。

如图4-44所示，整体照明布局层次分明，采用多方向射灯减少阴影，白的更白，黑的更黑，以简单的灯光和低廉材料制成的自然展台创造出容易识别的清晰空间。

图4-44　层次分明的整体照明布局（Gonzalez Haase AAS）

（二）照明环境舒适

照明设计应为特定的商业氛围提供服务，确保消费者在选购商品时拥有舒适的商业照明环境。舒适的灯光环境能给消费者带来愉悦感，如果商业空间的光线昏暗，会让消费者感到沉重的压迫感，不仅无法突出商品的效果，还使整个商业空间没有生气。照明能够提高商业空间的品位，如光线相对柔和的品牌店会让人感觉优雅，明亮的照明环境可以吸引消费者，因此商业空间应该营造良好的照明环境使消费者购物时感到舒适，从而促进消费，同时良好的照明也有利于强化商业空间的品牌效应。

商业空间的不同销售模式导致其空间环境的构建也各具特色。首先要把握不同照明方案组合的变化，其次是空间照明色彩的控制要满足特定的空间需求和消费者的情感需要（图4-45）。照明设计应采用多种丰富的设计手法，如动态照明、建筑空间刻画等，营造和渲染空间的氛围和风格。

图4-45　照明与空间环境风格协调（Mecanismo）

（三）突出商品特征

在进行商业空间的照明设计时，要重点强调商品的可见性和特定属性。对特定商品进行重点照明，应以突出商品的形态、功能及质感为目的，强调其在环境中的地位，聚焦消费者的注意力，从而激发购买欲望。

照明商品就是利用光线展现商品的特性，人的眼睛总是容易被高亮度的物体所吸引，因此需要把重点照明放在表现重要的商品上，不管是货架上、陈列台上，还是橱窗或陈列柜内，都应保证充足的照度。例如，对于挂在墙上的商品而言，应增加墙面的亮度，降低周边亮度，从而充分表现出墙面商品的特征和细节。利用不同角度、不同配光的光线表现商品的品质和立体效果是商品照明的重要手段。如图4-46所示，用散光照射背景，高光照射商品，柔化阴影，充分展现出商品的高品质。此外，由于商品的光色和显色性差异会极大地影响到商品信息的传递及商品特性的表达，因此需要谨慎选择合适的光源。

图4-46　用散光照射背景，高光照射商品（Sporaarchitects）

（四）增强空间亮度

利用灯光来吸引消费者是商业空间常用的设计方法，对于购物场所而言，不仅要营造一种轻松舒适的购物环境，还需要通过灯光、色彩和造型来提高消费者的兴奋点，通过引发消费者对空间内部商品的关注，刺激其购物欲望。实践证明，在同样规模的商业空间中，灯光明亮的空间将比晦暗的空间更能吸引消费者，通过适当地提高空间内外的灯光亮度，可以提高消费者的光顾率。

要使消费者在购物过程中感到舒适，就需要选择合适的照度和理想的光源，照度会反映出商业空间是否明亮宽敞，商品是否清晰可见。商业空间内各部分照度的确定取决于该部分空间使用功能的差异，环境的整体照度不宜设计得过高，用于局部装饰的重点照明可以使设计脱颖而出，增加消费者的关注度（图4-47）。商业空间中常见的光源包括荧光灯、卤素灯、金属钠灯等，光源的色温必须与照度等级相协调。在低照度的情况下，以暖光为宜，随着照度的增加，光源色温也必须相应提高，照度与色温的协调也是由商业空间中的商品特性决定的。

图4-47　增强空间亮度吸引消费者（Studiopepe）

三、商业空间照明设计的影响要素

商业空间照明设计的影响要素主要从照度、色温、显色性、均匀度与重点照明系数、眩光、有害的紫外线和热辐射、灯具的选择七个方面进行考虑。

（一）照度

照度可以是水平的（水平照度），也可以是垂直的（垂直照度），商业空间的照明设计必须保证货架上的垂直照度平均值为300~500 lx。

商品表面、展示区域的照度不同，会直接影响消费者对商品和空间的感知，合适的照度会给消费者带来空间愉悦感和舒适感，同时会激发消费者的购买欲望。设置商业空间的照度是一个难题，一般情况下应参照照度标准来设置，但有些店面也会考虑相邻空间的亮度。此外，与一般商品及重点商品的照度相比，整个空间的照度对观看商品的消费者有非常重要的影响。如图4-48所示，垂直照度与水平照度接近，能表现出其轮廓感、立体感与表面质地。特别是在大型商场内，由于配有滤光镜片的卤钨灯的普及应用，减少了对热辐射和商品恶化变质的影响，重点商品的展示照度非常高。对于小型高价的商品，其所在空间追求整体明亮的高照度，使商品清晰地呈现在消费者面前。

图4-48　商业空间照度设计（Ministry of Design）

（二）色温

色温是表征色彩感觉的一个因素，在设计商业空间的照明环境时，应该从光源颜色和物体颜色两个方面来考虑色彩问题。色温因光源产生差异性，给人的冷暖感觉也不同。当光源所发出的光的颜色与黑体在一定温度下发出的颜色相同时，黑体的温度就称为该光源的颜色温度（简称色温）T_c，色温的单位用绝对温度K表示（表4-4）。

表4-4　光源的色温与感受

色温（K）	光色	感受
＜3300	暖色光	温暖、亲切、热烈
3300~5000	白光	清淡、平和、稳定
＞5000	冷白光	凉快、冷淡、安静

在对商业空间进行展示照明设计时，往往通过色温和照度的合理搭配来营造个性化、舒适的商业空间环境。不同商品的特点和商业空间性质，使选择的色温存在差异。一般情况下，大的商场、百货超市等多采用高照度配高色温（图4-49）；珠宝店等会采用低照度配低色温。如果采用高照度搭配低色温，会使消费者感到烦闷，而采用低照度搭配高色温，又会让消费者觉得环境过于冰冷。因此，只有根据具体的环境与商品特性，灵活配置空间照明环境，才能获得商业空间展示照明环境的预期效果。

图4-49　白色高色温排灯照亮的商品（WAATAA）

（三）显色性

显色性是指与参考标准光源相比较时，光源表现出物体颜色的特性，表示照明光源相对于物体真实色彩的表现程度。一般人工照明光源以显色指数Ra作为评价显色性的指标，显色指数（Ra）的最大值为100，光源的显色指数越高，说明在此光源照射下消费者看到的商品色彩越真实。Ra为100~80时，光源显色性优异；Ra为79~50时，光源显色性一般；Ra＜50时，光源显色性较差。

光源的这个指标对于一些商品来说是极其重要的，比如工艺品店、珠宝店、服装店等，消费者非常关心此类商品的真实颜色（图4-50）；而对于强调功能性的商品，如电器、五金等，则无需过分追求商品色彩的真实性。在进行商业空间照明设计时，使用具有高显色指数（Ra＞80）的光源是基本的照明原理。对于鲜果食品类商业空间，光源的特殊显色指数相对比较高，背景设置得相对暗一些，红色、黄色等深色物品用3300K左右的暖色光，绿色等浅色物品用4500~5500K的冷白色灯光，光谱中偏重红色光更能表现食品的鲜美。商品色泽良好，消费者的购买欲望就会大大提升。在化妆品专柜、美发沙龙里显现的肤色、发色，以及在餐饮空间中食物的色泽更是非常重要。因此，在商业空间中，一般选择平均显色指数较高的光源，由于某些特殊情况下使用低显色指数的光源进行照明也可以产生一些特殊效果，因此可以根据设计的需求来进行偏色照明。

图4-50 优良的显色性使商品色彩更加真实（Sanayi313 Architects）

（四）均匀度与重点照明系数

均匀度是给定工作面上的最低照度与平均照度的比值。如果商业空间的照明均匀，则会产生平淡无趣的空间效果，故应适当在满足照度水平的情况下，针对重点区域、重点商品，利用不同的照度营造出充满对比艺术的室内照明环境。适当调低基础照明，充分利用照度差异，使商品脱颖而出，空间环境也更加鲜明。对均匀度的考虑可以结合重点照明系数，一般重点照明是基础照明的3~5倍，为营造更活泼、更生动的效果，有时甚至达到20~30倍。

重点照明系数（AP）是重点照明的亮度与环境照明亮度的比值，这一比值的大小是影响整个商业空间视觉效果的一个因素，影响着商业空间的照明效果（图4-51）。一般的商业空间重点照明系数较小，超市往往是2~5，专卖店会达到15~50。重点照明与环境照明比率的设置取决于想要获得的照明效果。

图4-51　不同重点照明系数的商业空间（John Pawson）

（五）眩光

在具有一定正面宽度和进深的商业空间中，吸顶式的照明灯具明显外露、自身发光是造成眩光的主要原因。在以发光效率优先的廉价商业空间内，灯具往往为外露式的整体照明器具，光线过度照射会造成眩光。为了防止这种眩光，整体照明灯具可以使用格栅或防止直接照射的灯罩，可以选择灯泡的安装位置比灯具开口稍微深一些的灯具，需要注意照明灯具的安装位置和照射方向等。带有光面玻璃柜和包装外表有光泽的商品，会因为天花板照明而反射发光；在有光泽的地板上，照明设备的亮度也可能会产生间接的眩光，从而看不清楚商品。

商业空间对照度的要求比较高，在满足突出商品和提供良好购物环境的前提下，必须避免在照明环境中出现刺眼的光线，尤其是陈列柜的光照环境，应避免光源直接暴露在消费者的视线内，并采取适当的遮光措施，强烈的高光很容易对消费者的视力造成不适，同时也降低商业空间照明环境的品质，可多考虑间接照明作为空间的基础照明。国内外相关商业空间照明标准的规定如表4-5、表4-6所示。

表4-5 国外标准中的零售店照明指标

房间或场所	照度标准值（lx）	UGR	Ra
小销售区域	300	22	80
大销售区域	500	22	80
收银台	500	19	80
包装台	500	19	80

表4-6 国内标准中规定的商业照明标准值

房间或场所	参考平面及其高度（m）	照度标准值（lx）	UGR	Ra
一般商业空间	水平面（0.75）	300	22	80
高档商业空间	水平面（0.75）	500	22	80
一般超市营业空间	水平面（0.75）	300	22	80
高档超市营业空间	水平面（0.75）	500	22	80
收银台	台面	500	—	80

（六）有害的紫外线和热辐射

许多高级商品对紫外线和热辐射反应灵敏，如果因为照明导致商品受损，那是得不偿失的。比如，用5000 lx的照度连续照射印染纺织品100小时可能会使纺织品变色；此外，用植物染料染成的衣服，在照度接近1000 lx的荧光灯照射下，受紫外线的影响，短短几天就会变色；皮革制品、毛皮、珍珠宝石等也会因紫外线或热辐射而变色或变质。因此，卤钨灯需要在重点照明的高照度下积极过滤热辐射。

热辐射对生鲜食品和花卉也会产生很大的影响，新鲜的鱼、肉制品会因光热加速细菌繁殖，导致腐烂变质；花卉受到热辐射会缩短开放时间。热的传播方式有对流、传导和辐射三种，而照明引起的热问题往往属于热辐射。基于这一点，照明灯具与商品之间的距离应为30cm以上，而且根据照明灯具的种类，以及照明灯具是否安装反光镜，照明灯具与照射物的距离应有所不同。热辐射不仅会影响商品，还会给消费者和销售人员带来不利影响，特别是在夏季，即使用空调也很难减少照明辐射所散发的热量，因此应当考虑在这一季节适当调暗或减少灯具的照射量。

（七）灯具的选择

灯具在商业空间照明中的使用对照明环境和氛围起着重要的作用，灯具的选择基本要保持以下五个原则。

1. 环境条件

在选择灯具时，首先应当考虑室内环境，要根据室内的环境来选择合适的灯具。同时还必须考虑照明设备的防水、防潮、防尘和防触电等。例如，在商业公共卫生间中，使用防水、防潮的照明设备；在商业空间内人群复杂的区域，要尽可能多地使用低压或有防触电等级的照明设备。

2. 经济性

在满足照明环境的条件下，还需要考虑照明的经济性，尽量使用效率高、利用率高、寿命长的照明灯具，从而达到一个非常好的节能效果。此外，在选择灯具时还要考虑限制眩光的要求，尽量选择符合亮度限制要求和遮光角规定的灯具。

3. 灯具外形

室内照明灯具的外形各异、种类繁多。要根据室内设计风格设计主题选用合适的灯具外形，通过与设计主题相匹配的灯具外形来烘托空间的整体氛围。

4. 灯具的配光性

商业空间照明设计最基本的目的就是要满足商品的亮度和照度，在整个商业空间的照明设计中，不同位置的亮度和照度应该采取不同的配光比例。

5. 灯具的安装方式

在商业照明中，按照灯具的安装方式不同，灯具可分为以下几类：

①吸顶灯：直接固定在天花板上的灯具，主要用于室内空间的基本照明。吸顶灯的种类很多，主要有白炽灯和荧光灯；

②嵌入式灯：主要用于有吊顶的房间。嵌入式灯与顶棚可以灵活布置，同时可以减少顶棚的压抑感，将照明灯具嵌入吊顶内，可以有效消除眩光。嵌入式灯具分为可调节角度的灯具和不可调节角度的灯具，同时也有聚光型和散光型两种，常用的有荧光灯、石英射灯、陶瓷灯、金属卤化物灯等；

③吊灯：室内照明中常用的灯具类型，属于基础照明，主要通过照明设备的外观类型来达到装饰的目的。常用的灯具材料主要有水晶、石英玻璃、金属等；

④射灯：室内照明的常用一种灯具，分为固定式射灯和轨道式射灯，主要用来强调重点照明区域的物品。

四、商业空间的照明形式

商业空间的照明类型按照功能的不同，可以划分为三类：基础照明、重点照明、装饰照明。三种照明方式在商业空间中发挥着各自的作用，如使用基础照明来照亮整体的商业空间；通过重点照明区分商品及背景，从而突出商品；采用装饰照明提升橱窗及室内空间的品质。在商业空间中，确保基础照明和重点照明提供的光照构成比例适当，统筹兼顾，相互配合，以获得完美的照明效果。

为了在商业空间中利用灯光提供照明，基础照明的要求是适应观者的需求，并清楚地看到他们所处的环境和商品（图4-52）。在实际的商业空间中，照明设计的作用已经超出了这个基本功能，特别是在精心挑选和购买质量要求较高的产品时，需在一定基础照明的前提下，使用重点照明将商品的造型、色彩和质感充分展现出来，才能强调出品牌的气质和个性，让消费者更仔细、更生动地了解商品的信息；还有一些空间环境采用基础照明和装饰照明进行装饰构建，美化空间，有的空间光线均匀柔和，有的光线错落有致，有的斑驳曼妙、层次感和节奏感强，营造环境氛围，从而吸引消费者并激发购物欲望；此外，综合运用商业空间整体形象的照明设计，能起到完善空间功能、营造独特空间氛围的作用，营造出具有文化品位的商业空间环境。因此，令人印象深刻的商业空间环境已不再是一个简单的购物场所，更是一种多感官的体验空间，会对消费者的消费习惯产生影响，并起到引导消费的作用，进一步加深购物体验，提升文化品位。

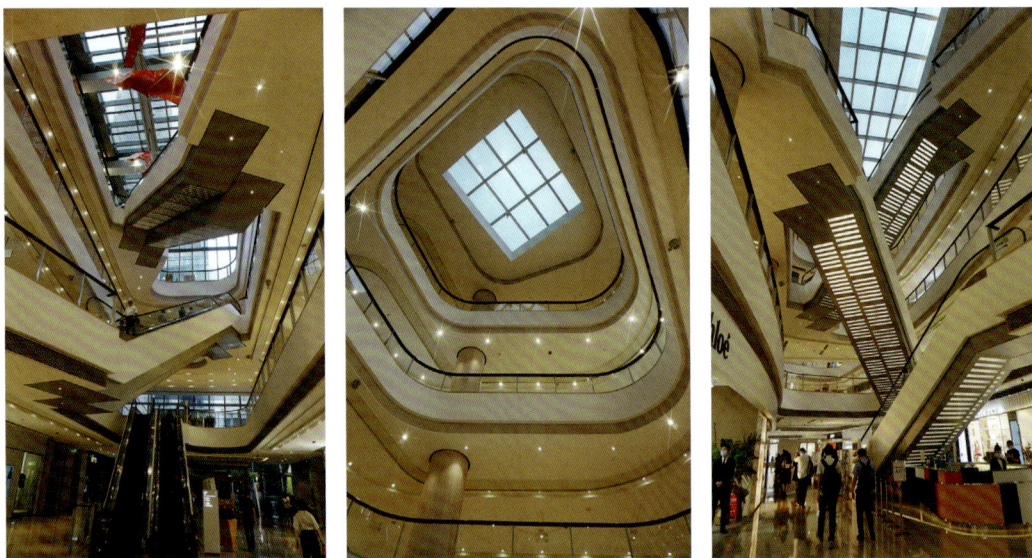

图4-52　大型商业中心的内部照明（静安嘉里中心商场）

（一）基础照明

基础照明是指给予室内整体空间正常的亮度照明，从商店的营业状态、商品的内容、商店的构成、陈列的方式等方面进行考虑，采用少数种类的灯具对整体销售场所提供的一般照明，是展示照明设计常用的方法（图4-53）。商业空间的基础照明对空间形象、环境气氛都有很大的影响，需要在空间中构建恒定的亮度图式，不仅要考虑水平照度，还要有一定数量的垂直照度。

商业空间的基础照明有四个特点。第一，商业空间的亮度要大致相同，尽量减少暗区；

第二，在基础照明和重点照明同时使用的地方，必须采取一定数量的基础照明；第三，基础照明一般是无方向性的照明，无论商品的位置如何变化，照明灯具的排列方式都不需要改变，可以安装各种开关控制系统，以便灵活利用空间并有效用电；第四，基础照明要有比较好的照度均匀度、合适的色温和较高的光源显色性，一般商业空间可以根据物品类型选用不同的光源，让照明氛围更加吸引人，使空间活跃起来。

图4-53　均质的基础照明为空间提供完善的亮度（Klein Dytham architecture）

基础照明决定了商业空间的基本照明亮度和照明气氛，由于使用面积比较大，所以常采用遮光良好的照明灯具，像常见的格栅灯等，可以使空间的亮度更加自然，由于有遮挡，也不会因直接照射到消费者的眼睛而造成刺眼的眩光。基础照明可以为商业空间提供均匀的照度，但如果仅靠基础照明，就会使消费者产生购物疲倦，在这种情况下，考虑使用重点照明把主要场所、主要商品照亮，可以打破基础照明的平淡感（图4-54），以增加消费者的兴奋度，从而提升消费者的购物欲望。

图4-54　整体以基础照明为主，以烘托气氛的重点照明为辅

（二）重点照明

重点照明是根据基础照明在特定阶段或局部进行的一种补充照明方式，通常包括橱窗、陈列架及柜台等的照明，采用重点照明可以突出商品以提高消费者的注意力，增加购买欲望。重点照明可以通过突出商品的造型、立体效果、色彩和质感来表现出商品的特点，每一件商品都有自己独特的造型特征、色彩个性和材料质感，可以说，一件商品是否能够吸引到消费者，就取决于这些因素的形式是否能将商品的特征、气质和个性充分表达出来。如图4-55所示，色温幽暗的基础照明使中间的重点照明部分尤为突出，轨道射灯的运用更加强了中心亮点，塑造出一个高雅的环境气氛。

图4-55 基础照明与重点照明（Gonzalez Haase AAS）

　　重点照明是提升空间氛围的重要组成部分，决定了一个商业空间的特征和格调，常被用在重点的展示区域，虽然在使用面积上并不像基础照明那么大，但由于使用位置的特殊性，其往往是一个商业空间中最亮眼的部分（图4-56）。重点照明的灯具常选择聚光灯，如卤素聚光灯、LED聚光灯等，具有照度强、照幅窄、易于集中照射到场景中特定位置的特点。另外，重点照明有时也会使用荧光灯和白炽灯作为渲染重点陈列部分的气氛光，如重点的中央陈列橱、陈列架，内部最好设置带有偏色的荧光灯或白炽灯作为气氛光，而较低矮的陈列台上部最好安装荧光灯或白炽灯的吊灯，既是重点照明的一部分，也可以作为装饰。

图4-56 桌面上方的吊灯（CTRL Space）

1. 通过重点照明突出商品的特征、气质和个性

　　在商业空间中，如果单靠模糊或单调的基础照明是无法体现商品及品牌的气质、个性和优势。因此，只有在基础照明的基础上，通过重点照明对商品进行照射，才能充分表现出商品的造型、结构、特点，并通过光影的渐变来增强商品的立体效果，突出其优美的造

型。重点照明能清晰呈现出商品色彩的色相、明度和纯度，显色性好的重点照明光源可以像自然光一样真实地表现商品本身的固有色彩，区分各种商品之间细微的色差，表现出鲜明的色彩个性（图4-57）。不同材质的质感差异可带来不同的感受，如玻璃器皿给人带来清透典雅的感受；金属制品有光泽，造型变化丰富，冰冷坚硬、精致高贵，有较强的视觉冲击力和时代感；真丝制品华丽、轻快、光洁；木质或陶泥质地的商品柔软，给人自然随意感等，这些都只有通过重点照明才能充分展现出来，充分渲染出品牌的特征、气质和个性，让消费者更直观、更细致、更立体、更生动地来了解商品的信息，感受到商品的材质美和肌理美。

图4-57 重点照明突出商品的特征、气质和个性（John Pawson）

2. 重点照明的照度和灯光的照射方式

重点照明的照度随商品的种类、形态、大小、展示方法等而定，而且应与空间内基础照明的照度平衡。在进行重点照明设计过程中，应注意重点照明的照度是基础照明的3~6倍，不同的重点照明系数会产生不同的视觉效果，在选择光源及照明方式时应充分考虑商品立体感、光泽和色彩情况。

在重点照明中，有方向性的光照方式对室内的空间、被照射物体及消费者的心理反应有着重要的影响（图4-58）。从光源角度而言，主要有四种不同光线的照射方式：第一种是正面照射，使商品的外轮廓明显，这种光线照明均匀，阴影面少，能体现商品的原本面貌；第二种是斜向照射，在前侧光照下，出现明显的投影，强化商品本身形体起伏形成的明暗对比和影调层次，其立体感、质感、空间感和透视感都很强，影调丰富，色彩明快，能很好地表现出商品的特征，使之在视觉形式上灵活美观，极富感染力；第三种是逆向照射，能很好地勾画出商品的轮廓形态，含蓄地传达信息，引起观者联想，从而烘托氛围，显示出商品强烈的庄重感和神秘感，可根据品牌自身所要传达的文化信息来营造这种特殊氛围；第四种是顶部照射与底部照射，前者使商品上明下暗，后者使商品下明上暗，这两者都能突出商品的某个精彩部位，并增强其戏剧化效果。运用这几种重点照明方式，设计出极具特色化的展示照明效果，需要对商业空间中的商品或品牌的气质和个性有较深刻的理解，再科学合理地采用不同照射方式，调整光的强度、色彩来突出商品的造型、立体感、色彩和质感等特征，强化品牌的气质和个性。有时可能也会将多种方式相互配合，使整个照明效果在整体感中不乏层次感。

图4-58 不同的照射方式产生不同的视觉体验（CLAP Studio）

（三）装饰照明

在商业空间中对环境的照明就是装饰照明，装饰照明是以展示和明示商业功能为前提，为突显个性和视觉效果而采用的烘托艺术气氛的照明方式。装饰照明是用商业整体形象来打动消费者的一种照明方式，也可以说是一种观赏照明。这种照明方式以活跃商业空间的气氛、加深消费者的印象为目的，在为空间提供装饰的同时，提升空间整体形象及美化空间，并在商业宣传和为环境赋予主题等方面扮演重要角色，常采用外形美观的灯具和个性化的排列方式。

装饰照明作为照明设计的最后一个层次存在，在一般照明和重点照明的基础上进行布置，它是以摆件、小型家具、装饰造型、装饰灯具的形式存在，对基本的照明亮度和氛围不会产生很大的影响（图4-59）。优秀的装饰照明有助于烘托商品的造型特征、色彩、立体感和质感，有助于强化品牌的个性特征和优点、诠释主题、展示风格，更能引起消费者的心理感受和联想，进而使消费者的情感由计划购物向随机的冲动购物转移，达到促进销售的目的。

图4-59 装饰照明增加设计的层次感和亲和力（byrayboedi）

1. 装饰照明的方式

商业空间中的装饰照明通常不对陈列的物品进行照亮，而是对陈列物品的背景、空间的地面、柱面、墙面做特殊的灯光处理。主要是通过一些影调、光晕、色彩和动感上的变化，以及智能照明系统的控制等，在商业空间的局部环境营造出特殊的灯光气氛（图4-60），拉开商品与背景的对比度，增强购物空间和店内色彩的层次感，渲染斑斓的光视觉效果，以烘托环境特色，提高消费者对商品的兴趣、注目、了解、记忆和信服度，能辅助性地增强商品的吸引力与感染力，吸引消费者进而诱导其做出购买行为。

图4-60　通过装饰照明营造气氛感（上海陆家嘴中心）

2. 装饰照明的表现手法

装饰照明的表现手法最重要的为发光体，即灯具本身的外观造型及其装饰性，主要利用的手法有以下几个方面：

（1）灯具本身的造型，不同的灯饰会营造不同的氛围。采用装饰性强、外形美观、具有鲜明造型风格的灯具，可以有效地装饰商业空间、强化环境特色（图4-61），如工艺式吊灯、线状灯、彩色标志灯、托架灯、壁灯等。具有传统外观造型的装饰灯具，如水晶吊灯代表了豪华典雅的风格，而纸质木格纹的落地灯则有着典型含蓄宁静的风格等。还有因现代科技产生的灯具，如LED灯、霓虹灯等，它们体积小，可以制成任何形状，产生任何颜

图4-61　具有造型感的照明装饰性更强（EFEEME architects）

色的光，这些具有先进照明技术的特殊而新颖的灯具设计层出不穷，将高科技与艺术美学结合，给消费者带来与众不同的光视觉效果，大大地提高了装饰照明设计的弹性空间和发挥余地。在灯的控制上，可采用点灭控制、调光、霓虹灯等组合，以达到引人入胜的目的。

（2）灯光本身的色彩及光影变化所产生的装饰效果。灯具的发光方式也由传统的手动调节到可以由计算机程序自动控制，产生色彩、照度等有规律的动态变化的光饰效果，充分运用色彩和光影来显示和强调空间环境的风格（图4-62）。装饰照明常选用有偏色的灯具，一方面可以和重点照明或室内装饰色调有一个呼应；另一方面，有偏色的灯具形成的光色可以活跃空间气氛。

图4-62　色彩及光影变化产生独特装饰效果（Klein Dytham architecture）

（3）灯光与空间和材质表面配合所产生的装饰效果。不同材质、色彩反射出的光线深浅都不一样（图4-63），考虑到实用性和装饰效果，地板、柱面和墙面材料的选择是极为重要的，一些灯光与空间和材质表面配合可以产生出乎预料的神奇效果。总之，灯光与空间和材质的配合需要考虑到商业空间的整体性，它们应该服从于需要表达的整体风格与品牌形象，既能让空间呈现出丰富的层次感，又能表达出一种整体感，在此基础上，再追求细节的完美。

图4-63　灯光与材质配合使空间呈现出丰富的层次感（Studio Fragment）

3. 装饰照明的照度标准

在进行装饰照明时一般可以依照下面的标准来均衡分配空间内的照明亮度：作为基础照明的空间平均亮度设为1，店面橱窗为2~4倍，重点商品的主要陈列场所为3~6倍，商品陈列面为1.5~2倍，空间内正面深处部分为2~3倍，如果是比较特殊的装饰照明，也可以在此基础上进行调整。

在商业空间中，装饰照明的设计要注意以下几点：①装饰照明不同于基础照明，它是独立的照明手法，其主要作用是装饰效果；②装饰照明不能代替基础照明和重点照明，如违反这一原则，就会削弱消费者对商品的印象；③装饰照明的亮度不宜过高，应与整个商业空间照明相协调。遵循这些设计原则和注意事项，就能设计出舒适的光环境，激发消费者的购物情绪，甚至引导消费者由必要消费向奢侈消费的转变。

商业空间环境的艺术性不亚于商品本身，它不只是展示商品的空间环境，更是时尚生活的一种理念。在商业空间的照明设计中，根据空间的基本目的，综合运用照明设计的技术手段和艺术手段，与现代科学技术法则和美学法则结合，对商业空间进行再创造，不仅能够起到区分空间、增加层次、突出主体和营造氛围的作用，而且能以消费者在商业空间环境中的需要为最终目的，营造出一个符合消费者生理需求、心理感受的商业空间购物环境，使消费者感受到其设计理念所传递出的文化价值。这样的购物过程就是对这种时尚生活和文化价值的体验过程，会潜移默化地影响人们的生活方式和消费习惯。

第四节　艺术设计展照明设计

一、艺术设计展概述

艺术设计展是社会文化发展到一定阶段的产物，它是建立在艺术家与公众之间的一种特殊的交流方式。艺术作品通过展览的形式得以呈现，供大众品读与欣赏，被收藏家珍藏，被艺术评论家评论，并逐渐形成一个集艺术创作、艺术传播、艺术营销、艺术欣赏于一体的艺术展示系统，在一定程度上促进了艺术的发展。

照明设计在艺术设计展中的作用和意义重大，因为照明是空间与展品在视觉上可见的一个重要前提。观众对于展示空间的感受是通过空间、纹理、颜色、结构等视觉体验的细节获得的，如果离开了光，离开了照明，也就无处体验了。在艺术设计展中，专业水平的照明设计通过呈现空间与展品形态结构、突出展品造型与质感、烘托展示空间氛围情调，把展览的中心内容和重点鲜明地凸显出来，以成功的灯光效果及其塑造的展品形象，吸引观众的目光，争取为观众营造更加精美、更加引人入胜的展览环境。

（一）艺术设计展的分类

1. 按学术类型分类

按照展览的学术类型，艺术设计展可以划分为主题展和专题展。主题展要提出和解决一定的学术课题，具有鲜明的文化针对性，宗旨明确，策展人往往要根据社会现实需要或文化本身的上下文来确定展览主题，进而展出合乎展览主题的作品；专题展则专注于某一段历史、某一种社会话题或某一种文化因素（图4-64）。

2. 按举办主体分类

按照展览的举办主体，艺术设计展可以分为官方展和非官方展。

图4-64 上海四行仓库抗战纪念馆

官方展是由官方，即由政府机构支持协助举办的展览，如威尼斯双年展、全国美展等；而非官方展就是由非政府机构，即依靠企业、赞助人、民间力量等举办起来的展览，如扎哈·哈迪德建筑事务所在上海举办的首个大型专题展（图4-65）。由政府机构支持协助举办的展览，其优势在于能够很好地整合艺术资源，具有很强的号召力

图4-65 扎哈·哈迪德建筑事务所特展

和引导力。而非官方的画廊、艺术中心等机构在主题、材料、语言等的选择上，艺术家可以有更大的自由发挥空间，但是在学术价值和市场利益、艺术精神和大众审美趣味之间存在着难以解决的矛盾：一方面，它们要保持艺术品的学术性，使它尽量地符合学术审美标准；另一方面，画廊、艺术中心等机构由于依靠营利的支撑，必须得考虑观众的购买力及他们的艺术审美趣味。

3. 按参展艺术家规模分类

按照展览参展艺术家的规模，艺术设计展可以划分为个展和群展。个展是以个人为单位参展的展览形式，可以是艺术家某一阶段的精品展，也可以是对艺术家艺术风格、创作道路等进行系统梳理的回顾展；群展则是以集体为单位参展的展览形式，这些艺术家或是因为艺术风格相似，或是因为在作品主题、思想和观念上具有相似之处，或是因绘画语言、技法、材料等相似而集中在一起的展览形式（图4-66），这种形式通常具有较高的学术性和系统性。

4. 按举办时间分类

按照展览举办的时间，艺术设计展可以划分为双年展、三年展、四年展等。双年展是两年一次的展览形式，国际上重要的双年展有威尼斯双年展（图4-67）、巴西圣保罗双年展、美国惠特尼双年展等，国内有上海双年展、北京双年展、成都双年展等；三年展是三年一次的展览形式，如广州三年展，南京三年展；四年展是四年一次的展览形式，这种展览形式比较少。双年展、三年展、四年展等展览形式在我国兴起还是近些年的事情，有利于增强我国的文化软实力和艺术影响力。

图4-66　第13届上海双年展"水体"互动影像装置（艾莎·谭·琼斯《屏幕后的梦》）

（二）相关规定

图4-67　2021威尼斯双年展（ArchDaily）

目前与展厅设计有关的规范和标准有：《会展建筑电气设计规范》（JGJ 333—2014）、《展览建筑设计规范》（JGJ 218—2010）、《建筑照明设计标准》（GB 50034—2013），现将规范和标准中相关条文的理解归纳总结如下。

1. 照明配电

特大型、大型、中型艺术设计展的空间照明应按二级负荷供电，小型艺术设计展的空间照明应按三级负荷供电；甲等、乙等、丙等展示空间应设置备用照明，甲等、乙等展示空间备用照明应按一级负荷供电，丙等展示空间备用照明应按二级负荷供电；如果展示空间的灯具采用高压气体放电光源，因为失电熄灭后即使电源迅速恢复仍需再启动时间，照明配电还要满足《会展建筑电气设计规范》（JGJ 333—2014）9.3.4条的规定：展示空间照明宜采用由两条专用回路各带50%照明灯具的配电方式，这样可大大降低故障的影响，如果采用可瞬时点亮的光源，则可以不考虑本条规定。

2. 照明标准值及要求

展示空间内的照明标准值和色温宜根据表4-7进行选择。

表4-7　展示空间内照明标准值和色温选择

场所名称	参考平面及其高度	照度标准值（lx）	UGR	U_0	Ra	光源颜色分类	色温（K）	颜色特征
一般展厅	地面	200	22	0.6	80	II	3300~5300	中间
高档展厅		300						

3. 光源及灯具的选择

光源及灯具的选择应符合下列规定：①顶棚较低、面积较小的丙等展示空间宜采用荧光灯和小功率金属卤化物灯；甲等、乙等展示空间宜采用中功率、小功率金属卤化物灯。

图4-68　"古驰原典"展览（《异星传奇》）

目前LED照明产品技术已日趋成熟，具备在高大空间中应用的条件，价格也在合理区间，因此可以在展示空间中考虑广泛应用LED光源（图4-68）。②应急照明应选用能瞬时点亮的光源。③地面疏散指示标志灯具采用防水型智能疏散LED灯，疏散指示标志灯承载能力与所在区域的最大荷载相同；墙面疏散指示标志灯具采用智能疏散LED灯。

4. 布灯方式

高大展示空间的布灯方式应与建筑及结构形式特点有机结合，天然采光良好的场所宜采用组合式的布灯方式，其布灯方式主要有下列几种形式：①按柱网均匀布置组合灯；②高大空间长廊式布灯；③按工艺展要求布灯。高大空间区域主要消防疏散通道的地面上应设置能保持视觉连续的灯光疏散指示标志或蓄光疏散指示标志（图4-69）。

图4-69　"古驰原典"展览（《古驰方舟》）

5. 照明控制

艺术设计展的照明控制应符合下列规定：①特大型、大型艺术设计展应采用智能照明控制系统；②艺术设计展照明控制应按建筑使用条件和天然采光状况采取分区、分组控制措施。

二、艺术设计展照明设计的基本要求

（一）照度

在艺术设计展中，陈列品不同，所要求的照度值也不同（图4-70），比如书籍、食品、杂品、鲜花等需要100~500 lx的照度；暗色纺织品、珠宝首饰和皮革等需要200~1000 lx的照度；美术品需要300~500 lx的照度；高科技产品需要100~200 lx的照度。

（二）亮度分布

在艺术设计展上，展出的内容和主题应是视线范围内最亮眼的部分，光源、灯具不要过分引人注目，以利于观众将注意力放在展品上（图4-71）。展品背景亮度和色彩不要喧宾夺主，一般情况下，背景应是无光泽、无色彩（或淡、灰色）的饰面，展品与背景的亮度之比在1∶3~3∶1为最佳，需重点突出的展品，常采用局部照明以加强它同周围环境的亮度对比。

环境亮度的分布决定观众的视觉适应状况。在照度水平不同的展示空间中，尤其在明暗悬殊的展室走廊部分，应设有逐渐过渡的照明区域，区域内的亮度需满足视觉暗适应的要求，减少观众从亮环境到暗环境中产生的昏暗之感，提高观众的观赏兴趣。

（三）色温选择与避免眩光

显色指数要求照度值应与色温相匹配，照度较高时选用高色温光源，照度较低时选用低色温光源（图4-72）。一般美术馆照明建议使用色温小于3300K的光源，同时保持环境统一

图4-70　第13届上海双年展"水体"中不同展品采用不同照度的照明

图4-71　第13届上海双年展"水体"中《飞鸟与熔岩一号》的亮度分布

图4-72　上海四行仓库抗战纪念馆的色温选择

的色温整体性。在陈列绘画、彩色织物、多色展品等对辨色要求高的场所，应采用一般显色指数（Ra）不低于90的光源作为照明光源；对辨色要求不高的场所，可采用一般显色指数不低于60的光源作为照明光源（表4-8）。

表4-8　相关灯具显色指数

光源名称	一般显色指数	相关色温（K）
白炽灯（500W）	95以上	2900
卤钨灯（500W）	95以上	2700
荧光灯（日光色40W）	70~80	6600
高压汞灯（400W）	30~40	5000
高压钠灯（400W）	20~25	1900

眩光是照明重要考虑的元素之一，在艺术设计展的照明设计中应注意以下问题：①在观众观看展品的视场中，不应有来自光源或窗户的直接眩光或来自各种表面的反射眩光；②观众或其他物品在光泽面（如展柜玻璃或画框玻璃）上产生的映像不应妨碍观众观赏展品；③对油画或表面有光泽的展品，在观众的观看方向不应出现光幕反射（图4-73）。

图4-73　扎哈·哈迪德建筑事务所特展在布置照明时防止直接眩光

就避免眩光而言，首先，须防止直接眩光。若采用日光照明，应严格遮挡直射日光；若采用人工光照明灯具，须有足够的遮光角等。其次，是防止反光干扰。反光干扰有以下几种情况：①光源经过镜面玻璃或其他光泽面反射到观众眼中造成的眩光，为一次反射；②观众自身或其他物品的亮度高于展品表面亮度，在玻璃或光泽面上出现的反射映像，为二次反射；③在有光泽材料的展品上出现的光幕反射。为避免一次反射，平面展品的照明光源应布置在反射干扰区以外，展品照度若能高于展示空间一般照度水平和观众区域的照度，则能减弱二次反射。

（四）光源选择

照明的光源分为两种：一种是天然采光，即采用自然光照明，具体方式为高侧窗采光、侧窗采光、高侧窗和侧窗并存、天窗采光四种；另一种为人工照明，具体方式为一般照明、区域照明结合一般照明、定向区域照明、定向区域照明结合一般照明、装饰照明五种。

通常照明的方法分为三种：第一种是以天然采光为主，人工照明为辅；第二种是天然采光和人工照明相结合；第三种是全部采用人工照明。具体形式有以下六种。

1. 发光顶棚照明

一般由天然采光和人工照明结合使用，通过与感光探头联动的控制系统实现两者的有机结合，其特点是光线柔和，适用于净空较高的博物馆（图4-74）。

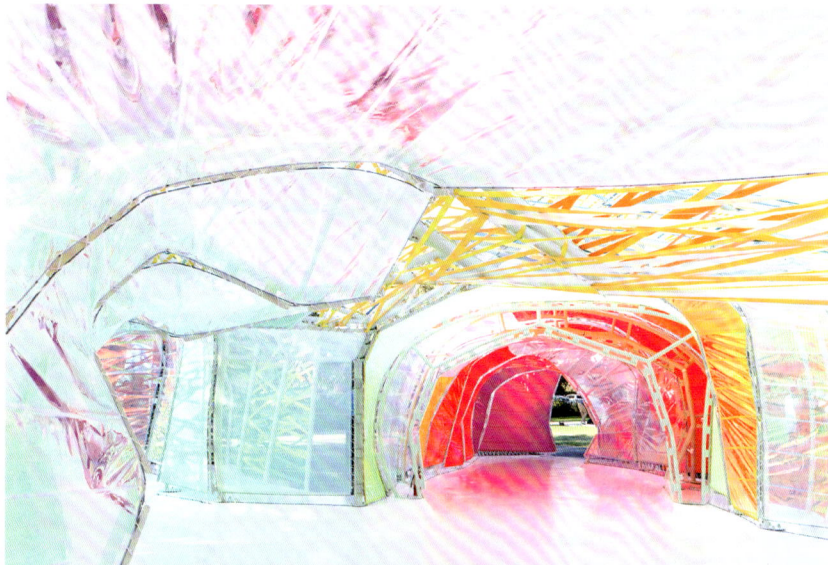

图4-74　蛇形画廊采用半透明的彩色材料作为顶棚（SelgasCano）

2. 格栅顶棚照明

与发光顶棚相比，透明板换成了金属或塑料格栅，其特点是亮度加强，灯具效率提高，但墙面和展品的照度不高，必须与展品的局部照明结合使用。

3. 嵌入式洗墙照明

可以灵活布置成光带，更可以将荧光灯具的反射罩根据展览特点进行定制加工，将光投射到墙面或展品上，增加其照度和均匀度，效果较好（图4-75）。

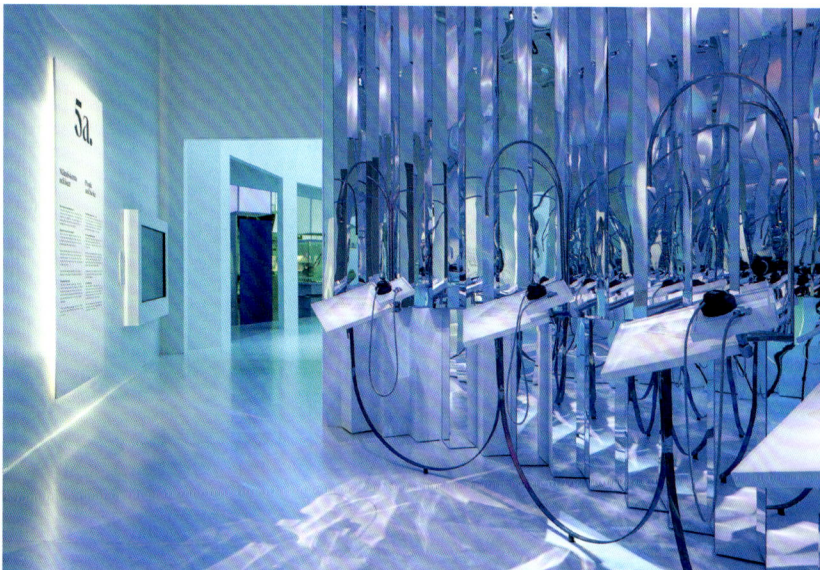

图4-75　北欧博物馆大型沉浸式展览的嵌入式洗墙照明（MUSEEA）

4. 嵌入式重点照明

该照明方式可以给人舒畅感。与嵌入式荧光灯结合使用，使照明形式多样，还可以通过特殊选择的反光罩达到局部加强照明的效果（图4-76）。此类照明方式对于灯具的要求相对严格，应具备尽可能大的灵活性。

5. 导轨投光照明

在天花顶部吸顶，或在上部空间吊装、架设导轨，便于安装灯具，安装位置可任意调整。此类照明方式通常用作局部照明，起到突出重点的作用，是举办艺术设计展时常用的照明方法之一。

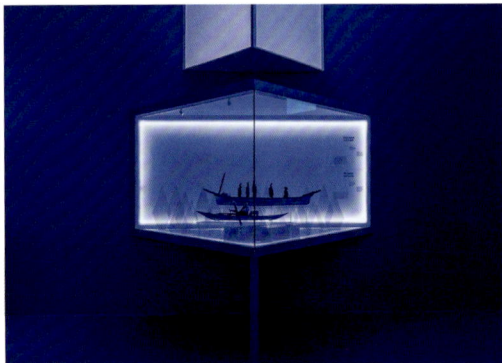

图4-76 北欧博物馆大型沉浸式展览的嵌入式重点照明（MUSEEA）

6. 反射式照明

此种照明方式是通过特殊灯具或建筑构件将光源隐藏，使光线投射到反射面再照到展示空间。虽然光线柔和，形成了舒适的视觉环境，但应注意避免眩光源。

（五）照明过程中避免光损害

任何形式的照明都可能会对展品产生一定程度的损害，因此在照明过程中对展品的保护特别重要，应尽可能避免光损害，光损害一般包含了紫外线、红外线、曝光量、灯具等产生的温度（图4-77）。

在艺术设计展的照明过程中避免光损害可采取以下措施：①紫外线为短波，照明设计中尽量减少短波成分，要选用紫外光相对含量小于$75\mu W/lm$的光源；②要尽量滤除光源中的红外线，可以采用红外辐射少的光源或采用冷光束卤钨灯等，也可在灯前面安装能吸收红外辐射的滤光器；③要考虑不同展品材料本身吸收和抗辐射能力的大小，不同性质材料的展品对光的敏感程度不同，根据展品对光的敏感度考虑使用合适的光源和照度；④对于光敏感的材料，应设法减少曝光时间。

照明设计通常是策划艺术设计展的最后步骤之一，目的是使展品引人注目，能充分地被观众欣赏和研究。为使展品的每个细节被恰到好处地表现出来，就需要将灯光从最合适的角度照到物体上。展览照明要求局部照明与用于辅助的整体照明达到平衡，展品的照度、色彩与背景亦需达到平衡，同时还应实现良好的色彩效果，确保不会引起视觉

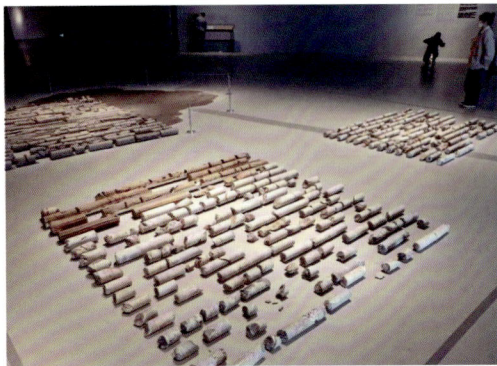

图4-77 第13届上海双年展"水体"
（卡洛斯·伊利哈尔瓦《两栖动物》）

不舒适和眩光。照明的最终结果是给观众创造一个良好的视觉环境，保证展品应有的照度，同时要尽量减小光学辐射对展品的损害。

三、艺术设计展的照明形式

（一）整体照明——呈现空间与展品形态结构

展览场馆的空间与展品，都有整体的形态结构，这种形态结构需要通过照明的方式才能在视觉上得以显现（图4-78）。因此，从视觉上感知并认识空间与展品的形态结构离不开

照明的推动，这种解决光照需求的照明方式被称作整体照明。

展览场馆的整体照明一般采用自然光加上展区空间顶部人工光源照明的方式来实现。整体照明的光源应该注重对自然光的利用，自然光亮度大、节能环保，并给观者以真实的心理暗示，在大型展览场馆中多有应用，体现了设计者在设计伦理的角度对节能环保坚持不懈的追求（图4-79）。但是，现

图4-78　第13届上海双年展"水体"大厅

图4-79　第13届上海双年展"水体"对自然光的利用

实中自然光变化不定，难以控制，且大部分的展览空间是封闭的，除了一些建筑采光设计比较成功的场馆外，其他展览空间对自然光的利用并不常见，因此大多数艺术设计展还是运用人工采光的方式来实现整体照明的要求。人工照明便于根据不同展览活动的要求及观展人流等现场的实际情况，有针对性地调整整体照明的亮度，避免不必要的高照度。

图4-80　第13届上海双年展"水体"中低照度的整体照明

　　整体照明通常采用的照明方式有位于展示空间顶部的发光天棚照明、格栅顶棚照明、吸顶灯与吊灯的排列照明等；有用反光式灯照射天花板，取得比较柔和的反射光来达到整体照明的亮度要求；还有在展览空间的四周立面上安装泛光式壁灯，作为整体照明的补充（图4-80）。整体照明在完成呈现空间与展品形态结构任务的同时，还可以通过色光的变化、运用霓虹灯等效果特殊的灯光来塑造艺术设计展的氛围。

　　通常情况下，为了突出展品的光照效果，加强展品与其他区域的对比，整体照明必须控制在较低的照度水平下。除了某些区域为了有意识地引导观众和疏导人群，利用灯光的强弱做一些示意性的照明外，其他区域的整体照明都不宜超出展品陈列区域的照明，两者之间的照度差一般应该控制在1：3~1：5。整体照明作为一种基础照明，其亮度能使空间和展品大体上呈现出清晰的视觉影像就可以了，使具体展品呈现出真实、细腻效果的任务主要是由局部照明来完成。

（二）局部照明——突出展品造型、色彩、质感

　　由于在常规的整体照明条件下，展品没有被光线凸显出来，展品的造型细节、色彩、光泽、质感、肌理等特性没有得到完美展现，因此，必须有目的地增加局部照明，深入、

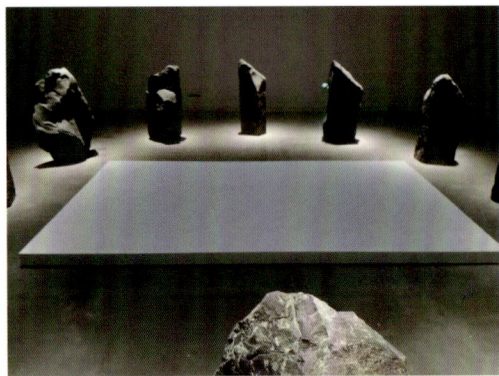

图4-81　第13届上海双年展"水体"中通过局部照明突出展品特性

细腻地表现展品（图4-81），并引导参观者去欣赏展品的美，去阅读展品的全面信息。

　　为了让观众能清晰地看到展品的细节特征，在局部照明的灯光设计中要处理好光的亮度、投射角度、光的束角、色光等问题，根据展品材质对光的敏感程度调控好照度值进行合理布光（图4-82）。不同材料的质地和肌理等属性各不相同，进行照明设计时一定要根据不同展品的材料构成采用相应的灯

光，同时避免因灯光的亮度过高而让观者感到晃眼，造成心里不适，进而形成无法观看的眩光。恰当的亮度才能使展品的质感得到完美展示，达到有效传播展品信息的目的，因此控制好光的亮度至关重要。

图4-82　第13届上海双年展"水体"通过灯光束角决定照明范围

　　光的不同投射角度有不同的目的和作用，局部照明的灯光是为了深入、细腻地表现展品，但是由于主光的投射方向基本来自展品的上方，这就导致展品的下部会产生较多的暗面。随着材料和制作工艺的发展，透过展品底部透明、半透明的支撑面，自下而上打底光的技术手段得到了广泛运用，底光可以使主光在展品上形成的暗面变得清晰而又神奇，但是也要注意在设计底光和其他投射角度的打光时避免眩光的出现。

　　光的束角决定了光的投射范围。在打光设计中，可以运用束角大小、照度各不相同的灯光组合，实现重点照明和基础照明的效果。例如，选用束角30°与10°，功率30W与70W的搭配，照度最亮处约4000 lx，最暗处在250 lx以上，这样无论是被窄束角的重点灯光照射的展品，还是被宽束角的基础灯光"照顾"到的展品，都能够被观展者清晰地看到。

　　展览中的灯光照明会对展品的色彩产生较大的影响，为了保证展品自身色彩的正确呈现，必须对展览灯光的色光进行有目的地设置，尽量做到色光与展品自身的色彩一致，避免对展品固有色的歪曲（图4-83）。

图4-83　第13届上海双年展"水体"中与展品一致的色光使产品呈现出固有色

为了展示特定的内容和主题，应该根据情调、氛围的需要设定色光，以求达到光、色、主题、内容协调统一的展示艺术效果。

局部照明主要通过与整体照明的照度差来吸引观众的注意力，并加深观众的印象，目的在于突出展品，传达图文信息。例如，在对展览内容的标题进行突出表现时，给标题以固定的光照，灯光必然牵引着观众的眼睛去看标题（图4-84）。具有可调性的局部照明能适应展示设计的各种变化，如展品空间位置的改变、装饰主题的调整等，局部照明还具有灵活性、可调性大、适应性强的优点，并且能很好地突出重点。轨道灯是局部照明选用较多的灯具，另外，壁灯、聚光灯等也常用于局部照明。

图4-84　"古驰原典"展览中可调性的局部照明

（三）装饰照明——烘托展示空间氛围情调

烘托展览空间氛围情调的装饰照明主要有两种，一种是造型照明，另一种是气氛照明，都是追求艺术效果的用光方式。造型照明的作用侧重于塑造视觉效果生动变幻的展具和展品面貌，塑造各种具有装饰意味的光形态（图4-85）；气氛照明的主要作用在于丰富展览空间的色彩感与层次感，营造展览空间理想化的主题氛围。

造型照明有两个特点，一是通过逆光、底光、背景光等艺术化的投光方式来塑造展品的形态和展具的立体造型；二是通过照明光源和照具本身的组合变化，塑造出各种光

图4-85　第13届上海双年展"水体"中的造型照明

形态，对展览空间进行光造型的装饰。

　　气氛照明主要采用给灯具加装滤色片的方式，制造出五光十色、动感十足的灯光变幻，营造出如戏剧舞台一般的场景氛围，从而增强展览形态的艺术吸引力，使特定的展览空间变得生动，凸显出重点展项的视觉存在感（图4-86）。随着科技的进步，新的电光源产品不断地被运用于装饰照明的气氛渲染中，如光导纤维、光源与显像合一的LED、激光等，这些新颖的光照产品拓展了艺术设计展的视觉表现形式（图4-87）。灯具的发光控制也由过去的手动调节，转变到由计算机程序自动调节的新形势，产生色彩、照度、方向等有规律地动态变化，实现更多设计意图，产生奇特而又科幻的装饰效果。

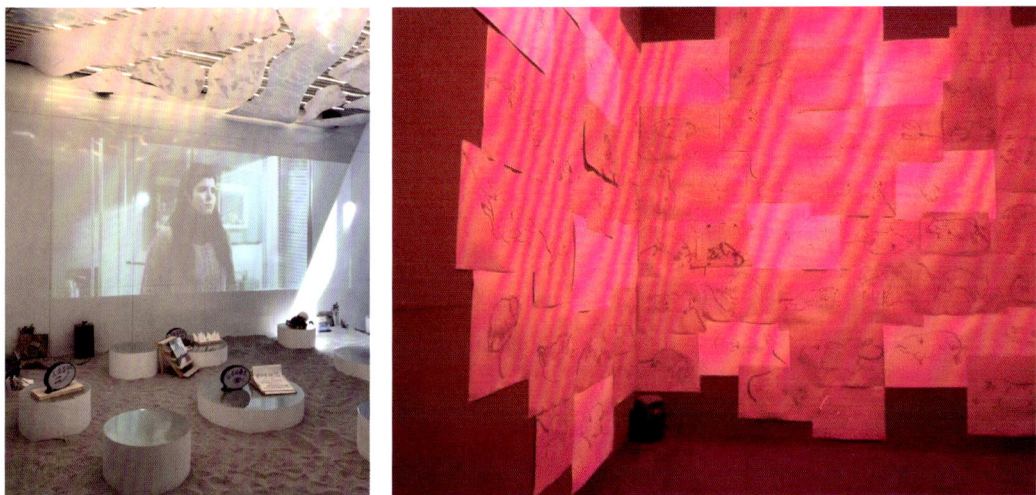

图4-86　第13届上海双年展"水体"中的气氛照明

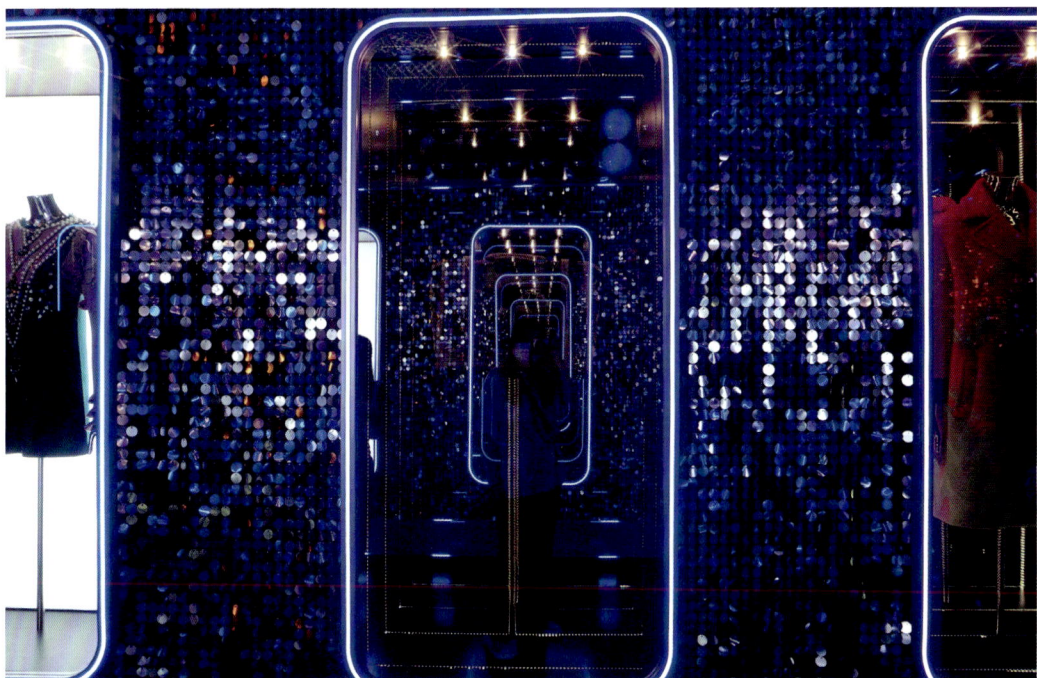

图4-87　"古驰原典"展览中五光十色的气氛照明

图4-88　上海四行仓库抗战纪念馆中的装饰照明

装饰照明对氛围情调的塑造还可以从灯具造型风格的选择上来考虑，风格鲜明的灯具能有效地揭示特定的象征意义。例如，传统的中国装饰灯笼造型，寓意历史的悠远和氛围的隆重；水晶吊灯象征着典雅、庄重、豪华的气派；而纸质木格纹的落地灯则有着典型的含蓄、宁静、灵性的风格。象征寓意明显的灯具配合着随节奏变幻的多彩灯光，使空间环境有了丰富的光色变化（图4-88）。近年来，透光软膜材料的广泛使用，使各种造型独特新奇的灯箱发光体大量涌现，这些软膜灯箱以其新颖多变的造型与光色，演绎着展览空间引人注目的灯光氛围和令人陶醉的艺术情调。

四、不同陈列形式的照明方式

1. 墙面陈列照明

墙面陈列照明，可采用定向性照明，把光集中到墙壁的画面上而不是地板或顶棚上，从墙壁反射的光足以使观众在展区顺利通行，有利于使观众把注意力集中到展品上（图4-89）；在"无光源反射映像区"内布置光源，既能避免反射眩光，又能使较厚实的展品不至于产生阴影；幻灯箱采用侧墙（平面或曲面）反射照明，光线需均匀柔和。

图4-89　第13届上海双年展"水体"中的墙面陈列照明

2. 立体展品陈列照明

对于立体展品，如一个石膏雕像来说，可以以大面积顶棚面的扩散光作一般照明，在雕像的侧前上方40°~60°的位置以定向型聚光灯作重点照明，并使局部照明的照度为整体照明的2~5倍（图4-90）。重点突出的展品照明需采用聚光灯。

图4-90　扎哈·哈迪德建筑事务所特展中的立体展品陈列照明

3.展柜陈列照明

根据光源、观众和展品的位置关系布置光源，可以最大限度地避免柜中或柜外光源对观众产生的直接眩光。首先，可设法使展柜中的亮度比展柜外周围环境的亮度高5~10倍，或设法压低顶棚和周围环境的亮度。其次，吊顶和展柜的灯具可以用井字格栅或遮光板（展柜中）遮挡，使光线直射下方或斜下方。最后，靠墙的展柜可采用顶部和侧面混合照明（图4-91）。

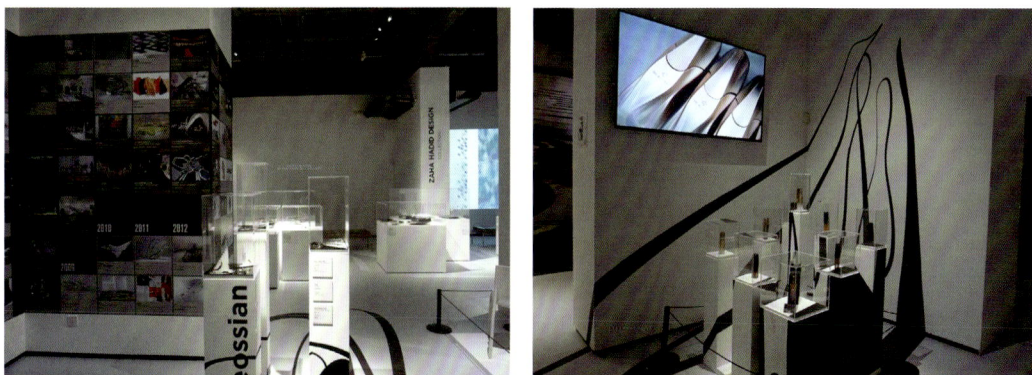

图4-91　扎哈·哈迪德建筑事务所特展中的展柜陈列照明

五、灯光应用的误区

随着照明的新技术、新产品在艺术设计展中的广泛应用，展览的信息传达功能和艺术感染力都得到了极大的提高，但是也不能片面追求新奇的灯光效果，这样会给艺术设计展的视觉效果带来负面影响。目前艺术设计展中的照明设计在运用上还存在着一些误区，主要表现在以下几个方面。

（一）盲目地提高灯光的亮度

一般来说，较高的亮度有利于突显展品，但是亮度过高会产生眩光，也会造成展品明暗两面对比过大，缺乏细节特征和层次感（图4-92）。合理的亮度应该是适度的，应该是按照展品材质对光的敏感程度而设定的，同时还要兼顾展览内容的主题氛围对亮度的特殊要求。

图4-92 "古驰原典"展览的过道

（二）错误地追求色光的丰富

过多的色光在丰富展览视觉表现魅力的同时，会使观众看不清展品的真实面貌，造成展品信息的失真，如展品自身的色彩、质感不能准确地显现；过多色光的变幻也干扰了观众的观赏兴趣，造成观者不能准确、完整地获得展品信息；不恰当地过多用色还会使观众感到花哨、轻浮，进而使观众对整场展览的评价趋于消极、怀疑。

（三）过度地增加灯光的数量

过多的灯光是一种污染，是资源的浪费，同时具有安全隐患。在整体照明的基础上，对需要着重展示的展品进行局部重点照明就可以牵引观众的目光，很好地揭示展品形象。同时，局部照明与整体照明的照度差还可以塑造出展览的空间层次间的区别，增强展览的艺术感染力。过多的灯光必然缩小了照度差，到处明晃晃的只会让观众焦躁不安，无心观看，即便是烘托气氛的各种软膜灯箱也不宜滥用，因为过多的光体造型和光色的变化既是一种浪费，也是哗众取宠的行为。

展览设计是一个复杂的、系统的过程，这一过程综合了照明技术、展陈主题、艺术效果和观众心理等多个方面，照明设计是其中非常重要的一环。在有利于保护展品和观众观赏展品的前提下，设计者将新理念、新技术广泛地应用于艺术设计展照明设计中。好的照明设计可以充分表现展品的质感与真实度，并令其具有强烈的视觉冲击力，使展品给观众留下深刻的印象；可以引领观众由浅入深、由表及里地参观展览、了解展览、融入展览；还可以为观众营造舒适、安全的照明环境，烘托良好的展示氛围，产生震撼观众心灵的效果。

当前社会经济高速发展，新材料、新技术、新观念更替迅速，展览的信息传达已经进入多元化的体验时代，合理利用照明设计会使展览更具文化品位和艺术氛围，使观众在获得和体验信息服务的同时，得到更高的艺术享受，展览活动的目的也随之得以完美实现。作为设计者要不断努力、不断尝试，综合考虑技术性和观赏性两个方面，在照明设计的过程中充分使用各种新技术和新概念，使艺术设计展的照明环境具有一定的生命力和创造力，争取为观众营造更加精美、更加引人入胜的展览环境。

课堂思考：

1. 展厅照明的分类有哪些？

2. 在会展与展陈的照明设计中，需要考虑哪几方面的因素？

3. 会展与展陈的照明设计主要有哪些要求？基于这些要求，如何提高观赏者的体验评价？

4. 博物馆光效设计主要解决的问题是什么？

5. 博物馆展示照明设计有哪些基本要求？

6. 在博物馆的展示照明设计中，如何在满足规范要求的情况下为观赏者带来更好的心理体验？

7. 学生通过对商业空间的实地调研，做一份完整的调研报告书。

8. 分析不同商业空间的展示照明设计特点，以及不同区域所用灯具的差异性。

9. 实地调研展览空间，分析其呈现形式、展示面积、照明设计的特点。

10. 运用实地调研的照片制作PPT，解说照明设计在不同展示空间中的差异性。

扫一扫可见
第四章补充内容

参考文献

[1] 陆江艳. 展示空间艺术设计研究 [D] 武汉:武汉理工大学, 2003.

[2] 郑念军, 于健. 展示设计 [M]. 上海:上海人民美术出版社, 2018.

[3] 尹铂. 展示设计中的互动性研究 [D]. 无锡:江南大学, 2008.

[4] 李俊. 博物馆展示中的交互性设计研究 [D]. 北京:北京印刷学院, 2021.

[5] 马晓翔, 张晨, 陈伟. 交互展示设计 [M]. 南京:东南大学出版社, 2018.

[6] 王燕妮. 数字化展示设计研究 [D]. 成都:西南交通大学, 2006.

[7] 薛梅. 基于"体验"理念的展示空间设计策略及实践研究 [D]. 无锡:江南大学, 2014.

[8] 陈新业, 尚慧芳. 展示照明设计 [M]. 北京:中国水利水电出版社, 2012.

[9] 江婷. 现代商业空间的展示设计 [D]. 南京:东南大学, 2006.

[10] 李梁军, 等. 展示采光与照明设计 [M] 武汉:湖北美术出版社, 2012.

[11] 徐侃. 展示照明设计 [M]. 北京:中国轻工业出版社, 2014.

[12] 杨治良, 郝兴昌. 心理学辞典 [M]. 上海:上海辞书出版社, 2016.

[13] 《环境科学大辞典》编委会. 环境科学大辞典 (修订版)[M]. 北京:中国环境科学出版社, 2008.

[14] 林崇德. 心理学大辞典 [M]. 上海:上海教育出版社, 2003.

[15] 中华人民共和国住房和城乡建设部. 城市道路照明设计标准:CJJ 45—2015[S]. 北京:中国建筑工业出版社, 2006.

[16] 米歇尔·科罗迪, 克劳斯·施佩希滕豪泽. 自然光"照明"[M]. 马琴, 万志斌, 译. 北京:中国建筑工业出版社, 2012.

[17] 黄香琳, 翁季. 现代商业空间照明设计研究 [J]. 灯与照明, 2017, 41(1):36-40.

[18] 盛初云. 室内环境中照明的情感化设计研究 [D]. 长沙:湖南大学, 2015.

[19] 朱素容. 会展展示设计中视觉心理的研究 [D]. 南京:南京林业大学, 2007.

[20] 栾慧. 光环境下的艺术设计——灯光的空间创意研究 [D]. 济南:山东师范大学, 2013.

[21] 杨彬彬. 博物馆展陈空间的光环境设计研究 [D]. 大连:大连理工大学, 2017.

[22] 曾迪来. 以光制象 借象还生 [D]. 长沙:中南大学, 2007.

[23] 杨林. 光之韵——展示设计中照明的艺术表现 [D]. 南京:南京师范大学，2012.

[24] 杨健. 色彩与光影在交互性照明中的应用研究 [J]. 光源与照明，2020(9):9-11.

[25] 赵鹏飞. 科技因素对展览馆展示设计的影响及价值分析 [J]. 包装工程，2011, 32(16):141-143, 146.

[26] 孙振华. 公共艺术时代 [M]. 南京:江苏美术出版社，2003.

[27] TU W, JIANG Y. Analysis of light art application in the gallery exhibition[J]. Proceedings of the 2nd International Conference on Architecture: Heritage, Traditions and Innovations (ahti 2020)，2020(471):312-317.

[28] EVIK A , KAZANASMAZ T , DURAN H E . User lighting preferences based on navigation and space quality in virtual exhibition environments[J]. Light and Engineering, 2020, 28(2):28-37.

[29] GALATIOTO A , BECCALI M . Aspects and issues of daylighting assessment: a review study[J]. Renewable and Sustainable Energy Reviews, 2016(66):852-860.

[30] 朱瑛. 室内照明设计的可持续发展研究 [D]. 上海:华东师范大学，2014.

[31] 吴婵娟，张敏. 浅谈展示空间中的灯光设计 [J]. 大众文艺，2012(4):87-88.

[32] 黄险峰，韦尚佑. 博物馆展示空间采光设计的优化策略 [J]. 土木建筑与环境工程，2018, 40(4):94-102.

[33] 吴海锐. 室内智慧照明设计策略探讨 [J]. 光源与照明，2020(8):29-30.

[34] 王欢. 博物馆展示空间灯光设计的三个维度 [D]. 杭州:中国美术学院，2019.

[35] 杨公侠. 视觉与视觉环境 [M]. 2版. 上海:同济大学出版社，2002.

[36] CUI Yuanri, XUAN Zhuxiang. Discussion on color and illuminating [C]//Design of Neon Bulb, 24th session of the CIE proceedings, 1999.

[37] 高源. 展示空间照明与色彩刍议 [J]. 山西建筑，2009, 35(12):222-223.

[38] 王璐. 视觉特性下博物馆空间光环境的应用与研究 [D]. 西安:西安建筑科技大学，2013.

[39] 蔡琦. 浅谈灯光照明对商业空间色彩的影响分析 [J]. 中国集体经济，2021(8):58-59.

[40] 薛春艳. 从功能化到艺术化——浅析人工照明在展示空间中的应用 [D]. 沈阳:沈阳师范大学，2012.

[41] 钱靓. 室内艺术照明的艺术因素分析 [D]. 南京:南京林业大学，2008.

[42] 马尔科姆·英尼斯. 室内照明设计 [M]. 张宪，译. 武汉:华中科技大学出版社，2014.

[43] 庞思宁. 基于形式语言的室内色彩与照明设计 [J]. 西部皮革，2021, 43(6):149-150.

[44] 熊薇. 家具展览会展示设计系统的研究 [D]. 长沙:中南林业科技大学，2008.

[45] 李光远. 中小城市专题类博物馆光环境研究 [D]. 北京:中央美术学院，2010.

[46] FI A, GS A, DMA B , et al. Lighting and visual experience of artworks: results of a study

campaign at the National Museum of San Matteo in Pisa, Italy—Science Direct[J]. Journal of Cultural Heritage, 2020, 45:254-264.

[47] 雷斯雅. 室内展示空间中的灯光配置探究 [J]. 现代装饰 (理论), 2015(5):46.

[48] 刘建村. 论现代商业展示中的照明设计 [J]. 南方农机, 2019, 50(14):230-231.

[49] 勒·勃拉什克维奇, 等. 现代住宅的室内设计 [M]. 金大勤, 张佩秋, 王前, 译. 北京：中国建筑工业出版社, 1992.

[50] HEE W J , ALGHOUL M A , BAKHTYAR B , et al. The role of window glazing on daylighting and energy saving in buildings[J]. Renewable and Sustainable Energy Reviews, 2015, 42:323-343.

[51] MARZOUK M, ELSHARKAWY M, MAHMOUD A. Analysing user daylight preferences in heritage buildings using virtual reality[J]. Building Simulation, 2022, 15(9):16.

[52] 黎力. 光与展示——博物馆照明设计 [D]. 武汉：湖北美术学院, 2017.

[53] 佚名. 新中国国际展览中心照明 [J]. 照明工程学报, 2012, 23(S1):203.

[54] 郑鹏飞. 济南西部会展中心项目展厅照明设计 [J]. 建筑电气, 2016, 35(11):42-46.

[55] 张逸峰. 大型国际会展中心照明设计 [J]. 电气应用, 2015, 34(10):38-41.

[56] 张威, 李江, 于峰. 展示照明设计 [M]. 北京：中国传媒大学出版社, 2012.

[57] 李梁军, 黄朝晖, 龚乾, 等. 展示采光与照明设计 [M]. 武汉：湖北美术出版社, 2012.

[58] 万展志, 周铁军, 罗能. 基于可视性的会展建筑展厅应急疏散标识布局研究综述 [J]. 建筑科学, 2020, 36(8):160-168.

[59] 彭妙颜, 周锡韬. 国内外博物馆照明标准及其绿色照明技术的比较 [J]. 照明工程学报, 2018, 29(3):46-52.

[60] 牛小鹏, 邵林. 照明设计在商业空间中的运用 [J]. 美术大观, 2007(6):112.

[61] 中岛龙兴. 照明灯光设计 [M]. 马卫星, 编译. 北京：北京理工大学出版社, 2003.

[62] 徐世玉, 黄心旷. 谈照明设计在商业展示空间中的作用 [J]. 商业经济研究, 2015(26):69-71.

[63] 孙珊珊. 试论商业展示空间的照明设计 [J]. 现代装饰 (理论), 2011(10):34, 36.

[64] SUN L X. Entertainment commercial space of lighting design[J]. Advanced Materials Research, 2013, 668:442-446.

[65] OSMAN S, JONATHAN G K. Interactions between lighting and space conditioning energy use in US commercial buildings[J]. Energy, 2000, 25(8):793-805.

[66] 耿晓娜, 赵俊学, 姜雨欣. 商业空间展示照明设计的应用分析 [J]. 山西建筑, 2014, 40(36):123-124.

[67] 尹楠. 浅谈商业展示空间中的照明设计 [J]. 美术大观, 2009(10):125.

[68] 何焱. 大型商业空间的光与空间一体化设计研究 [D]. 北京:中央美术学院, 2010.

[69] 吴颖, 舒怡, 叶建新. 艺术管理与市场 [M]. 北京:中国传媒大学出版社, 2017:64.

[70] 宋超. 纪念馆中艺术场景照明设计的戏剧性表达 [J]. 艺术教育, 2018(15):211-212.

[71] 章伟梁, 韩悦子. 美术展览的照明艺术 [J]. 艺术科技, 2013, 26(6):28.

[72] 程阔. 光和影的变幻艺术——例谈展览中的照明设计 [J]. 艺术科技, 2017, 30(10):105.

[73] 朱胜甲. 展览中的照明设计及其作用 [J]. 艺术与设计 (理论), 2015, 2(8):72-74.

[74] 丁宁. 照明在展示空间中的设计方法研究 [J]. 现代装饰 (理论), 2016(7):124.

[75] 王雯娇. 艺术照明在多媒体展览项目中的运用 [J]. 光源与照明, 2020(12):18-20.

[76] KESNER C W. Museum exhibition lighting: effectiveness of subjective and objective evaluation measures[J]. Lighting Research and Technology, 1993, 25(2):45-57.

[77] SCHIELKE. Interpreting art with light: museum lighting between objectivity and hyperrealism[J]. LEUKOS, 2020, 16(1):7-24.

[78] 陶应虎, 顾晓燕. 公共关系原理与实务 [M]. 北京:清华大学出版社, 2006.

[79] 俞进军, 朱瑞波. 对现代庆典装饰美学的探讨 [J]. 西安工程科技学院学报, 2006(1):75-78, 91.

[80] 毛寿兴, 李卓茵. 浅谈庆典活动的策划与实施 [J]. 气象研究与应用, 2012, 33(S1):348-349.

[81] 李卓茵, 毛寿兴, 刘醒民. 庆典活动会场布置的探讨 [J]. 科学之友, 2010(16):121-122.

[82] 郝幸田. 企业庆典的功能与策划实施 [J]. 企业文明, 2011(6):73-76.

[83] RICHARD E D. Stage lighting:design applications and more[M]. Abingdon:Taylor and Francis Group, 2018.

[84] HONG G. The use of color in stage lighting design[J]. International Journal of Higher Education Teaching Theory, 2021, 2(2):8-21.

[85] 伊天夫, 叶晶. 浅谈对专业化舞台灯光的认识 [J]. 演艺科技, 2020(Z1):13-17.

[86] 谢志强. 浅析舞台灯光艺术效果在舞台表演中的作用 [J]. 艺术评鉴, 2018(19):184-185.

[87] 王进平. 分析舞台灯光艺术效果在舞台表演中的作用 [J]. 传媒论坛, 2020, 3(2):169-170.

[88] 王凌珉. 特装展台空间设计 [M]. 北京:中国建筑工业出版社, 2010.

[89] 侯召洋, 周春华, 梁斌. 特装展台生态设计研究 [J]. 艺术教育, 2016(1):223.

[90] 贾启超. 高大展厅空间照明设计探讨 [J]. 灯与照明, 2020, 44(1):33-37.

[91] 郭宜章. 浅谈展览会照明设计 [J]. 家具与室内装饰, 2008(7):34-35.

[92] KO Tae-Kyoung, KIM In-Tae, CHOI An-Seop, et al. Simulation and perceptual evaluation of fashion shop lighting design with application of exhibition lighting techniques[J]. Building Simulation, 2016, 9(6):641-658.

[93] 董艺. 展览建筑展厅高大空间照明设计与管理 [J]. 现代建筑电气, 2013(S1):256-262.

[94] 王奇琼, 王爱英, 何阁, 等. 会展场地照明的主要问题与解决方案 [J]. 照明工程学报, 2017, 28(4):61−65, 70.

[95] KESNER C W. Museum exhibition lighting:visitor needs and perceptions of quality[J]. Journal of the Illuminating Engineering Society, 2013, 22(1):45−54.

展示照明设计